播种阳光的人

——伦勃朗

【荷兰】约翰·凡·隆恩 著

编译

主　任：徐　潜

副主任：王宝平　李怀科　张　毅

编　委：袁一鸣　郭敬梅　魏鸿鸣

　　　　林　立　侯景华　于永玉

　　　　崔红亮

中华工商联合出版社

图书在版编目（CIP）数据

播种阳光的人：伦勃朗 /（荷）隆恩著；辛尧编译
. --北京：中华工商联合出版社，2014.12
ISBN 978-7-5158-1184-0

Ⅰ．①播… Ⅱ．①隆… ②辛… Ⅲ．①伦勃朗，H.（
1606～1669）－传记 Ⅳ．①K835.635.72

中国版本图书馆 CIP 数据核字（2014）第 288313 号

播种阳光的人
——伦勃朗

作　　者：【荷】约翰·凡·隆恩
译　　者：辛　尧
出 品 人：徐　潜
策划编辑：魏鸿鸣
责任编辑：林　立
封面设计：周　源
责任审读：郭敬梅
责任印制：迈致红
出版发行：中华工商联合出版社有限责任公司
印　　刷：天津旭丰源印刷有限公司
版　　次：2014 年 12 月第 1 版
印　　次：2023 年 4 月第 4 次印刷
开　　本：710mm×1020mm　1/16
字　　数：210 千字
印　　张：17.5
书　　号：ISBN 978-7-5158-1184-0
定　　价：59.80元

服务热线：010－58301130
销售热线：010－58302813
地址邮编：北京市西城区西环广场 A 座
　　　　　19－20 层，100044
http://www.chgslcbs.cn
E-mail：cicap1202@sina.com（营销中心）
E-mail：gslzbs@sina.com（总编室）

序

　　为了给《传世励志经典》写几句话，我翻阅了手边几种常见的古今中外圣贤大师关于人生的书，大致统计了一下，励志类的比例，确为首屈一指。其实古往今来，所有的成功者，他们的人生和他们所激赏的人生，不外是：有志者，事竟成。

　　励志是动宾结构的词，励是磨砺，志是志向，放在一起就是磨砺志向。所以说，励志不是简单的立志，是要像把刀放在石头上磨才能锋利一样，这个磨砺，也不是轻而易举地摩擦一下，而是要下力气的，对刀来说，不仅要把自身的锈磨掉，还要把多余的部分都要毫不留情地磨掉，这简直是一场磨难。所有绚丽的人生都是用艰难磨砺成的，砥砺生命放光华。可见，励志至少有三层意思：

　　一是立志。国人都崇拜的一本书叫《易经》，那里面有一句话说：天行健，君子以自强不息。这是一种天人合一的理念，它揭示了自然界和人类发展演化的基本规律，所以一切圣贤伟人无不遵循此道。当然，这里还有一个立什么样的志的问题，孔子说：士不可以不弘毅，任重而道远。古往今来，凡志士仁人立的都是天下家国之志。李白说：大丈夫必有四方之志，白居易有诗曰：丈夫贵兼济，岂独善一身，讲的都是这个道理。

二是励志。有了志向不一定就能成事，《礼记》里说：玉不琢，不成器。因为从理想到现实还有很大的距离。志向须在现实的困境中反复历练，不断考验才能变得坚韧弘毅，才能一步一个脚印地逐步实现。所以拿破仑说：真正之才智乃刚毅之志向。孟子则把天将降大任于斯人描述得如此艰难困苦。我们看看历代圣贤，从三大宗的创始人耶稣、默哈穆德、释迦牟尼到孔夫子、司马迁、孙中山，直至各行各业的精英，哪一个不是历经磨难终成大业，哪一个不是砥砺生命放射出人生的光芒。

三是守志。无论立志还是励志都不是一朝一夕、一蹴而就的，它贯穿了人的一生，无论生命之火是绚丽还是暗淡，都将到它熄灭的最后一刻。所以真正的有志者，一方面存矢志不渝之德，另一方面有不为穷变节、不为贱易志之气。像孟子说的那样：富贵不能淫、贫贱不能移、威武不能屈。明代有位首辅大臣叫刘吉，他说过：有志者立长志，无志者常立志，这话是很有道理的。

话说回来，励志并非粘贴在生命上的标签，而是融汇于人生中一点一滴的气蕴，最后成长为人的格调和气质，成就人生的梦想。不管你做哪一行，有志不论年少，无志空活百年。

这套《传世励志经典》共收辑了100部图书，包括传记、文集、选辑。为励志者满足心灵的渴望，有的像心灵鸡汤，营养而鲜美；有的就是萝卜白菜或粗茶淡饭，却是生命之必需。无论直接或间接，先贤们的追求和感悟，一定会给我们带来生命的惊喜。

徐 潜

2014 年 5 月 16 日

前　言

伦勃朗·哈门士·凡·莱茵（1606～1669 年），荷兰绘画及腐蚀铜版画界代表人物，以人物肖像画见长。其艺术特点形象生动富有诗意，注重刻画人物的内在精神。作品表现力真实质朴，细节修饰丝丝入微，色调搭配和谐自然，尤其善于表达空间的深远及光线和空气的灵动。

本书作者约翰·凡·隆恩，荷兰阿姆斯特丹市著名外科医生，与伦勃朗因医患关系偶然相识，之后结为终生挚友，他见证了伦勃朗从著名画家到"无耻骗子"的悲惨一生。作者对上层社会迫害伦勃朗的无耻行径深感愤懑，在好友离世后以日记的形式记录了与伦勃朗从相识到相知的全部过程，本欲出版成书，但由于当时上层社会对伦勃朗的刻意打压，未能如愿以偿，只能将原稿作为遗产留给后代子孙。直到几百年之后，当伦勃朗的艺术作品重新被世人认可时，才由本书作者的第九代后裔亨德里克·威廉·凡·隆恩整理手稿后出版。

约翰·凡·隆恩从朋友的角度叙述整个故事，在文字修饰上朴实无华，描述事件时，他为我们客观地呈现了一个最为真实的伦勃朗，一个有血有肉，有优有劣，从外而内多角度的伦勃朗。

在这位外科医生笔下我们看到了伦勃朗坎坷传奇的一生。初次相识时，伦勃朗还是受人尊敬的著名画家，命运却在为城市自卫队画完肖像画后开始改变。在创作这幅作品时，伦勃朗在整体布局上做出了重大变革，希望将思想贯穿于色彩之中，于是更多地运用阴影处理与光线变幻来表达作品的内涵。然而事与愿违，集体出资下的自卫队员们不能接受出了同样的价钱，却只成为一个看不到脸的阴影，他们在拒绝付钱后将伦勃朗形容成无耻的骗子，而这种恶毒的诽谤迅速遍布全城，一夜之间伦勃朗的名声和地位发生了翻天覆地的变化。

名誉扫地的伦勃朗并未因此而妥协，他依然坚持自己的艺术主张，更加勤奋地将精力投入到艺术创作中，一个突发的灵感可以让他连续几天埋头于画板与颜料之中，可是废寝忘食的工作却未能给他的经济和声誉带来有丝毫改观。当时的上层社会是艺术作品的主要购买力，他们崇尚奢华的宫殿、华丽的马车，而伦勃朗的肖像模特却是流浪街头的乞丐、朴实无华的装卸工，这与富人们的喜好格格不入，再加上他那"不合时宜"的艺术风格，使得伦勃朗迅速消失在人们的视野之中，他的绘画作品再也无人问津，经济情况每况愈下，晚年时更是落得变卖房产，寄居于儿子画室内的悲惨境遇。

或许很多艺术家都有着类似的经历，艺术在他们生命里到底占有着何种不可动摇的地位呢？伦勃朗放弃原本富足的生活，为了自己所钟爱的艺术，坚贞而蹒跚地行走在不为世人认可的道路上。当他已买不起想要的颜料时，却依然能在黑白的色彩中注入更鲜活的艺术理念；当他视力已近失明时，却依然能在晦暗的阴影里散发出不可磨灭的光芒。他所坚持的理念是他认为理所当然、天经地义的事情，根本不在妥协和商量的范畴之内，这就是支撑伦勃朗的动力之源。他的作品不片面追求形象的富丽华美，不偏重表面的肤浅描绘，他擅长揭露真实的生活真相，善于用黑白的色调表现社会的阴暗，这一切都是上层社会对他加以打压和迫害的真正原因。在艺术的道路上，他领先于同时代的艺术者们，他对光线、阴影的理解与发挥虽不为当世所认知，但终将随着时间的推移而被发掘，终将会在璀璨的人类发展史上留下光辉的印记。

这就是伦勃朗，一个你该知道的艺术家。

编译者

目　录

1. 初见萨丝佳

1641 年秋天，十一月的天气越发恶劣，暴风雨持续不断地下着，淹死了不少牲口，墙壁也被湿气浸得发了霉，整个城市都笼罩在那仿佛永不消散的潮气里。

雨一直下个不停，由于泥炭还没来得及运进城里，大家能用的燃料就只剩下湿透了的木头，可这种东西根本无法烧着，弄得整个屋子里都是浓浓的烟雾让人喘不上气来，大家宁愿冻得打哆嗦也不愿再去尝试了。

由于持续的暴雨导致各种疾病在城市里流行，很多人病倒了。这时我家的女仆苒蒂走进来说，有个姑娘找我去给一个女人看病，我无奈地叹了口气："唉，糟糕，这鬼天气去出诊又得挨冻了。"那个时候我还用得起两个女仆，因为我一直认为最崇高的思想应该有最舒适的生活作为保障，才能发挥它充分的作用。

其实我现在早已停止了一般的出诊业务，只不过为了多学一些外科手术，我每天得去医院一趟，大多数时间我在自己的工作室或者说是研究室里消磨时间，这个研究室在我楼房的底层，里面有个烧煤的大火炉，在这儿做实验没有引起火灾的危险。

来到客厅后看到来人并非是姑娘，而是一个脸色看上去很不友善丝毫不能引起我一点点同情心的中年妇女。我正准备送她出门让她另请高明时，没想到她却以责备地口气说："我家主人得了急症，本来是打算找一个名医去的，但眼看要不行了我才就近随便找一个医生去看看，不然我也不会来这里。"我没想到这个前来求救的人居然出口伤人，她这种态度非常失礼，让人很不舒服。但不知为什么我倒觉得她很幽默，于是我没有回答她直接穿上外套跟她走了出去。

路途果然很近，我们沿着霍特库柏渠畔往前走，没多久后向左转个弯，越过安桑奈·斯鲁伊水闸，进入安桑奈·布利街后来到了一座两层楼的前面，从房屋的外观看这里应该住的是一名富商。

来到屋前还没等我们敲门，一个人便焦急地打开房门问："这位就是医生吗？"带我来的那位说话尖酸刻薄的中年妇女回答道："是的，这是我在最近的地方所能找到的人，希望他会看病。"那个人听后说："说话要有礼貌点儿，傻婆娘，快请医生进来，我去点蜡烛。"客厅里很黑，而且有一股呛人的酸味，一度让我以为自己来到了一个炼金术士的实验室。蜡烛点亮后我才发现这并非真是个实验室，屋子的中央摆放着一张桌子和几把椅子，上面放着很多幅素描和画稿，墙壁边也隐约立着一些用阴暗色彩绘制的油画，由于光线较暗我无法看清画作的内容。

房门打开后我见到了这里的主人，一个肩膀宽厚手臂有力的健壮男人，样子似乎常年从事着繁重的体力活，但这里的素描和油画应该都是他画的，那么或许他是个能看懂表格和建筑设计图的高级石匠或木匠，又或许是建筑公司的领班吧。按说这样的人应该没有能力在这个城市里最好的街道买如此大的房子居住，不过在阿姆斯特丹这个奇怪的城市里房屋的建造程度如同雨后春笋，一些和市参议会有某种关系的人也能一夜暴富。现在住在海伦街最豪华的住宅里的人，很多年前连肉都吃不上，目前为止连刀叉和餐巾的使用方法都还不会，这么看来一切也就不奇怪了。我用平和的口吻问道："病人在哪儿？""在大房间里。"他回答的语气温文尔雅，这让我很吃惊，这种声调和他那粗犷的平民外表显得极不相称。我默默地脱下湿漉漉的外衣时心中暗暗认定，看来这里的主人属于和我同样的阶级。于是我友善地自我介绍说："你好，我是凡·隆恩医生。"他客气地帮我把外套放在椅子上和我握手并微微鞠躬说："你好医生，承蒙光临很荣幸，我姓凡·莱茵，请您诊断的病人是我的妻子。"说完他端起蜡烛带我穿过客厅来到里面的一个房间，这里有一盏小油灯，还生着一堆火，光线并不是太黑暗，但却使我产生了一种很不舒服的感觉，比刚走进房子时更加强烈。

这种感觉很难言表，作为一名医生我似乎也不便说明，因为医生和他的病人接触很密切，对病情会有一些不好的预感，但也往往会忽略掉事情发展的顺序，有时候我在进入病人家中时便已经感觉到了那种强烈的死亡预感，但也只能在病人去世后才说明，而这时往往会让人认为这是我事后捏造出的感觉。虽然我也曾在无意识的情况下这么"捏造"过，但那只是在惨剧发生之后我表达对失败聊以自慰的情绪罢了。

病人躺在放置于墙壁凹处的床上，看来他们并没有沾染法国人那种将床放置在屋子中央有利于夜晚通风的富豪才喜欢的风气。我将床边的摇篮挪开试图走近看看病人的情况，由于光线阴暗，我请他的丈夫把蜡烛递给我，并低声请他问问他妻子是否睡熟了。他还没来得及开口，病人便睁开眼非常无力地低声说：

"不，我没有睡熟，但是我很疲倦。"似乎是为了强调疲倦的程度，她又重复了一遍："非常疲倦。"于是我坐在床边进行了一些惯例性的检查，并问了一些问题，但看起来这已经让病人力竭不支了，我只能尽量问得简短些。为她听诊后，我发现她的心跳很弱，但却跳得非常快，很不正常。再伸手摸了下她的前额，全是冰冷的虚汗，在我为她盖上那蓝色的被单时，我发现这间屋子里的家具全部是蓝色的。四面墙上挂的是浅蓝色的壁毯，椅子上铺的是蓝色坐垫。扫过一眼后我嘱咐她尽量让自己睡着，并给她开了一剂镇静剂。之后我转身对她丈夫招了招手，示意要和他单独谈谈。那一刻我突然觉得和他有一种似曾相识的感觉，仿佛是在哪里见过，但是却怎么也想不起来是在哪里见过，究竟是哪里呢？他端起蜡烛走到门口对那个请我来的保姆说："基尔蒂，你来看护夫人，照应孩子，我和医生到楼上去坐一坐。"原来那个请我来的保姆一直在客厅等待着送我出去，这时她的脸上出现了内疚的神态，或许她刚才一直趴在门口偷听了我们的谈话，才会有这样的表情吧，我不禁猜测到。

我们上楼后来到位于这座房子前部的一间大屋子里，这里四处放满了花瓶、盘子、锡酒杯、古老的地球仪、雕像、奇异的宝剑、金盔等。但最多的是画，墙壁上挂满了画，椅子旁靠着的也是画，倚在桌子边的还是画，这让我不禁猜测，这人看来是一个古玩家，并非艺术家。片刻后他给我让座时从椅子上搬开了一本用羊皮包裹的厚厚的书，十几幅蚀刻铜版画和画稿以及上面的一个古代罗马皇帝也或者是将军的胸像所表现出的那种古玩家所不具备的潇洒气质时，让我又恢复了对他的第一印象，他真的是一个画家或一名雕刻家，只是我想不起以前是否听说过他的名字，但我相信，我应该是知道这个人的，肯定知道，并且这绝对不是我们的初次见面。

接着他又小心地从另一把椅子上把一个漆过的大盒子、茶杯、茶托，以及与这些不相称的两个小瓷人一起放在了摆着微笑黑人头像的桌子上，慢慢坐下双手交叉，然后用一个近视眼惯有的姿态抬起头用沉着的语气说："你不用对我说谎，她的病很危险，对吗？"我一时不知怎么回答，为了争取时间多想想该怎么回答，我说："也许危险，但不绝对。在我对病情做出结论前你需要回答我几个问题。"

我仔细地询问了他妻子的病历，果然印证了我的预感。他们结婚七年，妻子并不是阿姆斯特丹当地人。她出生于莱登，是从伏列斯兰越过须德海来到这里的。她的父亲是一个磨坊主，在十一年前去世，当时六十二岁。母亲在一年前刚过世，年仅五十一岁。他们育有九个孩子。就他所知，她的兄弟姐妹都不是很健康。"当然，这些和可怜的萨丝佳的病情没有丝毫关系，但是我觉得我的泰斯塔看起来也不是很健康，你知道吗，至少从我这方的家庭遗传基因来讲没有问题，但是从我妻子那边来说情况就很不理想了。"他又继续说道："她的家庭出身比我要好得多，但不知道为什么，越是这种富有人家的孩子反而不如我们那些小时候三个人挤在一张床上睡，幼年便要自力更生的孩子健康。"说到这里我想我大概听说过她父亲的名字，他叫罗伯塔·凡·奥依林堡，早年做过雷瓦登的市场，曾奉命拜见奥伦治公爵商谈北方政治局势，就在他与公爵共进午餐时，锡拉德刺杀了公爵。凡·莱茵没有看见过他的岳父，因为老人在 1624 年就去世了，当时萨丝佳刚满十二岁。她的父母共生育了九个孩子，在父母相继过世后，家也随之散了，萨丝佳跟她的堂兄亨德利克流浪到了阿姆斯特丹，她堂兄在这儿开了家古玩店，偶尔也卖些绘画，凡·莱登就是在她堂兄的店里结识了萨丝佳，她曾给他做过几次绘画模特。画家接着说："你知道吗，刚开始接触时，我觉得奥依林堡一家人有一种超凡脱俗的感觉，但亨德利克并不精通做生意，他向我借过钱，或许这让他觉得，如果他的堂妹给我做模特，我就不会催他还账了。萨丝佳在阿姆斯特丹举目无亲，过得很烦闷，总希望找些刺激，所以她经常带她的妹妹来我的画室，由于上流社会对我们这些画画的人有一种偏见，于是来我这里对她来说有一种冒险的乐趣。后来我们结婚了，可现在我恐怕要永远地失去她了。十个月前我们的孩子刚出生，因为分娩她吐过一次血，险些送了命。在今天我派人请您之前，她又吐了血，虽然没有上次那么严重，但我想这说明她上次的病没有好彻底，经常为她看病的那位外科医生由于自己也患了肺病无法再为我妻子治疗了，所以在他痊愈前，就劳烦您为她医治了。萨丝佳那可怕的窒息经常发作，我怕她会有生命危险，所以决定就近找一位医生为她诊治，希望您能答应。虽然我觉得他这个理由不是一个可以令医生愉快的解释，但我对他这个人很感兴趣，他身上有一种很奇妙的气质，既有些妄自尊大的狂妄，又有一种无依无靠的孩子般的无助。

整个屋子的装潢、家具和里面大量的绘画以及瓷器还有罗马议员的雕像，都显得和繁华的阿姆斯特丹格格不入，但我却对此有一种难以言表的独特感觉，于是我决定接受他的委托。

他平淡地说了声"谢谢"，表情里并没有体现出感激的神情，显然他是想回到楼上去看望妻子。通过刚才的谈话我得知了一些信息，但我还需要更深入地了解才能判断出病人是否有康复的可能性。于是我又请他坐下问道："除了楼下的那个男孩，你妻子是否还生过其他孩子？"他的脸上闪过一丝悲凉："生过几个。我们结婚一年后，生过一个男孩，很小就夭折了，后来又添了两个女孩，也在出生后不久便夭折了。""是什么原因死的？""没有什么特殊的原因，我妻子身体很弱，无法给他们喂奶，或许这是导致孩子没有足够营养活下去的原因吧。但即使我们为孩子请了奶水很足的保姆，他们依然没能活下来，他们总是乖乖地躺在那里，从来不哭。""那么现在这个孩子出生时还算健康吗？"他摇摇头："不！并不健康。在刚出生的几个小时里，他不哭不动看上去像是要立刻死去，是助产护士为他洗了个冷水澡，他才哭了出来，现在看来是这个办法救了他。但我妻子还是不能给他喂奶，现在雇了个保姆照顾他，就是派去请您的那个女人。但是这孩子还是没什么好转，常常哭叫，脸色也很苍白。

我想了想又问他："除了楼下的那个大房间，还有没有其他房间可以让孩子在里面休息？"

"有的，有好几个，楼下有一间，这间，还有我的画室和装有蚀刻铜版画印刷机的那个房间。"

"阳光最充足的是哪一间？"

"我妻子住的那间。"

"还有别的吗？"

"放印刷机的那个小房间。"

"就让孩子在那里睡吧。"

"可是这样的话，我就无法在那里工作了。我刚接了一副新版画，牧师安斯洛肖像，已经有二十五份订单了。我昨天刚把铜版修改了一下初校了三张，明天我的四个学生马上就要开始印制了。如果把房间腾出来给孩子住，会是件相当麻烦的事情。"

我沉吟了一下说："如果这样的话，那么暂时先不要让孩子和他母亲睡在同一个房间。"

他抬起头注视着我说："这么说，你已经确定我妻子生的是什么病了？"

"还不能肯定，但一两天内应该会清楚的。在这期间最好让保姆带着孩子住在你的印刷间里，可以在那儿铺张床。"

"那里正好有一张小床。"

"那很好。"

"你明天还来吗？"

"当然。"

"今天晚上还有什么事情要做吗？"

"暂时没有，你妻子或许会觉得很疲倦，让她尽可能地多睡觉，我回去时正好经过药店，我会为她配些安眠药来，如果她睡不着你就每隔一小时用少量开水混合两茶匙药粉喂她服下，但要记住不能让她服药超过三次，那样她的心脏会承受不住，那么我现在就回去了。"

他从椅子上站起身为我打开房门。我又一次看到了他蓝色麻布工作服下那强健的臂膀，宽大的前额，忧郁的眼神以及宽阔的下巴。他的下巴似乎是在用挑战的神情，呼喝着世人并严加痛斥。真是一个奇怪的人！那搬运工般的身躯和神情下却有着绅士的风度，我到底是在哪里见过他呢？

出门时我经过病人的房间，准备去看看她的情况。可怜的女人似乎睡着了。我摸了摸她的前额，发现虽然退了烧，但却又凉又黏，脸色比我第一次见她时更加苍白，之前两颊还各有一片鲜明的红晕，现在却消失了，面色憔悴得发青。脉搏也变得更弱了，我几乎摸不到它的跳动。我把手放在她胸口，感到心跳也非常微弱。她的确是个体弱多病的女人，已经羸弱到了弱不禁风的地步。如果今晚她能安静地睡一整夜，或许明天我还有拯救她的希望，可看起来这似乎很难实现。

这时我听见带我来的那个女人在楼下发出愤怒的吼叫，她正在客厅里和画家叫嚷"我不那样做，我绝不那么做！"

画家制止她说："嘘，小声些，别这样叫嚷，你会把夫人吵醒的。"

那个女人却用越发尖厉的声音说："你自己嘘去吧，我绝不那么做。"

"但是医生说你应该那么做。"

"呸！医生知道什么？全都是瞎出主意。我带了一辈子孩子，都没听说过这样的道理，你老婆就受了点凉，何必这么小题大做。医生给你出这些主意都是为了让你多付钱。"

病人显然被吵醒了，在床上无力地啜泣。我轻轻踮起脚尖走到门口斥责那个泼妇般的保姆："你必须按我说的做，不然明天我就去公会控告你。你可以不做，但你以后就休想再找到工作，你仔细考虑清楚吧。"

那女人愣了下，无奈地说："是，医生，我按您的吩咐做。"说完她走进房间去抱孩子了。

凡·莱茵把我送到门前台阶上。"很抱歉，如今想找个合适的保姆真是太难了。"

"是啊，但如果我是你，一定会马上辞退那个女人，我很厌烦她那副神情，她那眼神看起来随时都会撒泼。"

他回答道："我明天一定尽可能换一个。"

我与他道别后向左转朝欧德·新格尔街走去，那里有一个药剂师，睡得很晚，因为他是个业余音乐家，还曾经卖给我一把自制的中音提琴。

我在他房间后边的小屋里找到他。他对提琴有一套独特的理论。他认为提琴的音色好坏取决于琴上涂的那层漆，多年来他一直用不同的油和树脂来做实验。前不久他买到了一种叫作"柯柏淋"的新奇树脂，这是一种英国订购的黄色流质。他本想详细地和我谈论这种树脂对大提琴的发音和格里摩纳伟大的尼古拉·亚马蒂的提琴已经没有区别了。但我很累了，于是叫他洗洗手帮我到药物间配出我需要的那些药。他拿出很多瓶子开始配起来。我询问他有没有伙计能跑一趟把药送到画家那儿。

他问："路远吗？"

"大约走上十分钟，就是布利街的那座大房子，圣安桑奈水闸那边第二家。"

"你说的是伦勃朗家那座新房子？"

"据我所知，他姓凡·莱茵。"

"对的。他好像是莱登人，他父亲在老莱茵河渠开麦芽磨坊。不过一般人只知道他的本名。"

"这么说来，他很有点名气？"

药剂师诧异地望着我："据说他常给奥伦冶公爵画像，画了很多，那肯定是很高明的画家了。"

"哦。"我若有所思地回答了声就回去了，在经过布利街时我看见他家楼上的那间屋子还亮着灯光。我自言自语道："不久之后他就要变成一个不幸的人了，真是一个奇怪的家伙。我到底是在哪里见过这个人呢？"

2. 与伦勃朗的第一次见面

伦勃朗为他夫人所画的肖像，是在他的财产被警察局长拍卖后才得以与世人见面的，而这些只是他过去十年间给他的貌美惊人的夫人所画的肖像的一部分。画作一经拍卖，便引起了当时莫大的轰动，而作为他夫人的主治医生的我，则经常被问及他的夫人究竟如何地美貌动人。我想只有老天知道吧，从我为萨丝佳诊治直至看着她临终，看到的始终是她那面露苍白没有一丝血色的脸庞，而相对的她的丈夫伦勃朗却对我的生活产生了让我始料未及的深远的影响，自我们相见之日起每件与伦勃朗相关的事情，甚至是琐事对我来说也似乎变得相当重要。自从雨夜那天离开他家之后，我一直试图去追忆与他相识相知的种种画面，当然谈到我们初次相识的情景必然会与我那几位偶然结识的杰出的朋友有些许关系，讲述他们的事情会使我受益良多。相信在原本没有打算出版发表的私人日记里记载这些稍微偏离主题的内容也是可以被谅解的。

因此为了讲述这个故事（我采用了最常用的叙事方式），我再一次回忆起多年以前的情景。那是在 1626 年四月，那时正值复活节，早上天公作美没有下雨，天空格外地晴朗，阿姆斯特丹的虔诚的男女信徒早已步入了教堂，而我的三个挚友，赛里姆、让·路易斯、柏纳多和我，却早已决定利用这一天租一只小艇到马金岛展开一次全新的冒险旅程。说它是一次充满冒险的旅程一点也不为过，因为大多数的游客会选择躲避那个岛屿，离它远远的，只因为那个岛屿上的居民都天性野蛮，被称为初级海盗和土匪，估计只有那些到处布教传道的牧师们会受到例外的欢迎。

但是这次到马金岛冒险旅程的行程路线赛里姆说他十分熟悉，因为他在做土耳其战舰指挥官时，曾经在去往黑海北岸一个荒凉的沼泽地区的途中经过这个地方，那个地区常住的是一个叫作斯拉夫的奇怪的游牧部落。只是对于赛里姆曾经担任过战舰指挥官这点我一直保持怀疑态度，因为他这个人甚至连渡船过港湾都要晕掉的。不过那个时候对于符合这位聪明绝顶、虔诚的伊斯兰教教徒脾气秉性、道德规范的种种行为，我都只能见怪不怪、不足为奇了。更何况有令所有人心悦诚服的让·路易斯一同前往，相信凭借他的智慧和能力一定会令须德海上的那些野蛮人乖乖臣服。

最后终于敲定要于十点钟在蒙泰尔班塔附近会和，看到坐落在港口旁边的古塔既令人欢喜又令人悲伤，因为每月总会有两次让大家既欢快又不免令人感慨的场景发生，那里是签了合同前往东印度群岛服役的士兵、水手们上船离开家乡的地方。每逢这个时候，那里就似乎成了一片欢乐的海洋，只看到兵贩子们一个个手舞足蹈、乐不可支，成百上千的喝得醉醺醺的女人疯狂地唱着闹着。也许在他们看来，他们只是需要将这一船新招募的唯命是从、可怜的新兵交付出去，便大功告成了。而除此之外其他时间，这座古塔四周除了寂静还是寂静。而将它作为我们四个热衷郊游的普通市民的见面地点，实在太合适不过了。

　　由于我离得比较近，自然比其他几位朋友早到一些，当我刚刚走到欧德·斯堪斯街时，看到情绪十分紧张的男男女女们，三五成群分散地站在那里，但是他们的目光却全部集中在同一个房子（这是一个在阿姆斯特丹几乎任何一个街道都能看到的房屋），我立刻觉得气氛不同寻常。还听到有人时不时地喊着："我看见了当中的一个人！""那个房子挤满了那种人！"或者"看，出来了一个，他想翻到房顶跑掉！"紧接着又听到一声："小心啊，他们要开枪了！"此时聚集在一起的人们立刻四散跑开，试图寻找可以躲避起来的安全之地，例如在大树或者盖满油布的大堆货物后面，这些货物原本是在等待星期二早上回来的工人搬运走的。

　　想想我们的城市以公共秩序井然而得名，城市自卫队是个纪律严明、控制得当的组织，虽然我们的市政当局在某种情况下可能饶恕赦免一些个别的无伤大雅的小罪犯，但是对于反叛暴动等行为，势必会严加惩处、严惩不贷。一旦发现有人肆意妄为触动市政当局的敏感神经，必将遭到逮捕并处以绞刑，这点毋庸置疑。"你们尽可以肆意妄为"，感觉听到市长似乎在说，"在不破坏我们国家至高无上、严明的法制和法令规定的秩序前提下，只要社会还称得上安宁，个别的抢劫，甚至伤害危及生命的行为，都可以被饶恕谅解。"一般认为，复活节早上会发生暴乱或者其他争端的想法显得有些荒谬绝伦。此刻，我转过身朝向一个拥有一双并不惊艳的黄色眼睛的人，他上下唇紧闭着，看起来似乎正对自己刚刚不同寻常的演讲自鸣得意。

　　"请告诉我到底发生了什么事情。"我转向他问道，他立刻变了一副嘴脸，很是古怪。

　　"啊？你现在什么都不知道吗？真是太奇怪了，到这个时候了竟然什么都不知道!"然后我解释说自己刚刚才到这里几分钟,还没来得及弄清楚发生过什么事情。

"哦,这样啊!"他看着我说,"刚刚那间房子里都是来做祷告的阿明尼阿斯教徒,他们打算在那个房子里杀死一个小孩子,想用小孩子的血来祭奠神灵。"那个时候的我正遭受着痛苦的精神折磨,显然神经已经不算敏感,否则就不应该继续这种话题。当时的我始终抱有一种固有的想法,认定上帝在创造人类时,必然是赋予了每个人一定的思维能力和逻辑推理能力。即使我很明白人与人之间不会具有相同的聪明才智,所以我常常将这种人与人之间的不同归结为环境和发展机遇差异造就出来的产物。每当朋友们嘲笑我很愚蠢时,我总是这么说,"给他们一次机会吧。可能他们从来没有遇到能够发挥他们潜在才能和施展更高本能的机会,跟他们耐心解释一下,也许你会突然发现他们的另一面,会带来意外的惊喜,你们的耐心指导或许能为他们指明前行的方向,引领他们走向真理的大门,他们必将对你永存感恩之心。"我一直坚信这个观点,所以每个星期我会抽出一些个人时间,与某些人进行看似毫无意义的谈话。因为在这些人看来所有没有在《圣经》中出现过的内容,都值得推敲、怀疑,都让他们觉得神秘虚幻、充满不信任感,甚至连二乘二等于四这个再简单不过的定论。我想那时我的脑子不够清醒也不够聪明,否则除了傻子之外,谁会愿意浪费时间跟那些执迷不悟的信徒辩论,只有我仍然坚持与这些人争论着,坚信这些有理有据的论调一定会有效果。于是此时我回答说:"但是,亲爱的先生,有一点可以肯定,人们并没有为了阿明尼阿斯教徒的利益而大肆宣扬关于犹太人的老一套把戏吧?"听了我的回答,那个男人的愤怒之情溢于言表,而此时他迅速朝着那群早早就躲藏在十几个大木箱后面的人群走去，看来他就是一个彻头彻尾的胆小鬼。

只听见他此时喊道："喂，快来人啊，我这里藏着一个阿明尼阿斯教徒，我已经抓到他了，你们快过来帮忙。"于是刚刚还躲藏在大木箱后面的人群立刻蜂拥而至，向我袭来。正当他们准备袭击我的时候，那座房子的大门突然被打开，十多个为了保护自己生命的男男女女一涌而出，如同受惊吓的小动物一般向街道左边逃离，那里似乎戒备不严。而刚刚试图袭击我的那群人已经顾不得抓我，把我丢在一边，快速地朝着逃跑的男男女女的方向追去，被丢下的我此时才羞愧地意识到，自己刚刚犯了一个多么愚蠢可怕的错误。

我背后传来了熟悉的声音，声音中还夹带着一丝愉悦，"还想用以前讲道理或者不伤大雅的辩论方式，试图来解决所有的问题？"原来是让·路易斯和柏纳多，他们已经到了，并告诉我说："赛里姆在里德街等着我们，我看你最好也在那群不分是非对错的人返回前赶紧离开这里。"

但当我们刚刚要走进相邻的另一条街道，便传来了一阵枪声，看到自卫队的士兵从北边过来，这时我们才意识到自己的处境，骑虎难下、进退两难，因为我们被暴徒和士兵"夹击"了，我们感觉很迷茫，愣了一会儿。只听见柏纳多对我们喊着："看那边有个酒店，去那边！"转头正好看到酒店门口有人锁门，我们立刻奔向酒店。

当我们要冲进酒店的时候差点又引发了另一场激烈的冲突。但是我们很幸运，我突然认出这个酒店的老板正是我市立医院的一位老病人，令人庆幸的是他也认出了我，并对我说，"快点，快点进来，否则会有麻烦，我可不想被这些人打劫。"进入了酒店我们暂时算是安全了，此时又无事可做便向店主要了三杯烧酒，坐下来打探这场混乱发生的原因。店主解释说他也不十分了解因由，不过这条街上有座房子是一个阿明尼阿斯教会信徒的房产。依照神教院的雅考巴斯章程，阿明尼阿斯的教徒五六年前就从教会中被开除了，也就是从那时起，他们就一直聚集在欧德·斯堪斯街的这座房子里，一起为了共同的信仰祷告，一起听牧师传教布道，并且在患难之中互相扶持、互相鼓励。显然这种秘密的集会遭到了阿姆斯特丹的教会强烈的抗议，是违法行为，但是这些阿明尼阿斯教徒，或者被称为辩论者，或者被冠以其他称号，但终归他们都是一些正直而勤劳的百姓，所以即使他们公开表示对宿命论和天谴论产生质疑，他们是破坏宗教道德的罪人，但是市政当局认为只要他们按时纳税，每次举行集会的时候能够小心谨慎，对他们的这种集会自然不会过多干涉，他们仍然可以随心所欲地祷告、唱诗、传教布道。

可是就在今天早晨，安息日圣经学校的几个逃学的孩子，闲来无事聚集在一起，在这座房子的走廊里吵吵嚷嚷地做游戏，而且吵闹声越来越大。别人家的走廊怎能允许他们这样吵闹，终于房子的主人走了出来，想让他们去别处玩耍，就这样一连说了他们五六次，而这些孩子却非常无礼地辱骂房子的主人。当时辱骂房主的语言是何等污秽，我这里实在不想重复出来，最后被逼得忍无可忍的房主暂时忘却了阿明尼阿斯教徒本应遵守的一切条条框框，伸手打向其中一个年轻却无教养可言的小无赖，被房主打了两记耳光的小无赖怎肯吃亏，随即向路边的行人大声呼救说房主妄图谋杀他。而如同我国一般市民惯常做法，他们从不询问事情经过，不理会是非曲直，只一味偏袒帮助属于自己那个阶层的人们。

此时，另一个人添油加醋地喊着："有阿明尼阿斯教徒和天主教徒窝藏在那座房子里！"而听到这些话语，早起祷告刚刚返回的人们聚集得越来越多，情绪越发激昂，已经进入不太好控制的场景，这时警卫队的长官一个人赶过来疏散人群，但是人群却不愿离去。

当时是因为听见附近哗哗啦啦玻璃被打破的声响，所以我们才知道了不远处的人家肯定发生了一些事情，因此我就从那个早已放下来的百叶窗的小缝隙中关注着外面，我看见那边似乎是一个长官正与周围愤怒的人群谈论着什么，估计这位长官也不愿意采取武力措施来解决这次争端，但是显然这个谈判进展得不是很顺利，如果长官心里的天平有那么一丝丝的摇摆，那么这些被包围的阿明尼阿斯教徒的命运就足以被改写。此时人群又一次骚动起来，呼喊声、辱骂声、砸向房子所产生的咚咚声此起彼伏，场面混乱至极。突然混乱的人群中飞出来一块石头，不偏不倚砸到一个距离人群稍远处的士兵头上，是蓄意还是偶然，我们不得而知，实际这名士兵想必也一定希望惩治这些阿明尼阿斯教徒但又不能轻举妄动。可是此时此刻的他却受到石块袭击被砸破鼻子，如果还无动于衷那他会更加遭殃。只见这名士兵马上端起手中的枪瞄向一个人。而此时一个面露凶相看似是这群暴徒的带头者之一的男人，手拿一块石头，还叼着一把长刀在嘴边，突然发了疯一样转身向那个长官袭来，势必要置长官于死地。而那个长官显然毫无防备，随身宝剑也未能及时拔出，千钧一发之际幸亏那个端起枪的士兵迅速开枪，一击命中暴徒的眉宇之间。射击的力量将那个暴徒掀起几米高，而长刀和那块石头也随着腾空的身体一起飞出去，最后就只见一具尸体重重摔倒在地面上。

在接下来的半个小时时间里，又陆续夹杂了几次小规模的争斗，最后长官从混乱的人群中抓捕了几个人，看来现在被炮击的可能性已经微乎其微了。而作为拥有崇高哲学修养的我们，怎能错过这样一个可以仔细探究邻居们的机会？因此我们游说着店主，请他允许我们打开窗口的百叶窗来关注事态进一步的发展，希望能更清晰地看到这些为了守护他们膜拜敬仰已久的上帝的荣誉，而进行的这场抛头颅洒热血的斗争。

正当我们密切关注窗外发生的一切时，眼前的一件不太寻常的事情引起了我的关注，一个年轻人若无其事地背靠着一棵大树，就好像一个画家正在独自一人潜心作画，正仔细勾画着眼前的小鸟或者小松树，实际他是在描绘着已经赶到现场的一帮乞丐中的一个。嗅觉灵敏的乞丐们怎能错过这样一场打劫，他们早早就赶到这里，只是看到混乱的情形及警卫队的出现，不知如何是好，打劫似乎行不通，所以几个人也正为是去是留争论不休，最终其中一些行事小心的人转身逃跑，而留下几个凑热闹想看个究竟的人。

当乞丐们专心讨论去留问题时，从东印度公司的一艘商船附近来了一群手持利刃的士兵，向可恶的异教徒们大喊绝不允许他们在这座城市里传教布道，散播异端教义。于是这又助推了暴乱分子和士兵之间的战斗，促使斗争进一步升级。石头在人群之中乱飞，人们被打得头破血流，然而之前那个独自作画的年轻男子，始终专心于他自己的创作，根本没意识到眼前发生的一切的可怕性，没有意识到自己随时可能被乱飞的石头砸死。难道他没长眼睛吗？不，他长了眼睛，我们三个人都看到他长了眼睛。正因为如此，我们三个人全被这个年轻人吸引了，看着他留着很长的艺术家气质的长发，穿着略显朴素，猜想他是个大学生或者是制作高级艺术品的工匠。

"我喜欢这个年轻人，我们一定要跟他聊聊天，我们一定要邀请这个年轻人跟我们一同去旅行。哈哈，我想当我们在岛上遇到野蛮人需要谈判时，这个镇定自若的年轻人定会起到莫大的作用。"让·路易斯突然喊着，看到他兴奋的表情，那么他对这个泰然自若的年轻人的喜爱之情就溢于言表了。

但是很可惜，天不遂人愿，当我们等到士兵将这群暴徒赶走，可以从酒店中出来的时候，那个年轻人已经不见踪影。任凭我们四下寻觅，仍不见其人，我们也只能作罢，放弃了这次毫无结果的寻找。然后回到酒店，向店主表示诚挚的感谢，因为他是我们的救命恩人，所以我们付给店主很多酒钱以示谢意。

随后我们赶往里德街，在事先约定的酒店里与赛里姆会合，只见赛里姆搂着一个女服务员，正兴致勃勃地聊着，那个女服务员显然被他绘声绘色的描述所折服，听得非常入神，看到我们已经进来，赛里姆解释说他正在给女服务员讲关于已经为女服务员戴在手上的戒指的故事。

后来，我们原本计划好的这些冒险航程就这么无疾而终了，因为城市的那个区域接连几天都被愤怒的氛围所笼罩，每个人的悲愤之情都难以自已，他们个个都做好了保卫自己家园，保护自己家人和妻儿的准备，以防止受到异教徒荼毒。但令人感到可悲的是，即使他们忠诚于所谓的正派宗教事业，最后却仍然难免落得像野狗一样被枪杀的下场。

在这样一种氛围下，如果独自外出航行寻求快乐，而置社会公共利益于不顾，那必然会将斗争的矛头引向自己，我们谁还敢贸然去寻求快乐的航程，显然要承担的风险太大了。于是我们只能听从朋友让·路易斯的建议，到他的高楼去玩。

让·路易斯做了一个正宗的法式菜肉蛋卷。说他做得正宗，是因为法国人做菜肉蛋卷与我们不太一样，他们不像我们使用面粉来做薄饼，而是用一种比我们用面粉做得更松软许多而且容易消化的薄饼皮儿。而赛里姆却给我们奉献了一道叫作"伊什——凯巴布"的稀奇古怪的菜肴，还假模假式地对我们说这是穆拉德四世陛下喜欢的菜肴，其实这道菜不过是他用肉丁和面糊两种材料制作而成的。柏纳多则采用葡萄牙的菜肴制作方法，为我们做了一道相当美味的沙拉，即使蒜味略浓、有些油腻，但绝没有影响到它整体的味道。

他们忙碌地制作着各色菜肴，我则一直端坐在旁边细细地思量，琢磨起那个我们四下寻找的奇怪年轻人，想起他那时在周围一片混乱的情况下居然镇定自若、旁若无人地专注于他的创作，越想越令人好奇，他的面孔总是不经意就浮现在我的脑海中，久久难以抹去。我一直认为后来就再也没有看到过他，而直到1641年11月的那个令我辗转难眠的雨夜，我才终于恍然大悟，我的一个新病人的丈夫伦勃朗·凡·莱茵，居然就是那个十五年前面对暴乱还能不受干扰的奇怪年轻人。

3. 糟糕的保姆

　　我又一次来到了位于布利街上的房子里，看过病人后，我和伦勃朗坐在他的画室里谈起了十五年前的那次暴动。我没有记错，那时伦勃朗的确去过那里，那时他不住在阿姆斯特丹，1623年他由于跟拉斯特曼学绘画而偶然在这里住过一段时间。到1626年时他又回到了莱登。那年他为了将他的绘画卖出去在阿姆斯特丹短暂逗留过两周，对他来说那是一次令人不愉快的旅行，绘画卖得很不好，只是没有坏到无人问津的程度，于是他不得不返回了莱登。对于为什么回去他的解释是："因为在家里吃饭不需要花钱，换下的衣服也可以交给家里洗。"

　　谈到那次暴动他还依稀记得："实际上我记得不是很清楚了，那时候我正在画画，四周叫喊声不绝非常吵闹，我只记得，我遇到了一个富于诗情画意前所未见的无赖汉。其实我一直很欣赏他们那种天不怕地不怕的态度，虽然他们既不纺纱，也不织布，所有那些该做的事情他们都一概不做。他们撒谎、偷窃、欺诈、赌博，甚至在道旁上吊，但却绝不装模作样，肮脏就是肮脏，醉酒就是醉酒，一切都是自然不做作的样子。这样的原始状态在我用绘画手法表现时显得非常真实自然。我已经把它制作成了腐蚀刻铜版画，如果有机会我愿意把那天画的画给你看看，等到萨丝佳病情好转，一切烦恼不在的时候我一定把它们都找出来给你看看。"

我暗想："病情好转！唉，可怜的人啊，我应该告诉你些什么吗？"

我与伦勃朗谈论所有与病情无关的话题，可无论我说什么都无法让他有丝毫的兴趣。我尝试和他探讨些一般病人家属认为重要的话题，比如英国国王与人民之间的矛盾，国王和国会之间的意见不合，必然会影响到我国的贸易。瑞典和丹麦之间那永远解决不了的松德峡通行税的难题，如果爆发战争，将会对我国的粮食贸易带来重大损失，我国或许会因此而出面袒护其中一方。而我国海军正在对西班牙发动进攻的重要关头，如果这么做也势必会付出相当大的代价。但对于这一切，他只是礼貌地点头称是，根本不发表任何意见。

后来我又和他谈到了艺术，虽然我对除音乐外的艺术一无所知。

一位我已经忘记了名字的意大利画家，有两幅作品是描绘夕阳残月下的罗马角斗场废墟，让我一度神往那个具有浓厚艺术气息且诞生了无数伟大艺术家的神奇国度。如果年青一代的画家能够在那里认真地研究和学习古代大师的作品，必然会得到很大的启发并取得辉煌的成就。

伦勃朗终于对这个话题发表了自己的看法："对于少数年轻画家来说，这也许是受益匪浅的经历。但如果他天生就是一个拙劣的画家，即使出生在阿尔卑斯山另一边的意大利，他也依然是一名拙劣的画家。当然，古代大师们是卓越的，自古以来那些最伟大的画家，是以灵魂来描绘艺术而体现出绘画的精髓感情。而这些画作在荷兰一样可以看到可以学到。一个人在什么地方绘画不重要，重要的是他在用什么方式绘画。数以千计的年轻人为了去国外学习艺术而导致倾家荡产，那他们还不如待在国内做面包师、裁缝、码头工人或任何职业，只要他有才能，即使不走出自己简陋的屋子，一样可以通过艺术展示出来。如果他们没有这个才华，那么意大利的日落、法兰西的日出、西班牙的圣贤和德意志的魔鬼都无法让他成为一名真正的艺术家。

伦勃朗告诉我在他年轻的时候，大约是 1630 年或 1631 年间，康斯坦丁·霍伊根斯看到了他和他的朋友约翰·里文斯的作品，对他们赞赏有加，认为这是非常有前途的两位年轻人，如果能够去意大利研究一下拉斐尔和米开朗琪罗的作品，对今后的艺术成长会起到相当大的作用，可这两位高傲的年轻人认为那是在浪费时间，他们不愿意进行这种无谓的海上旅行，因此一直留在国内。在这之后他们一直对绘画保持着勤学苦练的态度和习惯，一样学到了很多技巧，绘画水平日趋提高。那些辛劳的日子与意大利明媚的阳光、醉人的美酒和漂亮的女人所组成的生活比起来无疑是枯燥而乏味的。

对于艺术的话题我们只能暂时进行到这里，因为伦勃朗的思绪依然还在楼下大房间里的妻子和楼上小房间里的孩子身上。他向我询问妻子康复的可能性和孩子是否受到了母亲孱弱体质的遗传影响。说起这个孩子我也感到很奇怪，他看上去很健壮，但却一直哭闹不停。这让伦勃朗的妻子无法安然入睡，总是感到疲惫不堪。很显然，只要我离开这所房子，那个令人厌恶的保姆就会找寻各种借口把孩子从印刷间里搬回楼下。如果我来时刚巧遇到这种情况，她便会以各种理由来辩解，不是主人要用印刷间，就是房间里油墨味太重需要通风，又或是怕孩子着凉以及去花园洗衣服不能把孩子一个人放下不管等，诸如此类的借口她总是能很轻易地找到并且运用自如。

像她这种不管喂奶的旧式保姆居然在社会里占有一席之地，让我觉得十分可笑。这些大多数本来出身于贫寒之家的妇女，却因为在有钱人家工作而沾染了摆架子的坏习气。她们好吃懒做，成事不足败事有余，满脑子都是从中世纪遗留下来的迷信和恶习，对人漠不关心，只知道草草地掩盖死者而不知道如何照顾生命。当然也不全是这样，还是有一部分保姆是属于忠实肯干的。

这类女人的存在实际上是对社会的一种严重威胁。她们每到一户人家里，便把一切搞得乱七八糟，让男主人不知所措。她们为自己营造一种不可缺少的氛围，似乎如果这家没有她便会事事都不如意，仿佛她们是幸福家庭的救星，是拯救世界的女神，每一个人都应该对她们敬若神明施礼鞠躬，这种无稽之谈甚至让主人的亲戚都信以为真。而实际上这些肥胖且执拗的臃肿女人不但救不了你的妻子也救不了你的孩子，她们只拿着你给的赏钱负责把漂亮健康的新生婴儿抱出来给大家看，似乎让孩子熬过苦难日子的是她们而不是孩子的母亲。

当她们发现自己不可置疑的地位受到挑战时，便会搬出她那"保姆神论"来威胁无知的可怜父母们。她们杜撰出一些危言耸听的故事来讲解保姆的重要性，比如，某个孩子突然得了一种怪病，有的孩子被狼人吃掉，又或者哪个孩子被妖魔鬼怪所诅咒，这都是因为保姆不在场，因为这个世界上只有保姆才具有驱妖除魔的本领，只有她们手里掌握着破除咒语的钥匙。

更有些恶毒的保姆在发现自己受到轻视时，残忍地给孩子灌下混合着烧酒的牛奶，让孩子显示出可怕的死亡预兆，而她们则在适当的时候出现，成为把孩子从死亡边缘挽救回来的神明，从而得到全家人的终生感激。殊不知要医治那无解的"病症"只需要用牛奶取代烧酒，并让孩子安稳地睡上一觉，便可从暴饮迷醉的状态中清醒过来。

伦勃朗家里的这位保姆就属于这种类型。她是一个号兵留下的寡妇，时常和人说她是有家的人，不用非得到别人家做工吃饭。这个女人容貌粗鲁丑陋，声音尖锐凄厉，这两种声音看似不能组合在一起，但她的确是这么一种腔调，让我想起有的杂种狗也能够同时发出尖嗥和狂吠。其实任何一个局外人仔细观察都能一眼看穿她的企图，她知道伦勃朗妻子的病情，也猜到她的主人不久之后即将失去太太，所以蓄谋想成为继任者。或许她认为我作为一个旁观者能看穿她的小伎俩，会警告主人从而使她的"阴谋"破产，所以她对我有着不止一个层面的憎恨。在她看来我作为医生势必会反对她进行那毫无意义的古代礼仪，让她无法轻而易举地捞外快。另外她计划想成为凡·莱茵夫人的美梦也将因为我的出现而成为泡影。

或许我被这个女人牵扯了太多的注意力，而她并不值得。世界上到处都有着一些诡计多端歇斯底里的女人，她们是没有任何风趣可言的。我对于基尔蒂"阴谋企图"的判断在萨丝佳死后不久便得以证实。可怜的画家在之后的几年里都被这恶毒女人喋喋不休的牢骚与哀怨搞得颇为悲惨。

如果伦勃朗当初能够听从我的劝告把她辞退，之后发生的一切都是可以避免的。可当他工作时，完全达到了忘我的境界，一旦他对某一个画作的光线明暗发生兴趣时，可以几个星期不换衣服地进行工作，甚至一连几个月每顿只吃一片面包和两条青鱼，而这往往只是为了制作一幅腐蚀铜版画。在进行创作期间他把自己像个奴隶一样严酷地对待，每天都进行着紧张的劳动，无暇考虑任何与画作无关的问题，多年积累的身心劳累，终于使他过早地离开人世。而一个对绘画艺术如此坚贞不渝、信念如铁的人，在对待女人的方面却显得那么优柔寡断，软弱可欺，这都是我所不能理解的。

我想，他并不了解女人，或许在他内心的深处也并不喜欢女人。他是个有着公牛般强健体魄，或许也有着公牛的其他品性的人。某些时候他很需要一个女人，但只是需要而已，任何女人都可以。他天生心地善良，而这种善良会被女性作为他的内在弱点而利用，来满足她们对利益的需求。所有的种种最终导致伦勃朗永远处于家庭关系的烦恼中而无法解脱。

或许像他这样的人根本就不该结婚。因为无论当初在承诺婚姻时如何的海誓山盟，他都是在撒谎。许多年前他已经向一位女性做过诸如此类的保证，而那位女士是个忌妒心很重的夫人，她绝不会让他的人或者心有片刻的离开。

萨丝佳死后不久，我曾对她的一位伏列斯兰的牧师亲戚说明这一点。他听后大吃一惊

"你的意思是说，我那可怜的侄女嫁给了一位对感情不专一的人？"

"她的遭遇只是遇到了一个决定热爱自己的工作甚于一切的男人而已。"

这都是事实，这是两个人莫大痛苦的婚姻生活，而带给世人的却是不可思议、美轮美奂的艺术作品。有多少人看了会为之高兴，多少人会对其厌恶地弃之一旁？造物主选择用独特的方式创造奇迹，而奇迹是以某种破碎作为代价，那么它到底是错了还是对了呢？

4. 萨丝佳的病很严重

萨丝佳像许多同样患有肺结核病的病人一样，根本意识不到自己病情的严重性，除了偶尔一阵阵的咳嗽之外，似乎感觉不到其他痛苦和不安。她只会觉得身体虚弱无力，而这种虚弱正是每次身体发热逐渐消耗她的体力的表现，让她在不知不觉中迅速减轻体重，但是她又很难察觉自己到底患有什么疾病。

这种疾病给人类带来的痛苦折磨是一般人难以忍受的，只能使用某些针对这种病症的精神麻醉剂来减轻患者的痛苦。而这些精神麻醉剂只能通过矢志不渝的自我愉悦和足够开朗乐观的精神来调制，这就需要患者始终坚信自己是有希望的，死神会距离他们很远。

我每次到布利街来看萨丝佳时，她似乎总在耐心地安慰我："尊敬的医生，我今天比前几天您来看我时好转了一些。"看到她病情毫无起色虚弱的样子，让我从心里对这个楚楚可怜却待人和善的女人产生了怜悯之情。因此我也常常买些鲜花来看望她。

站在街头卖花的是一个看似很奇怪的老太太，听说她老公生前是个船长，后来被印度一个神秘岛屿上的野蛮人吃掉了，但是之后又听到不同的版本，说她是一个因为违抗上级命令而被绞死的普通水手的妻子，看来这个寡妇无疑是为了吸引更多的顾客来买鲜花而精心编造了许多谎言。

每当我买来鲜花送给萨丝佳，她便像小孩子一样乐不可支。记得有一天，我给她买了一束漂亮的紫罗兰花，她则精心地制作成一个小小的花冠，给孩子戴在头上。每当她在火炉旁，努力挣扎着靠住靠背椅子时，都会不由分说用尽全身力气将幼小的泰塔斯抱起来放在她膝盖上蹦跳。看到她十分吃力又不停咳嗽的样子，我劝说她躺下休息，而萨丝佳总是拒绝躺下并强调说吃点儿药就好了。这使我感到很奇怪，因为我除了给她开了一些安眠药之外，并没有再开给她其他药物，因为我了解所有的医疗书籍里根本找不出治疗她可怕病症的良药。

后来我终于发现了她所说的药品，令我感到惊讶的是这竟然是她身边可恶的保姆带给她，让她尝试的药酒。这种药酒正是一个冒充巴比伦公爵的臭名昭著的江湖术士调制的，他是一个不折不扣的大骗子，多年前来到阿姆斯特丹，并且到处宣扬他自己发现了藏于耶路撒冷庙宇废墟中的国王所罗门配制长生不老药的秘方。他平时总是披一件粉红的斗篷，扎一条绿色的头巾，他坐过十多所监狱，走遍了欧洲。虽说他是个骗子，也应该是算一个见多识广、颇有见识的骗子，他可以巧妙地利用别人的思想情绪，就像已故的约翰·斯威林克弹奏某个简陋的乡村教堂的风琴那样轻松简单。来他诊所的病人总是络绎不绝，许多病人是慕名而来，他们毕恭毕敬地听他说话，仿佛他就是圣人一般，更有甚者没等离开诊所便声称自己的病已经被医治好了。

他到处宣扬自己是上帝派来人间的使者，并且贴出广告说他行医不收取一分钱，确实他的诊断是免费的并没有收一分钱，但是每次诊断之后，他都会游说前来诊治的病患买几瓶所谓的"长生不老药"，每瓶药酒卖一枚银币，对此，他还美其名曰地说是为了帮助病患防止病情复发。

现在因为萨丝佳正服用这种药酒，我也终于有机会检测一下这个所谓的"长生不老药"了。当萨丝佳躺回床上安静休息时，我就小心翼翼拿着那瓶药酒离开，回到家中仔细认真地检验、甄别药酒的成分，发现这药酒其实就是甘草、甘菊以及为了便于下口而添加的少量糖浆的混合液体。想到这样的药酒能卖到一枚银币一瓶，这样的江湖医生能够拥有比医师公会正式会员都昂贵阔气的马车，也就不足为奇了。

第二天当我又来到萨丝佳家里时，我跟她的丈夫谈论了此事，并将自己检测药酒得到的结果告诉了他。让他了解从药酒中检验到的甘草成分对于他的妻子也许并没有直接的害处，但由于这种成分会引起他妻子胃部的不适，会导致他妻子难受或者没有食欲，这样对于需要大量进补牛奶和鸡蛋的萨丝佳来说是非常不利的。他听到这些非常生气，表示要马上赶走在萨丝佳身边的那个保姆。接下来的一天，发现保姆果然不在，我非常高兴，随即问起了他们的孩子。

"哦，孩子被保姆抱出去散步了，"画家很羞愧地答道，"保姆说今天天气很好，很适合带孩子出去散步，正好孩子也需要外出呼吸一下新鲜空气！"天气真是"太好"了！窗外满街道尘土飞扬，外面刺骨的风刮得百叶窗沙沙作响。当我走到萨丝佳的房间时发现屋子里烟雾缭绕，而萨丝佳则在床上边喘着粗气边低声对我说："保姆对我们说要带孩子外出散散步，这对孩子有好处，可是你看外面的天气，刮了那么大的风，连烟囱都快被刮掉了，我怎么放心让她带孩子出去，可是我身体虚弱爬不起来，只能尽量大喊，可任凭我怎么喊叫，似乎他们谁也听不见。"她说着说着便痛哭起来，因为经常在她身边的心肝小宝贝，今天要离开她，让她觉得难以接受和痛苦。

听着萨丝佳的痛哭诉说，我决定不再掩盖和隐藏自己的真实感受，我要把自己对凡·莱茵做法的愤怒和不满表达出来。我知道此时他一定在楼上的画室躲着，我很了解他，当他无法解决这种家庭琐事时，他只会把自己关在画室里，专心于他的创作，这是他觉得解决家庭纷扰的最好方法，这样他才能将这些家庭烦恼抛之脑后。对于他这种处理问题的方式我这次决定以强硬的态度对待他。

当我愤怒地跟他摊牌时，才清楚地意识到实际他从来都不曾真正地了解他妻子的病情，不曾认识到他妻子病情的可怕。他的所有思想和精力都集中在他的画作之中，他除了作画之外，对其他一切事物都显得那样的无知。

得知妻子病情的严重性之后他又走向了另一个极端，他不断地责备自己，责备自己为何如此笨拙无知，并将自己说成是杀害妻子的罪魁祸首。此时，他赶紧将手中的画笔在一瓶松节油中清洗干净，并仔细地用一块布擦干，将画架放到阴暗处，迅速脱下身上的工作服，走出画室，随手锁上画室的房门，来到了楼下他妻子的房间，在他妻子的床边静静地坐下，用手紧紧握住萨丝佳的手说："亲爱的，从现在开始我来做你的保姆，让我来好好照顾你吧。"

据我所知，正是从那时开始，他一直守护着他的妻子萨丝佳，一直悉心照顾着这个女人，直到她离开人世，他都未曾离开过她的房间。能够将他所钟爱的画布、颜料弃之不理，我想这一切足以证明他对她深切和浓烈的爱，能够证明在这世间她是他的永恒挚爱。

5. 我对艺术的新理解

从此之后，位于布利街的这座大房子有了新的秩序。凡·莱茵在大房间的角落铺了一张小床，雇了一位女仆专职做清洁工作，她将一切都布置得井井有条。装硫酸的瓶子和盛满松脂的盆子搬到了左边的小屋，散发着强烈新鲜树脂气味的油画也移到了楼上的画室，将泥煤火改为木柴火，虽然它的价格要贵了不少，但主人的收入完全能够承受这点额外的开销。

保姆基尔蒂仍然住在这座房子里，但她一直刻意地回避着我。主人允许她每天三次抱孩子来看母亲，每当这个时候，她都用罗马射手紧盯猎物般的眼神凶狠地扫视我，如果眼神能够将我杀死的话，只怕我早就像圣徒赛巴斯蒂安那样悲惨地送了命。无论她多么讨厌和痛恨我，我都将以医生的神圣职责为责任，尽可能地去延长病人的生命，其他都不是我该介意和关心的事情。

病人需要规律的生活和安稳的睡眠，现在她终于能够拥有这原本并不奢侈的东西了。她摆脱了那个令她无法得到片刻安宁的泼妇保姆，而凡·莱茵也耐心地日夜守护在她身旁，但这厄运即将到来前的短暂温馨却显得那么悲凉而无奈。

　　我听说他接了一笔订单，是为城市自卫队新建俱乐部画一幅大型油画，但我没见他画过任何画稿。我曾问他是不是已经完成了？他说没有，之前画过一部分，现在可以等一等。对于这幅画能否如期完成他毫不介意，现在对他最重要的是他妻子的病情能否好转。他常常一连几个小时地坐在床边和妻子低声交谈，这似乎是让她安然入睡的最好办法。每次交谈十分钟或十五分钟后，她便闭起眼睛安静地躺着，脸上浮现出自然的微笑，看上去是那么优美恬静，仿佛只是个二十岁的少女。然而她不久后将离开人世，这的确让人感到难以置信。遗憾的是当时的医术尚未能达到治愈这种疾病的程度，当这个冬天过后，我就知道这是萨丝佳在人世的最后一年了。对于这件事我感到十分羞愧，在为萨丝佳诊治的期间我因为自己的生活发生了一些变故而完全忘记了凡·莱茵家的苦难，在多年以后我也一度无法摆脱对自己良心的谴责。或许人类都是复杂的交织体，当自身遇到麻烦时，便会把邻居的苦难忘得一干二净。

　　那件事发生在我为萨丝佳诊治的同年冬天，它的危险程度严重威胁到了我能否继续生存下去的地步，是的，它的确相当危险，在许久以后我为了这件事而不得不流亡国外将近十二年之久。在当时荷兰医师公会有一个惯例，凡是会员都必须为医科学生和只懂得简单医理的庸医乃至对医学感兴趣的理发师讲授解剖学。现在我又被通知要在明年的三至五月再次讲授解剖学入门。我上次讲解这门课程的时候是在 1636 年的夏天，由于十几年来我一直在全身心地进行药物研究，对此难免有些生疏，需要对记忆进行一下恢复和整理，所以我决定去医师公会的解剖厅看看。

　　八年来解剖厅都设在圣安桑奈城门楼上，下面则是当地的贩肉市场，这种设置给了那些别有用心的人抨击医生的机会，他们借此尖锐地嘲讽说医生和屠夫是多么相近的行业。自从上次讲课以后，我再没有来到过这里。所以当我进入大厅后，惊奇地发现其中一边的墙壁上被一幅硕大的油画占据，画面上是站在学生们中间的尼古拉·彼埃德松医生。他自从请画家画完这幅肖像之后，在政坛有了很大的发展，曾经两度或三度被选为本市市长。我听说他现在已经改名叫"丢尔普"，据说是他根据自己在基齐尔渠畔自家房屋正面上雕刻的一株大山慈姑而起的。

这幅画深深地吸引了我，因为我发现在这幅画上有其他画作所不具备的东西。在这里我必须再次坦诚地说，绘画艺术是我所不擅长的。小时候我也想学习画画，且自认为我对绘画是有一定天赋的，曾经迫切地希望用线条、曲线、色彩等去表达自己的意愿，并广泛地选取绘画题材，比如我家女仆雅考巴乃至被鲸鱼吐出的赃物等。但我父亲是个有着狭隘宗教观念的人，他坚信应该让年轻人去做他们最不感兴趣的事情，而不该允许他们按照自己的兴趣发展。于是我父亲决定，我必须去做一名音乐家。

他不考虑我是否具备音乐家所应该具备的敏锐听觉，也不管我是否具有提琴家所必需的灵活手指，他只是告诉我他"决定了"，而在我幼年的那个时代，对于父亲的决定，儿子能做的只有服从，这是不容置疑的。于是我从六岁到十四岁期间每星期都要去马索·斯塔卡托先生的音乐室学习两次。

马索·斯塔卡托先生据说曾做过伊斯特皇室已故的马贵斯·埃考尔二世陛下的议院盛典琴师和音乐家。如果这个矮小的意大利人所说的是实话，那他应该已经将近一百岁了。因为我在一本建筑艺术史中偶然发现，埃考尔是生活在十六世纪前半期的人。这种掺杂着虚荣心的小小谎言是可以被谅解的，因为斯塔卡托先生是我所遇到的人中最风趣的。

他对拉小提琴、次低音提琴和低音提琴的技巧都非常娴熟，而且是一位非凡的翼琴弹奏家，这种乐器的魅力比起提琴来更加让人着迷。因为在我们那个气候潮湿的地方，提琴的音色有时就像一个被丈夫宠坏的妻子般喜怒无常。

在我幼年时代有一个传统，所有音乐教师都是顽皮的学生们捉弄的对象，他们以把这些可怜虫的生活搞得疲惫不堪，作为自己神圣的职责。因为他们认为艺术家不能像一般教师那样使用教鞭去对学生的屁股进行教育，那是有损艺术家尊严的事情。而斯塔卡托先生也小心地严格遵守着这条规矩，他从不在教学中体罚学生。直到有一天，他为自己置备了一张用钢条做成的弓！天啊！现在想起那张又细又长的钢弓我依然不寒而栗。每当我稍不留神对音节的把控出现错误时，他便用那张钢弓痛击我的手指，并伴以矫揉造作的声音说："B 是降音号，而你居然拉成了升音！"我总觉得无论是拉了升音或降音，那张恐怖的钢弓总会在我的手指关节处猛地来上一下。相比起来这些还算是比较轻的惩罚，一旦他发现我的左手没有按在正确的位置上，那么一连串暴风骤雨般的击打便会准确无误地抽打在我手指上。"缩回去，把你的手稍微缩回去一点，哦！我的孩子，快缩回去一点，再缩一点点！崩崩崩！"

这属于一种斯塔卡托式的奇怪教学方法，虽然很怪异，但对我的"音乐艺术"也起到了一些效果。虽然我没有什么音乐天赋，却也掌握了欧兰多·第·拉索和阿卡德尔特的一些较简单的曲子，并且拉得像模像样。只是我的演奏仅仅限于书本层面上的东西，它不是发自内心的热爱，如果我那执拗的父亲能让我按照自己的兴趣发展，我很有可能成为一个相当出色的画家，但现在我已年满四十，还是一个毫无激情的提琴演奏者，而对于我所热衷的绘画艺术，依然是个毫无希望的门外汉。

我见过很多幅画作，我们的城市里就充满了绘画。这里的港口异常拥挤，交易所附近的每条街道都像是繁华的大集市。每个早上你都能看到各国的乐师在水闸上演奏，有土耳其人、德国人、英国人、瑞典人、法国人，甚至万里之外的印度人，他们人数众多，丝毫不比荷兰人少。在我看到这样的情景时不禁觉得世界上的河流已不再注入北极，而是把所有的船只都送到了阿姆斯特丹港口，船上的香料、丝绸、精油、艺术品等都从五大洲七大洋汇聚而来，这个城市仿佛要被财富所撑破，就像一个布袋里装了过多的粮食般马上就要溢满而出了。

有相当多的人认为，这些令人羡慕的财富和幸福之所以源源不断地降临在这里，是因为上帝特别眷顾了我们这个民族，我们是上帝当之无愧的宠儿。可为什么偏偏是我们得宠呢？我无法理解，我并不觉得在和善、慷慨、谦逊这些美德上我们比周边的其他邻邦做得更好，而拥有那些美德才应该是打动主宰万物的上帝所必需的条件。

对此我有自己的看法，虽然长久以来我一直把这种意见深深埋藏于心底。对于目前的繁荣我们应该把它归功于荷兰特殊的地理位置，只是这独特的地理位置，曾让我们在很多年前仅仅为了生存而长期艰苦地奋战。一些体质较弱的妇女和儿童熬不住漫长的饥饿、穷困以及对亲人的牵挂而死去。甚至一些老人和儿童因为种种原因随时有可能被绞死、烧死，或者被处以磔刑。那些身强体健的人熬过了灾难，在敌人被驱逐出境后立刻恢复了力量和热情，旺盛的精力导致他们在看到地图时便会因激素分泌过剩而兴奋得发狂。这个小小的国家再也容纳不下他们，他们四处出击，已经成功地迫使西班牙国王屈膝求饶。而我们的那些邻居们也正为自己的事情感到焦头烂额。英国的老国王查理正疲于应付会唱圣歌的"反叛者"克伦威尔；法国的路易斯软弱无能，他的母亲和母亲的"亲密朋友"也毫不足道，只能作为酒馆里谈笑的猥琐话题供人消遣；瑞典和丹麦人正在愚蠢地争吵；德国和地中海那些小小的统治者更是滑稽可笑，够不上任何麻烦。这些都保障了通往波罗的海沿岸粮田的航路畅通无阻，如果任何人敢于试图干涉我国的"正当贸易"，他们都将付出惨重的代价。

这时，我们的同胞们仅仅为了展示自己的强壮，证明自己是怎样的英雄好汉，而要去万里之外扯中国皇帝的发辫、烧土耳其皇帝的胡须、到印度的宝塔里喝啤酒、去同弗吉尼亚酋长的女儿谈情说爱、在卡利库特神圣的祠堂里永不灭熄的佛灯上点烟斗。这些下流、危险、残暴的事情本应让他们付出生命作为代价，但却使他们的口袋里装满了欧洲各国通用的金币，这让他们更加野蛮无理叫嚣跋扈，肆无忌惮地继续做这种"令人愉快"的消遣。

十几二十年后这些人年岁大了，无力再做这类"愉快的消遣"时，便会退出这种处于天堂和地狱之间的事业，摇身一变成为体面的人物，在阿姆斯特丹最繁华的地区为自己买一所大房子。提到房子我不得不提及我们那"贤明的市长"，他们掠夺每一位市民的财富，专门做这种不动产的投机买卖，似乎整个城市都是他们的私有财产，无论盗窃多少社会财富都无须向任何人负责。再说这些大房子里的"富人们"。他们乐于像邻居炫耀自己是多么地富有，在他们看来如果拥有整袋的金币而没人知道是多么悲哀的事情。于是他们在大房子里摆满了重达一吨的古雅法国椅子，只有骡子才拉得动的西班牙箱子，以及一排排的绘画，一排又一排！

他们大多数人其实并不知道这些画作所表达的究竟是什么，

也从不曾真正注意过它们。只是因为那些有身份的意大利和西班牙公爵，英国、法国的贵族，以及旧日的修道院院长家里都用绘画来装饰自己的住宅，所以他们也必须挂这些绘画来彰显自己。于是，无论我走到何处，无论我的病人是伏尔德斯街的一个普通屠夫，或者是住在希伦渠畔阔绰地区的一个印度富商，我总是身处琳琅满目的彩色油画包围之中。这些画作参差不齐，有些无疑是低劣的，当然大多数还是不错的，因为美术家公会一直都坚持最高的标准要求会员，任何人都需要通过很多年的刻苦学习才有希望取得画家的资格。

在遇到伦勃朗之前，我对于绘画艺术的形式和表达方式知之甚少，只是凭借直觉和感官来评价哪些是我所喜欢的，哪些是我不喜欢的，我把这种感觉定义为"当然"。我看到一个男人或女人的肖像画，就认为这"当然"还是那个男人和女人，只不过是亚麻仁油和各种颜料画成的，并不是血肉组成的。装裱在金黄色画框里的风景画，和我从窗前看到的同一风景"当然"并无任何差异。用画笔画的羊排和死鱼，"当然"还是那块羊排和死鱼。虽然看起来十分新鲜，但依然还是死的。

而在认识伦勃朗后，我突然发现画出的东西是可以有灵魂存在的。虽然我不喜欢用"灵魂"这个词来表达，因为对于我这个无神论者来说它有浓厚的神学气息，但却实在想不出其他的表达方式能贴切地描绘出我的感觉，所以我只能使用这个词了。我突然发现没有生命的物体，也就是用植物油在麻布上绘成的画作，突然有了生命的特质后，所难以形容的那种感觉，它真的让我无法形容，因为这对于一名医生所认知的那种生、死分明的界限来讲实在是难以表达。在这里我需要强调，对于这种认识的转变我完全是通过和伦勃朗的谈话和对他家墙上琳琅满目、风格各异的绘画仔细地观看之后，才豁然开朗的。

　　而第一次对绘画的"灵魂"有所感悟，始于那天早上我来到医师公会，站在忙于进行解剖教学的尼古拉·丢尔普和我的六七个同行的肖像画面前的时候。尼古拉·丢尔普是我初到阿姆斯特丹时便认识的，画上的其他几位是和我在学生时期有着愉快友情的朋友，我们曾一起上过数百次解剖课。那时候有一种时尚，每当一些较有名气的同行剖开绞刑台或贫民收容所里某位不幸的牺牲者时，一定要请画家将过程画下来。这种时尚还引出过一个令全城作为笑谈的故事。一位虚有其名的老医生同一位年轻人发生了激烈的业务争论，之后他请了一位画家为他画了一幅肖像画，他贿赂画家让他将自己的一位学生画成他所"憎恨"的那个争论者，从而来体现他在医学界的地位。而那个年轻人知道后本着礼尚往来的"美德"，赠给医师公会一幅大型油画，在这幅画上这个年轻人专注的解剖着一具令人作呕的尸体，而这具尸体正是那个在前一幅画上令他丢丑的老教授。

　　我之前所见过的那些"解剖学课"绘画，仅仅是作为对往事的记录而已。它们旨在告诉看者："在某一天的某个房间里，某个医生由某某几个医生围在中间，解剖了某个人的尸体，发现人脑的前中枢回旋介乎于后中枢回旋和最高前中枢回旋之间，或者剖开了腹部，断定病人死于多年来由于滥饮所导致的肝病。

　　然而伦勃朗为尼古拉·丢尔普所做的这幅画却并非如此，完全另当别论。这幅画绝非仅仅讲述一个枯燥的故事，它具有让无形的思想变成有形表现的神奇特质，这种思想在画中形成主导，以致同这种思想所关联的无谓故事形成陪衬，就像人类初次聆听伟大先知降临人世垂训众生戒律时，用来记录原话的那张无关紧要的羊皮纸。

画上体现出的尼古拉·丢尔普不再是当时最富庶的城市里大名鼎鼎时运亨通的医师、不是他那富庶的父亲引以为傲的儿子、不是连续四次出任最高社会官职的聪明政治家、不是著名的解剖学家和曾将当时整个药物学界组织起来的才能不凡的行政长官。他蜕变成了一位具有强烈求知欲旨在探索自然密码的神圣使者，仿佛是终将摆脱大多数疾病痛苦的超凡化身。

他周围的那些人，也不再是索然无趣呆板凝重的医生面孔，他们来到这里，不是为了提高在医学界的地位而学习，也不是以多收取医药费为妻子置办几件参加聚会时穿的丝绸衣服为目的。他们的眼神若有所思地掠过横陈在面前的尸体看向远处。那些眼睛所看的不再仅仅是一条臂膀的筋络，他们所注视的是隐藏在一切生物体内的秘密，一个永远无法解开却又不断尝试解开的秘密。

我试图让自己的理解清晰透彻，可我似乎无法完美地做到这一点。有一天晚上我和伦勃朗坐在他的铜版画室里闲谈，希望能从他那里得到一些解释，但也没能如愿。我告诉他我看到了那幅画，在对他说起这个事情时我相当注意说话方式和修辞手法。我对他大谈艺术和艺术的使命。之所以这么做是因为我曾经在一个酒馆里见到过某位画家和雕刻家这么畅谈过，最后有个人为他们付了酒钱。

他听后觉得还算有趣，但也并未觉得非常有趣或令人惊奇。

"医生，我一直觉得你是一个聪明而有才华的人，你给我看过的那些小画稿都很不错。你虽然没有到艺术学校去学习过，但和很多人比起来你很有天赋。你在绘画上的诸多优点都是那些可怜的人一辈子也无法学到的，无论他们付出多大的努力。但你现在虽然已经四十岁了，或者更大些，但还没有真正懂得那些有才华的人最初就明白的那个道理。"

我好奇地问："那么这个道理是什么呢？

"很简单，除了事物内在的精神领域外，世上其他的一切都不重要。"

"是指人类不灭的灵魂而言？还是指古往今来事物的不灭灵魂而言？桌、椅、猫、狗、船只、房屋等不灭的灵魂？"

"是的。"

"书本和剪刀、花朵和云彩的不灭灵魂？"

"是的。"

我无声地沉默了一阵。抬起头望向伦勃朗时发现他粗壮的双肩劳累地低垂着，目光中尽是疲惫之色。我依然想对这个话题有更多的了解："那么全世界有多少人能懂得这个道理呢？"

他无奈地笑了笑，失望地摊开双手慢慢回答我说："每一百个人中有三个或四个吧。至多四个，特殊的情况下或许是五个。"

我继续追问："其余的人呢？"

伦勃朗的眼神中透过一丝我无法理解的惆怅说道："其余的人不会懂得我们所谈到的这些，但他们会报复。"

我很惊奇："怎样报复？"

"他们会让我们饿死。"

谈话进行到这里已经到了我所不能理解的程度，我想该是告别的时候了。

我站起身和他握手道别："晚安。"

"晚安，医生，谢谢你，明天下午两点半或者三点，如果你有空希望你来一次，我有件东西想给你看看。"他一边说一边将我送出客厅外。

漆黑的夜晚，雨下个不停。与这里相隔不远，犹太法学博士的房间里还点着灯。麦纳赛·本·伊兹列尔还在他的印刷机上印东西。他是个博学的才子，据说他用金子印出了几本自己的著作，多么单纯可爱的人啊，一时间我很想进去看看他在做些什么。这时教堂的钟楼上响起了当、当、当的钟声。我回想起伦勃朗说的那个道理，真的可以写成一本书，我们所遗忘的内在精神、时钟的内在精神。伴随着钟声出生、死亡、幸福、痛苦、疾病、健康、希望与失望。

这是一个适合睡觉的天气，我把身上的斗篷用力紧了紧，快速向家的方向走去。转过一个弯，一家酒店的门开开合合，进出着各式各样的醉汉。醇香的美酒让这些人醉眼蒙眬，说出的酒话却也显得有些哲理。

一个醉汉用手圈住另外一个醉汉的脖子贴近他的耳朵大声说："我告诉你，现在我要谈的事物原本是怎样便是怎样，绝不会是另外的样子，你懂不懂？一个人原来是什么样就是什么样，他不可能会是其他样，你明白吗？"

另一个人附和着："当然，约翰，我当然懂。"

那醉醺醺的"哲学家"愉快地说："那很好，你知道吗，如果你不赞同我的说法，认为事情是原本的样子该是怎么样就是怎么样的话，我就会敲打你这愚笨的脑袋，懂吗？"

我没有再继续听他们的谈话，快步走回了家，而当我打开门时，雨还在一直下个不停。

6. 将"深入人心"的一幅画

　　第二天整个上午我都待在医院，下午我又来到了布利街。这是我的病人萨丝佳病情最严重的一天，然而她却不听劝告，执意坚持走下病床，坐在旁边用几个枕头支撑身体的椅子上，将她的宝贝抱起放在膝盖上。而保姆则忙着在旁边用火烘干几件衣服。我对保姆说请她不要在病人的房间做洗衣服这样的事情，对病人身体会有影响，而保姆当然不理会我的劝告。嘴里还小声嘟囔抱怨了一下，随即便将小孩子的衣服收起来扔到一个篮子里，"砰"一声关门离去。

　　"今天又是她心情不好的一天，遇到这种日子，我没有任何办法，非常无奈，我有时觉得她就是个蛮不讲理的疯子。"萨丝佳充满无奈地抱怨着，"不过我觉得我比前几个星期身体状况好多了，我想我的身体没多久就会好转的。你觉得我的脸色是不是好多了？"看着可怜的她满是欣喜的表情，我肯定地对她说，她的脸色的确不错，比之前看上去好多了。对于她脸颊泛起的暗红色的红晕，我的确没有撒谎，也没有必要撒谎。只是她脸颊呈现的红色实际是发高烧所导致的，她所认为的正在逐渐恢复健康的表象，只不过是离死亡越来越近的征兆。

从这天开始计算，四个月或者至多五六个月之后，她就要长眠于教堂里一块花岗石板的下面。而我们的责任则是让她在人生最后的日子里尽可能过得更快乐、更幸福。此时看着她抱着的这个漂亮可爱的儿子，便讲了几句夸奖孩子的话，但这个小孩子跟所有普通的孩子一样，天生对病人有种害怕厌恶的感觉，总是试图挣脱她的怀抱。

"医生，你看他可爱吗？"萨丝佳一边高兴地问我，一边试图用双手举起孩子，可是她那纤细无力的胳膊已经承受不了孩子的重量了。"你看他是多么可爱，我们想让我们这个可爱的孩子长大后做一个海员。"我问："不让孩子跟他父亲一样做一个伟大的画家吗？"她赶紧摇摇头，并坚定地说："不，我希望他能够健康成长，一辈子能够生活得幸福快乐，无忧无虑，可我相信，艺术家的生活并不能如此。""但是你总不会质疑伦勃朗是幸福的吧？他有他热爱的画家工作，他有你。"这话刚从我嘴边说出，就觉得有些不妥，迅速纠正了我刚才的说法，"我是说，他有你还有孩子，还有……"但我还没有说完便被她打断："医生，你第一次说得这么准确，他有他热爱的工作，而在工作之余他才能想起有我，他让我打扮成公主的模样，可是我并不是公主，或者让我装扮成皇后，皇后我就更不可能是了，在我看来，我只是他工作的一部分而已。""那也一定是他工作中最美的那一部分。"我微笑着说。"没有没有，您这话说得太客气了，不过怎么说都行，反正我也就是他工作的一部分而已，而不是他生活的一部分。"她回答。

我强调说："我觉得自从你为他生下这个可爱的孩子开始，你已经成为他生活密不可分的一部分了。"听到我的话语，她顿时呆了一下，并充满疑惑地看着我。她脸上的那些喜悦的表情消失了，由快乐变成了一丝忧伤。她一边若有所思一边问我："您真的相信这些吗？但是如果我自己不是这么想的，那我情愿明天就离开这个世界。我现在心甘情愿地等待死亡，可又害怕这一天来得太早。"听到她的话，我很想用我们这一行看似一成不变的老生常谈的理论来反驳她，可就在这时，她的丈夫伦勃朗走进来。不知是谁惹怒了他，他看似很生气，并且愤怒地咒骂着什么。

只听他嘴里喊着"这个白痴，这个无可救药的蠢蛋，我还以为他已经在我的指导下学会了如何使用印刷机。可是他居然在上次将纸张全部浸到水里，纸张碰一碰就一下变成了纸浆。而这次他又把铜版放在滚子下面而不垫毡片。铜版被压成了铁环形状，害得我必须自己全部重新制作一遍。如果不是他给我弄砸了，我现在可能已经出售一百份了。凭我的经验，老牧师安斯洛的肖像，每次印刷都能卖出一百份左右，只要画的是门诺派的牧师，他们的信徒们都会购买的，他们很舍得花钱的。"

看着此时无比愤怒的伦勃朗，萨丝佳试图安慰她的丈夫，她伸出她那纤细瘦弱惨白的手，示意着她的丈夫过来，并且温柔地说着："亲爱的，到我这边来坐一会儿，休息一下吧，不要生气了，你可以打发那个不争气的学生离开啊！如果他是一个怎么教都学不会，并且只会令你生气的笨蛋，你当然可以不用想那么多，打发他离开不要妨碍你工作就好啊。"她丈夫的怒气似乎在她的话语中消散了。"其实我也这么考虑过，但是我担心的是，如果我再找一个过来仍然很笨，甚至比现在这个还要笨怎么办，而且现在这个为了成为我的学生，每个月还需要付给我一百银币的学费。不过我现在想好了该如何处理了，我们家不是经常需要木柴吗?"萨丝佳回答:"是的,我们经常需要的。""这样就好办了,我可以叫这个学生到我们院子里劈柴,我可以对他说劈柴这种方法对锻炼手臂力量非常有利。要想成为一个画家,必须要有足够结实的肌肉。这个好主意都要归功于你,如果让我自己单独考虑两分钟,我肯定会直接赶走他的。那么现在亲爱的,我们一起出去散散步,我想给你看一样东西,我还想告诉你一些事情。"可怜的萨丝佳虚弱无力,只是勉强地向她的丈夫笑笑,但是那笑容已经非常不自然了,刚刚泛红的脸色再次消失于她的脸颊。看起来她已经疲惫不堪,我们将她扶到床上时,她已经咳嗽得非常厉害了。

当我和伦勃朗离开她的房间,走到外面的街道上时,我提醒他说:"她不应该经常这样活动,她必须好好在床上休息。"伦勃朗摇着头说:"这个我知道,但是如果她坚持要起来的时候,我也实在没有办法来阻止她,不去扶她起来吗?即使我不过去扶她起来,她也会拼命喊着保姆过来帮忙的。""我一直以为你会辞退那个不负责任的保姆。"我接过话来,"你说的这个事情我也考虑过,我也想这样做,但是当我试图这样做的时候,却发现其实非常不容易。"他无奈地回答。

"其实你了解,我一直很忙的,实在没有时间来处理这个事情,况且这种事情通常需要很多时间才能搞定。"听到伦勃朗的话语,我顿时醒悟,其实我早该明白的,他这个人一辈子只会看重一件事情,那就是他热爱的工作了,即使他已经成了家,有了家庭。

其实大家或早或晚都会成家,大多数人会尽自己最大努力去经营、维系着家庭生活,但是他这个让人觉得可怜的男人,往往在谈到他一直热爱的绘画艺术时,他才真真正正是一个巨人。而当他面对平淡、琐碎的普通家庭生活时，他总是束手无策，成为一个让人觉得可悲的懦夫。在绘画时，他可以大胆、勇敢地去尝试，去解决前人不曾处理的画面光线明暗的棘手问题；可如果让他去辞退一个毫无责任感可言的保姆，一个有可能威胁到他妻子和孩子健康的野蛮女人时，他立刻就胆怯，想尽各种办法去逃避这一切。

我想世界上当然不会存在一模一样的人，我们每个人的脾气秉性都不同，职业、环境也不同，要使一个人变成另外一个人，那简直是不可能的，这么做只能白费精力。我心里带着这种想法，和伦勃朗走在街道上。

这时他停住脚步问我："如果我们在去阿姆斯特尔河畔之前稍微绕个小弯，从犹太人住宅区经过，会看到不一样的景色，医生，您觉得怎么样？有问题吗？"我立刻同意。因此我们没有按照原本的路线行走。不一会儿，我们就来到了一个与整个城市景色完全不同的另一个世界。

伦勃朗似乎对这个地方非常熟知，与这里的居民关系也很好，因为无论我们走到哪里，都会有人毕恭毕敬地朝他点头示意表示问候，不知道的人还以为伦勃朗是市长或者某个重要官员。

看到我充满疑惑的样子，伦勃朗似乎明白了什么，赶紧向我解释着："医生，你千万不要误会，不要认为他们知道我是个画家，对我的画有了解才对我毕恭毕敬的。实际对他们来说，我只是一个慷慨大方的顾客，因为只要我身上带着钱，总是直接付现金给他们，而且我也不会跟他们讨价还价。"伦勃朗还对我说，这个地区可以称为真正意义上的宝库，这里五彩缤纷的色彩，远远超过阿姆斯特丹其他地区的总和。

"您知道这是什么原因吗？"伦勃朗突然跳到一旁，躲开从楼上窗口倒下的什么东西，同时对我说，"我们国家的文明似乎就是褐色和灰色的，我们把各种绚丽的色彩看作是一种带有罪孽的欲望的展现，我们国家的男人和女人都只能穿黑色的衣服，甚至连充满朝气的孩子也只是穿黑色衣服，而我们的教堂看起来就像是被粉刷成白色的坟墓。当我们聚集在一起举行宴会时，每个人似乎并不为宴会而快乐，反而满腹心事，愁眉苦脸，直到他们在宴会上喝得烂醉如泥。然后我们每个人的行为，与约翰·斯登在他的画作中描绘的近乎一样，他也是一个聪明的年轻人，虽然他跟我一样是莱登人。我真的非常希望我能对家人多了解一些，当然说的并不是我善良仁慈的兄弟姐妹们，因为我可以坦诚地对您说，我的这些兄弟姐妹们太过平凡，不能引起我的兴趣。而我的祖父母也只是普通百姓，甚至有些笨拙愚昧，他们一辈子没有离开家乡到其他任何地方，只是在莱登附近的一个小村子里做着最为平凡的小商人。"

"我的祖父母这一辈子是没有见过任何世面了，我的曾祖父母或者曾曾祖父母这些祖先前辈们又是如何生活的呢？"

"我们的家族族谱里是否曾经有一个意大利或者法兰德斯人呢？因为我曾经听说，法兰德斯人要比我们这些人活跃很多。记得有一次我买了一幅鲁本斯的绘画作品，真的很棒！从那幅画作中隐约还能发现与我们的宗教有些许难以名状的关系，但是很难说得清楚。我认识几位老人，他们对阿姆斯特丹和莱登发生的宗教改革前的那段历史仍然记忆犹新。他们都说在那段时间里，他们生活得无比快乐，远胜于现在的生活。那时候有许多的教堂牧师、执事和僧侣出现在街道上，那些人总是闲来无事，如果你不主动搭讪或者招惹他们，他们自然也不理会你，不过如果你经常去做弥撒的话，那情况就完全不一样了。相比之下，现在的情况就有很大不同，如果你在街上遇到这些传教的人，哪怕你只是礼貌性地向他们微笑示意，他们也会马上冲过来给你念上几章节的约伯书，似乎在对你警示着什么。不过我相信，教会终究会走向灭亡的，只是因为我们的民族是个动作迟缓的民族，而我们的思想则更迟钝，不过至少我们还在思考着。"

"我认为这所有的一切都会消失殆尽的，不过偶尔我也曾假想着，如果我出生在意大利而不是这里，那我的生活会是什么样子，会不会比现在幸福。"看着伦勃朗充满遐想的眼神，我问他说："你没想过去意大利吗？""我当然想过，而且不止一次，我想每一个怀揣绘画梦想的年轻人，这一生总会有那么一段时间特别渴望去意大利。"伦勃朗肯定地回答，我又问："但你只是一心渴望去那里，却一直没有去过？""嗯，一直没有去过，在1631年的时候，有那么一段时间我迫切想去那里，我甚至还和跟我一起在莱登求学的约翰·里文斯谈过这个事情，而且那个时候我父亲麦芽磨坊的生意还相当不错，甚至有几个有钱人入股磨坊，因此去意大利的费用当时倒不成问题。不过在那段日子里有些不顺利的事情发生，我总觉得自己命不久矣，珍惜着每个白天，甚至每一个小时，所以一下子要抽出两个月的时间去意大利，而且那里的阳光也未必跟这里有什么不同，似乎觉得去那里有些浪费时间。不过，意大利有一些绘画界著名的大师级人物，但是即使我身在阿姆斯特丹，也同样能像在罗马一样观看到他们的作品，因为总会有人将这些画作通过船只运载到我们这里。"

"我曾经临摹过许多那类大师的作品。当时我临摹的那些画作经常被当作真迹售卖，因为那个时候，许多的画商是唯利是图的，只要能让他们获得利益，哪怕是圣路加本人的画作他们也会毫不犹豫地出售。令人感到讽刺的是，那个唯一一个非犹太人的信徒，却给犹太人带来他们始料未及的收获，让犹太人赚了大钱，这就是我亲爱的姻兄奥依林堡的功劳，因为他也忙于经营这些艺术品。或者从某种角度上来说，我同样也是经营者，因为前几天奥依林堡又从我这里拿走一千吉尔德。至于他究竟拿这笔钱做什么，说实话我并不知道，不过如果你肯出这些债权的半价，我很愿意把债权转给你！"我们边走边聊，不知不觉间已经接近犹太人区的边缘。

这时我提醒伦勃朗，问他是不是忘记什么事情了，他回答："我知道的，我没有忘记，不过那件事情需要到城里的另一个地区去办理。我每次出来散步，总是不自觉地就来到了这个人口聚集地。不过我今天要去找的是这里没有的，比这里好上很多倍的东西，因为我已经发现了米开朗琪罗的一幅真迹，我只见过一次那幅小画作，一个小孩子的头像，可是当时拿着画作的画商要价太高，如果他肯便宜一些，一千五百吉尔德的话，我肯定毫不犹豫买下它。"看着他毫不迟疑的表情，似乎这个数字对他来说可以满不在乎，好像只是两个先令一样。据我所知，伦勃朗的肖像画很受欢迎，他出售画作所得收入远远超出其他画家，当然大家也了解，他也娶了一个很富有的妻子，可是我却完全没有想到他会富有成这样，竟然这么不在乎钱。我童年时代就过着非常朴素的生活，这种习惯对我影响相当深远，所以我很难理解为了这么一幅画作花费这么一大笔钱是否值得，伦勃朗听到我的疑惑时却感到很惊讶，并且他很肯定地回答我，他认为这并不算多。

"实际如果你单单从金钱价值的角度来说，这一千五百吉尔德的确很多，但是如果你从这幅画作是伟大而卓越的米开朗琪罗的真迹来看，这些钱就不算什么了，因为我自己将会得到比这个更高的收入。""仅仅就一幅画？"我疑惑地问，"是的，如果你肯再跟我走几分钟的话，你就会看到那幅画作，就能理解我所说的。不过当然我先要去那个地下室一趟。"当我们走到伦勃朗所说的地下室时，我才意识到这就是辛格尔街以前的射手俱乐部的一层，他们的俱乐部现在变成了一个高级酒馆，来到这里的人们只要买上一瓶或者几杯啤酒，就可以随意观看知名老战士的肖像画。这个楼房的最高层被一个售卖手套的商人租了下来，在这里他可以充分利用顶楼的优势来晒他的皮革商品；而底层则是一个犹太人经营的古玩店，我是第一次看到这个店，门外招牌上写着犹太人老板的名字，但是淘气的孩子们在招牌上涂满了脏东西，令我看不清楚上面写的是什么字。

这个老板身穿一件一直拖到地上的外衣，那衣服长得几乎要把自己绊倒。房间很黑，房主又留着乌黑浓密的络腮胡。在这种情况下，总有人不小心撞在他身上，而他就不断地请求别人谅解，嘴里说着一种让人听不懂的语言，这种语言似乎由三分之二的葡萄牙语、六分之一的德语和六分之一的荷兰语组合而成，同时这里面还掺杂着一些好像是大卫王的赞美诗中独创的语言。

令我感到惊奇的是伦勃朗不仅仅懂得这种自创的语言，还能很流利地说着这种语言，因为当米开朗琪罗的那幅画作从一个昏暗的角落里被拿出来时，他就用刚刚提到的那些自创的各种语言的混合语，跟大胡子画商滔滔不绝地聊着，看到他们你来我往的架势，感觉随时都可能动手打起来。我自己在想，如果真的动起手来，我一定不会去劝架，直接以我最快的速度离开。经过半个多小时带有双方前辈的激烈争论中，画作顺利成交。

走出那个地方，我顿时觉得外面的空气清新极了，令人心旷神怡。对于刚刚进行的那场充满神秘感的交易争论，我希望伦勃朗能给我一个解释，后来他的确讲给我听了。

"因为我非常需要这幅画作。"伦勃朗诚恳地表示，"我真的很需要它，这个犹太老头儿出价太高，经过一番讨价还价，最后我能只花不到一百吉尔德就将这个画作拿到手，我很满足。""但是你有没有想过他拿那个你并不需要的画框敲诈了你一百吉尔德？那个画框你需要吗？画框的价格你觉得划算吗？"听到我一连串的疑问，可怜的画家有些迟疑了，脸上呈现出一丝羞愧之色，像是一个孩子将父母辛辛苦苦赚的一枚铜版随意挥霍掉后被发现的表情。但是这一丝羞愧不一会儿就消失了，他用一种似乎受到委屈及不公待遇的音调说："在我们所处的这个社会里，手里的这些钱不花掉，又能做些什么呢？"听了他的话语，似乎我刚刚对他随意挥霍大笔金钱的善意提醒和批评都是有失公允的。他又继续说着："一千五百吉尔德看似是一笔庞大的金额，但是我想下个星期，最晚不超过下个月，我只要卖掉我最近的一幅画作，马上便会得到一千八百枚银币，更何况我的确非常需要这幅画作！"

当我们走向克洛文尼尔斯道林寨时，我脑海中迅速闪过许多遐想。那个寨子是几个最阔绰的团体的聚会场所，据我所知，大尉们的房间里都挂满了凡·得·赫尔斯特、格瓦尔特·弗林克和克列斯·伊里亚斯的画作，所以令我顾虑的是，伦勃朗今天下午先买了这幅米开朗琪罗的真迹，也许他打算拽着我用整个下午的时间走遍这个画廊，而这是我最怕的地方之一了。

正当我一个人心里暗自嘀咕的时候，听到耳边传来伦勃朗的声音："我们进去看看吧，怎么样？"看来我刚刚担心的事情变成了现实。这个地方的房屋在不断扩充着，有一段段满是历史痕迹的城墙和被拆除了房顶的私人住宅，感觉走在这里需要一个导游为我们讲解和引路。但此时伦勃朗推开了一个酒吧的大门，这让我不禁想到军人俱乐部要是没有酒吧简直是不可能的，听到伦勃朗说："我们已经走了很久了，我想您一定想喝上一杯了，虽然我并不是这里的会员，但是我在这里工作过一段时间，他们允许我利用他们的公共房间，请进吧。"于是，我和伦勃朗一起进去坐了下来，他点了两杯啤酒。

"我想走这么久您也该饿了吧？"伦勃朗朝着我问了一句，我摇头示意了一下，"不饿吗？那我一个人吃点东西可以吗？我今天早上到现在还没吃过东西，自从萨丝佳生病之后，家里的饭菜粗糙了很多，看着就没有胃口。"于是他点了一盘蔬菜、一条新鲜的青鱼和一些面包津津有味地吃了起来，还边吃边向我解释为何要带我来到这里。

他说："其实我这个人很不愿意谈论自己的私事，但是最近这几年我感到内心很痛苦和寂寞，我一直都在苦苦挣扎和支撑着，一是因为萨丝佳这个病，二是因为岳父家生活十分困难，三是对我来说房价相当昂贵的那幢新房，其间还有其他七七八八琐碎的事，我也不想一一都说给你听，以免给你带来更多的烦恼，我想你自己的烦恼恐怕也不少。不过我还是要让你知道一件事情，然后你便会知道将来要发生什么，心里做个准备，我相信了解事情的内幕，总是一件快乐的事情。这可能让人觉得自己确实不愧做个人，不过这里即将发生的是个有趣的事情。"

"你真的不吃点儿这个青鱼吗？它的味道很不错的，不过不吃也没关系，还是听听我接下来的这个故事吧。你知道我出身并不太好，出生在一个卑微的家族，在我们这个国家，许多人看不起我们这样的家族，可是在法兰德斯则不同，人们非常尊重鲁本斯，并让他做使节。我曾听说在西班牙有个叫委拉斯开兹的画家，大家都说他是最伟大的画家。我从来没有见过他的画作，但是我却听说他能把一个空房间画得确确实实像个空房间，这的确是件非常难做的事情，我也尝试去做这一点，希望达到他的水平，但是我估计这至少需要二十年的经验。”

"不过我听说这位名叫第埃果·委拉斯开兹的画家甚至可以与国王平起平坐，国内其他大臣们，甚至是国内最大的贵族，在国王面前也只能恭恭敬敬地站在一旁，由此可见他在国内的待遇的确不同凡响，受尊敬和爱戴程度可见一斑。而当他到罗马时，教皇都会亲自接见并邀请他到麦第奇家族的私人别墅做客。"

"当然，世间每个人的想法都是不同的，而不同的国家对同样的人和事物也会采用不同的方式来处理，不能要求所有国家都对画家有这般的尊重。我们这里还是通常将我们这样的画家视作等级相对高一些的下等人。做画家也算是能赚钱的行业，可是却很难出现富翁级别的人，有些画家虽然已经得到了很优厚的待遇，但是也绝没有超过码头工人、账房先生或者面包师助手他们获得的工资。所以有时候我们的父母看到自己的孩子有机会接触到上流人士，并能够为他们画像时，都感到十分自豪，即使他们也担心自己的孩子最后会遭受与罗夫曼或老头儿赫库尔斯·赛弗斯同样的命运，悲惨地死于救济院或者在酒店结束自己的生命。"

"这些可怜人遭受如此悲惨的命运，是因为他们国家的人民无法欣赏他们的作品，不过对于这一点，我想这些人永远也不会明白。对于赫库尔斯穷困潦倒不得不在破衬衫或旧裤子的反面作画，不得不将自己的铜版画卖给罗金街的屠夫们包肉，这些人没有丝毫觉得遗憾而是觉得非常可笑，那时听到有人说，'哈哈，今天早上我买的肉片是用托比亚斯和安琪儿包好的'，另一个朋友也同样哈哈大笑：'你这不算什么，之前有一天我买的一幅风景画还是用那老头儿裤子上的一块布画的呢，才花了我五个吉尔德，好笑吧。'后来就是这两个人竟然有一千吉尔德或是一万吉尔德拿来做投资，原来正是因为其中一个人的祖父偶遇了一个西班牙人或者是波兰人，他们记不得这个人叫什么名字了，只是听到那个人说起这两幅画好像是杰作，于是这两个人便听从了祖父的建议将这两幅画卖掉了。"

"其实你明白这个是事实，我也明白这是事实，大家都明白这些，可是即便如此，作为我个人来说，我实在不愿意再过这种穷困的日子，我真的已经过够了这种苦日子了。可能这世间有些人能够吃苦，有些人却吃不了苦。我很喜欢赛弗斯这老头儿，我认为他是一个伟大的人，我相信他所遗忘的绘画和腐蚀铜版画知识，可能比我们这些人一辈子所懂得的这方面知识还要多得多。想起当年我刚来阿姆斯特丹的时候，还是一个初出茅庐的年轻人，不过那时他已经是个老头儿了，我不是经常能够见到他，但是记得有一天晚上，我和几个朋友一起约好去看他，他住在一个空空荡荡的房间里，房间的一旁有一个女人正在向满是蔬菜的大石坛里放东西，估计那个长相并不好看的女人是他的妻子。女人旁边还有六七个脏兮兮的小孩子躺在地板上，而老头儿则有些许醉意，完全不理会身旁发生的一切，专心致志在画一幅描述暴风雨的画，我觉得那幅画是我见过的最美的绘画作品之一。过了一会儿，他将画用两根钉子钉在墙上，并站在画作前观看着，他的妻子看到我们马上询问我们是不是警察局长，并很想了解我们此行的目的。"

"就在当天下午，他的最后一幅铜版画被无情地退了回来，因为为他卖画的那个犹太人没有将画卖出去，实在是非常遗憾，我认为那是他这一生所做的最杰出的一个作品，可是却没有被卖掉。但是由于赫库尔斯已经没有钱再去买一块新的铜版，他只能狠心用一把铜锉刀，将铜版锉成四块，只是为了能继续工作。他虽然如此钟爱他的工作，甚至狂热于他的工作，早上、中午、夜里无时无刻不在工作着，可是人们却只说他是一个醉汉。可是真正喝醉的人怎么能画出如此优美的画作，有时候他只是为了暂时摆脱周围的烦扰才喝上一两杯酒，也许喝上那么一两杯就可以让他忘却妻子和孩子的吵闹和哭喊声。"

"也正是在当天下午他妻子外出去典当画架子的时候，他则偷偷地将孩子们床上最后仅有的一条被单拿下来，将它小心翼翼剪开，当作画布使用。其他的事情我就不再啰唆了，那个时候我过得也不宽裕。不过看到他的确没有任何可以换钱的东西了，因为他家里凡是值点儿钱的东西要么就是被典当了，要么就是为孩子们换取了牛奶、鸡蛋和黄油。后来的我也是费了好一番周折才终于买到了他的六幅画。你之前在我家可能已经看到了这些画，有一幅挂在了客厅，一幅挂在了侧屋，其余的几幅则放在了侧屋后面的小卧室里。我把这些画作布置在我的整个房屋里，一是因为我实在很喜欢这些作品，二是我认为这些作品是一种永恒的纪念。看到这些画作就能令我回想起自己站在赛弗斯的马棚那天的情形，实际这个像马棚的地方就是他一直住的房屋，记得当时我还对自己说，'伦勃朗啊伦勃朗，你就是个不折不扣的理想主义者，超级大幻想家，做事太愚蠢。即使你以后还要做一些愚蠢的事情，但是请一定要记得赚取一些相应的报酬，要记住，连铅匠和铜匠他们制作的东西都可以换钱，你为什么不能！'"

"更何况我了解自己，我需要更多的钱，因为我创作时喜欢在身边放置很多颜料，如果将我一个人放在赫库尔斯·赛弗斯那样的房间里，我想我连一个星期都活不下去。我还很喜欢买东西，买东西又从来不会斤斤计较地讨价还价。我不愿意仅仅为了两个吉尔德将雅各肖像拿出去卖掉。当我在拍卖行看到自己想收藏的东西时，我就会不顾一切去抢买，即使明知道他们抬高价格坑我，我也必须要买下来。我就是这么一个人，当我非常想要一样东西的时候，就一定是在当时当地需要，而不是过一个星期或者一年后需要。"

"如果我想要创作杰出的作品，就必须做实验。我的妻子萨丝佳是个非常漂亮可爱的女人，如果你能在两年前看到她就好了，她那时还年轻、漂亮，像个未嫁的大姑娘，而且也没有病成这样。当时我拿她做实验，例如让她穿上绸缎衣裳、佩戴各种华丽珠宝首饰，通过不同的方法和角度描绘她，我相信这样能够看到她的内在纯粹的东西。虽然我可怜的妻子并不是每次都愿意这么做，但是她却很有耐心。当我声称要她看着我最终会画出怎样的画像，她就十分温柔地表示可以。"

"她总是很温柔，甚至对我有些无礼的要求也满口答应。不过说这些有些跑题了，我是想告诉你我即将要做的事情，想来袋烟吗？"此时，青鱼已经吃完了，啤酒也喝完了，所以我回答："好，来袋烟吧。"于是伦勃朗又点了两杯啤酒和两袋烟丝，然后他向我转过身来，用胳膊肘儿支在桌面上，继续说着："你知道我画过很多肖像画，而且我都讲得出画像中每个人的名字，不过这都不重要。人们每次来找我画肖像，画完后他们都会付给我四百吉尔德或者五百吉尔德，有时甚至是六百吉尔德。我并不了解其中的原因，因为像凡·德·赫尔斯特画一幅如同房子一样大的画作，上面甚至要画十几个人或者二十几个人物，也没有得到比我这个更多的报酬。凡·德·赫尔斯特画的这种画作可是非常耗费时间的，因为画中那十几个人或者二十几个人，每个人都觉得自己才是其中最帅气英俊的人，都会纷纷要求把自己画得仔细些。从以上这些你就可以了解，我可能是仅有的唯一一个不曾受到众多挑剔的画家，甚至我还受邀请为公爵作过画。我觉得公爵并不喜欢我作的那些画，因为我相信他对宗教主题画作的喜爱程度远远比不上对雅克·约丹斯画的美女。我还听说他要在森林里建造一所新宫殿，而且只雇用佛兰德的画家，不过也许这也就是些流言，因为如今这事情已经尽人皆知了。"

"我花了很多时间终于讨回了钱，幸好有霍伊根斯阁下的帮忙，如果没有他，我分文也别想拿到手，霍伊根斯阁下非常珍视我的画作，才游说最终促成支票兑现。不过我想表达的意思是许多人听说过我的名字，那些有钱人邀请我作画，就是觉得这是一个时髦的事情而已。我也常对自己说：'这样也很好，你们邀请我，我就给你们画画，甚至可以按照你们的要求去画。'"

"当时我的确很需要钱，我的第一个孩子快要出生，我需要更换一个新房子，以及需要购买其他的一些物品。人们常常说我是一个幸运的人，因为我娶了一个漂亮的有钱妻子，实际并不是这样，萨丝佳并没有什么钱。她们家里一共有九个兄弟姐妹，我没有见过她的父亲，因为我和萨丝佳认识时，她的父亲已经去世七八年了，听妻子说她的父亲奥依林堡一心只忙于政治，根本没空料理自己的财产。"

"那个老头儿你一定听说过，他是个挺有名的人，就是他同威廉公爵一起用餐的那天，公爵被人从席间叫走然后被人打死的，凶手是国王腓力普派来的。而当时奥依林堡的官衔是雷瓦登的市长兼警察局长，他总是公务繁忙，因此无暇顾及自己的财产。"

"当老头儿去世的时候，这些子女们每人可以获得的遗产大概 4 万吉尔德，是一个很大的数额，相当不错。可是从邻居们口中传出来当然就会额外加一个'0'，将每人获得的遗产说成 40 万吉尔德，甚至可能被说成 4000 万银币，再折算成我们现在所见的现行钱币。但是实际上他家所有的钱财都换成了农田和房屋，可是当老头儿去世需要分遗产时，变成了农田无人租，房屋卖不掉的境况。"

"当然由于我住在阿姆斯特丹，而其余的遗产继承者都住在伏列斯兰，路程相距很远。您跟伏列斯兰人打过交道吗？可以说他们是世界上最最顽固不化、吝啬而且特别奇怪的民族。您知道吗，两年前，我们当时不得不跟他们打场官司，才得到她一个姑妈在 1634 年留给她的几千吉尔德的遗产，这让我们等了整整六年。而当我们千辛万苦拿到这笔钱时，其他遗产继承人又想骗取这六年的利息，实在无奈，我只能又花费二百吉尔德聘请律师帮助我们。想想那些每花费一个铜板前都要亲吻几十遍的人，真是令人作呕。"

"当我凭借自己的本事卖肖像画赚钱，并且买了许多我喜欢的绘画、塑像和其他艺术品时，他们则在一旁信口雌黄大肆宣扬说我挥霍萨丝佳的财产，并言之凿凿，可是我花费的都是自己的钱财，为何要受他们这般侮辱，于是我只能再次起诉他们，控告他们诽谤我的名誉，而厚颜无耻的他们却百般抵赖，法官都无能为力，只能将我的起诉退回。"

"这些做法丝毫没有动摇他们，他们依然继续这些毫无根据的诽谤诋毁，我被逼无奈只能换个地方在伏列斯兰再次提起诉讼，从这以后我才清净许多，终于没有再次听到他们说我挥霍萨丝佳财产的那些谣言，实际那些谣言已经被散布得很广了。虽然我当时的确挥霍了一些钱，就是去购置布利街这座新房，当时需要一万三千吉尔德，为此我写下了一些需要我忙碌一辈子才可能还清的借款单据。您想，如果我要是手里有现款，我还用得着费这么大劲吗？大家疯传说我这个穷困的画家娶了个有钱老婆，纯属是造谣。我们家现在倒也并不是非常穷，我还是有足够的能力维持我们的生活的，但是我做事却总是喜欢谨慎行事。现在只有您能了解事情的始末。"

"我感觉自己比别人好像敏感一些，总能看到或者感知到别人看不到或者感知不到的很多东西。我将这些别人看不到或者感知不到的东西融入我的画作里，就像我为别人画像时，坐在对面让我画像的人，总是自以为潇洒过人，但看到我的画作就说不像，或者可以说我将他的那种吝啬的守财奴以及妻管严的眼神描述了出来，以至于到了最后，要么他就是不要画像了，要么他就只是付给我之前承诺过金额的一半作报酬。"

"这样下去明显是不行的，目前这个阶段还不是我为了艺术追求而创作的时候，虽然这对我来说很重要，假设你今天晚上有机会去一趟'脏面巾'或者'黑地窖'，听一听在那儿的画界同行们的讨论，你就会听闻很多关于艺术方面的事情。他们几乎每天傍晚都会聚在那里喝啤酒，聊天，说一些个人打算。"

"而处在现阶段的我，主要任务还是尽最大努力去赚钱，只有赚到更多的钱才能支付得了我现在的房子，才能继续治疗我妻子的慢性疾病，也才能更好地抚养我的孩子，供他进一个好学校，以后还要让他上大学。"

"我想你能够了解在我们这些画肖像画的画家之中，也会像女人喜好的服饰一样，会有一种流行的时髦款式或者样式。而我掌握这种流行的样式已经有很多年的时间了，实际我自己了解，很多人巴不得可以这样说：'凡·莱茵的确是一名画家，不过他已经失去了他作为一名画家本身所需要具有的独特性，就是他原有的那种精神和本质的独特性，那种与众不同的地方，只能说他以前画得不错而已.'他们的意思我当然明白，就是想说明我现在画的画像更多展示的是他们原本的真实样子，而不再按照他们所希望的那样描绘。我很愿意现在就带着您看一下。"于是只听到他转过头喊道："嗨，亨德利克，请把我们的账单拿过来，我要结账，谢谢。"亨德利克马上毕恭毕敬地走过来递上了账单，然后谈论起这几天的天气，因为按照每年这个时期的天气来看，总是阴雨天偏多，而这几天居然连续三天没有下雨，真是挺不错的。而他居然在伦勃朗丝毫没有察觉的情况下，将结账后剩余的零钱私自放进了自己的腰包，并且虚情假意地送我们到门口。

我们出了门向左边转了个弯，又走过两段宽阔的楼梯后便进入了一间大房子，那里一片漆黑，旁边有一扇被绿色粗呢材质的窗帘遮住的高高的窗户。在墙上我隐约看到了挂着的一大幅油画，这幅画就是在这里很容易看到的很普通的全队所有人的肖像画。过了一会儿，可能我的眼睛已经习惯了这个屋子里的黑暗，又在大厅的另一侧看到有个高大的木架，上面支着一幅在这里我们所看到的最大的油画，但是我却没有看清这幅画所表达的意境。

忽然屋子里一下子明亮起来，原来是伦勃朗拉开了遮挡的窗帘，让外面的阳光穿透进来，此时我能够感受到身体上一种自然的生理震撼感，感觉面前仿佛是一块巨大的调色板，上面满是各种各样绚丽多姿的色彩，这些色彩正向我袭来。我想此情此景，也只有像荷马这种历史上最伟大的语言大师能够用美妙而精确的语言描绘出这种感受。而但丁会用含蓄的低吟的神曲来赞美这种感受。蒙台涅会微微一笑，静静欣赏这一切。而作为一个普普通通的医生，一个荷兰人民中的一员，此时只能用两个字来形容自己的感觉——"绝妙"。于是即使平时并不擅长表达感情的伦勃朗，面对此情此景也不由得张开双臂兴奋地抱住我，并大喊："太棒了，因为现在至少有一个人已经明白我试图表达的东西了。"

然后他立刻将一条长板凳拽到了这幅画作前面，拉了一下远离画作的那个窗帘，这样一弄，感觉画中间穿白色衣服的人物立即活灵活现起来，像要阔步走出画框一样。我正在感到惊奇，伦勃朗示意我坐下来，他自己随即也坐了下来，将两个胳膊支在膝盖上，用手掌拖住下巴，这也是伦勃朗思考问题时常常会用到的一种姿势，他说："你现在明白我为什么非要带你到这里来了吧，我感觉我的运气来了，属于我自己的绝好机会，是我偶然间遇到的大好机会。班宁·科克大尉的自卫队需要请画家为他们画肖像画。他们最先想到的是凡·德·赫尔斯特，然后又有人想到弗林克，还有一些人想请其他的画家。但最后终于有一天，帕默伦德阁下找到了我，他说他看到过我为约翰·西克斯的母亲所画的肖像画，还看到过我为牧师和他的妻子画的肖像画。他非常喜欢我为牧师和他的妻子所做的画像构思及整个画面布局，用不经意的手法表达着意境，画面中很随意地在桌上放些书，两个人物不是生硬地并排而坐，而是自然且兴致勃勃交谈的感觉。所以他决定请我来作画。他自卫队的多数队员实际希望只画一幅普通全体画像，就像其他群体画像一样画面上大家绕席而坐，桌子上摆放几个餐具和几瓶啤酒，只要把他们个个画得帅气、勇猛，并且把酒足饭饱的样子展现出来就行。"

"帕默伦德阁下则是想了解，除了这样一种用如此大幅画卷及一成不变的群体画像手法之外，还有没有其他别的画像方法？

实际当初我听到他的想法感觉有些吃惊，因为这种大幅群体人物画像我之前从未尝试过，不过我自己心里还是挺有兴趣的，所以请他给我几天时间考虑一下，我想尝试一下。他表示很愿意给我几天时间考虑，并且很高兴，他希望我能考虑清楚后找他聊聊。"

"于是我全身心投入工作，我尝试了许多手法，但是大多数创作出来的画稿我并不满意，只好全部丢弃了。后来我突然想到，就像在来时的路上我跟你说的那样，今天对于这些志愿兵而言并没有什么特殊的意义，这种组织的存在实际也不过是为了大家社交聚会找个冠冕堂皇的借口，可是这是因为目前是没有发生战争的和平时期，当然我是忽略了与西班牙之间的战争，因为西班牙因为战争破产，而我们却十分富足，可以从各地雇用大批人员代替我们作战。万一发生战争这些人就显得非常重要了，况且'民众的武装'这个概念中也蕴含了十分明确的理想信念。"

"平时想跟这些穿着军服的粉刷工匠、酿造烧酒师傅以及鱼贩子们开个玩笑是很简单的，因为总是能看到他们人人举着宝剑长矛或者扛着火绳钩枪和火药筒，浑身上下装点着各种华丽羽毛饰品的身影，时常阔步行走于街道。就感觉像要将土耳其人从欧洲赶走的架势，但是其实我们每个人心里都明白，他们这是要去哨所里喝啤酒、玩骰子，而且经常是要闹腾到深更半夜才能罢休的。不过他们最重要的任务是阻止住在布依克斯洛特村和毕姆斯特尔村的村妇，防止她们带着小鸡、鸡蛋和黄油逃过税务稽查。"

"而这些只是故事的一部分而已，也谈不上是最有趣的部分。这些人的父辈、祖父辈，都是遭受过绞刑、火刑或者其他可怕刑罚的粉刷工匠、酿造烧酒师傅和鱼贩子，他们都是为了一些与粉刷工程、卖鱼、卖酒并不相关的事情，只单纯是因为内心的良心过不去而进行了战斗，殊不知在市政厅官员的治理之下，也需要同国王统治时期一样需要战斗。他们这些人身上有一种特殊的气质，就是这种气质把他们衬托得格外高尚，既然从他们的身上能看到这一点，我就要将它画出来。"

"于是有一天晚上我到那个颇为气派的带有海豚塑像的那幢大房子里，这里原来是德·基依赛尔为他当市长的岳父建造的，而现在则是属于辛格尔街帕默伦德阁下的住所。辛格尔街帕默伦德阁下为人非常和善，很礼貌地向我一一介绍了他的家人，随后又带我到他的办公室坐坐，然后我在那儿一边跟他聊着自己关于肖像画的想法，一边在纸上勾画着，向他解释我想画出他和他的部下离开武器仓库，正要去执行一项紧急任务的瞬间。画中出现一个老头儿正在击鼓报警，一些士兵在取短矛，另一些士兵则在整理枪支，而且士兵们的膝下还钻出来几个小孩子，夹杂在士兵队伍中间还有一只巡逻狗。而整幅画作中一定要有一个感觉责任重大的领袖式的人物，彰显出从容不迫的模样，通过这个人的从容向大家表达出这个领袖相信，无论发生什么事情，他的士兵们都会誓死追随。"

"我简直不敢相信我居然将自己想表达的意思全部说了出来。我记得您对我说过喜欢我给尼古拉·丢尔普所画的肖像画。那幅画我并没有直接画一幅正在为学生讲授解剖学的医生，而是想通过我的画笔让那幅画具有更加'抽象'的意义，如果您允许我用您的那位法国伯爵朋友常说的词汇。我想通过画笔展示的是科学而不单单是一群科学家。同时也正像我现在打算画的这幅画，我将尽我最大的努力，向所有看到画作的人直观揭示'市民的义务'，而不是让他们看到一群毫无关联的人物。您觉得这样是否可以？"对于他的想法及做法我内心十分赞同，以至于不知道如何用语言来表达出深刻的认同感。说来也是奇怪，在我看来，大多数人观看到绝美的日落、听到美妙的歌曲或者看到漂亮的女人时，都会欢呼雀跃或者口若悬河说个不停，肯定会通过各种动作或者语言来表达内心的激动之情。但是只有我不同，每当遇到令人陶醉、美妙绝伦的东西，总是令我万分激动却说不出一句话来，似乎语言不足以表达内心深刻的感动之情。

如果此时有人打断我的这种沉思，我一定会气愤地咒骂，就像印度商船上的装卸工人摔倒后将一大包米砸在自己脚上那样愤怒。然后我会重新回到属于自己的沉默世界，这可能是我遇到真正美妙绝伦的事物时的一种难以打破的状态，那时我只能一个人静静地在偏僻的小路上散步，或者独自一人坐在昏暗的屋子里，慢慢地才能平复心情，恢复到正常状态。

伦勃朗平时虽然看起来并不算是个聪明机智的人，有时反而让人感觉他很急躁没有耐心，但是看到此刻的我，他似乎能理解我的感受，因为他找了个借口离开了，让我独处。"我看天也不早了，估计差不多六点钟了，我要赶回家看看可怜的萨丝佳身体状况如何。真是很抱歉硬拉着您过来，耽误您很多时间，不过我想您应该能理解我为什么如此强烈地想带您过来。我希望自己能够画出一些优秀的作品，一些令人称道的作品，我想让所有人知道，如果他们请我来画画，只要他们给我足够的自由度，我会让他们看到绝对不一样的画作，我相信，一幅画就会让所有人慢慢了解我巧妙的绘画手法。那么邀请我画画的人也将比以前更多，这样我就可以进行实验了，我可以获得作画构思的较大自主权和自由度，请记住，这一切都要靠这幅画作来实现，我一定要让这幅画作深入人心。"

7. 这幅画却成为笑柄

人们一直在谈论伦勃朗的这幅画，没有停止过。这种"艺术形式的新风格"，这种"将思想融汇到色彩之中"、"把感情转换为光线和阴影"的表达方式所产生的结果，却是众人的哄堂大笑。

科克大尉的自卫队队员们是第一批嘲笑者，而后是他们的妻子与孩子，然后轮到了他们的情人，最后是全城的人们。"一个笑料"始终有结束的时候，自卫队员们现在不能再像最初笑得那么开心了，因为他们需要为这幅画付钱。他们开始相互质问，为什么我们要付钱？并向每一个人提出疑问。

每人出一百吉尔德或二百吉尔德就为了在画中展示一下自己的后脑瓜？或者两只脚？一只手？或者一个肩膀？出一百吉尔德或二百吉尔德，就为了在画中那黑暗的大门里做一个看不清，任何人也认不出来的影子？就为了做一个"生动的阴影"？而那些并没有比我们多花一分钱的人却被安排在画面的正中，展示在明亮的光线里？这个愚蠢的笨蛋到底想要做什么？他那愚笨的脑袋在画画时到底是怎么想的？

毫无疑问，每个人都认为他们花了同样的钱，就有权要求受到同样的待遇。这些士兵不是"头脑简单"的人，他们认为花了同样的钱却被安排在角落或是"阴影里"是厚此薄彼的行为，是坚决不能容忍的。这位陌生的画家显然没有意识到这点的重要性，当他从遥远的莱登城来到阿姆斯特丹，向这个大都会里的人讲解到底什么才是真正意义上的肖像画时，这里的各种委员会和军事单位的大厅里已经到处充斥着各种肖像画。如果他愿意，只要到市政厅、孤儿院或任何一个公会的会馆里走一趟便会一目了然了。那时他或许能明白，这些把吉尔德付给他的人都期待自己雇来的画家应该如何在画作中体现雇佣关系所需要表达出的意义了。对于伦勃朗的这种绘画风格，他的雇主们议论纷纷，很多人决定要起诉他，另一部分则干脆拒绝付款，不愿意花这份冤枉钱。议论很快升级为辱骂，在阿姆斯特丹蔓延开来。群体也从这些士兵扩大到了普通市民，甚至那些本应该明辨是非的人也参与了进来。

我国著名的诗人翁德尔，在一年前与加尔文教团分道扬镳，他认为那些披着教会外衣的牧师和所谓的灵魂守护者们都是些凡夫俗子，他们气量狭小，不接受任何教义外的意见，和古时候最恶劣的教会法庭没什么区别，这让他感到大失所望，于是宣布重新加入他父辈们的教会。翁德尔的做法或许并不能让他的每一位朋友感到高兴，穆依登的霍弗特阁下便是其一，他已经不再允许翁德尔进入他家的大门。对此我认为显得有些过分了。

每逢周末，霍弗特便在他的楼阁里宴请宾客，接待诗人、画家和乐师，并以独特的社交才能制造乐趣，让这些不同职业不同见解的人能和睦相处，从未发生口角。有一天霍弗特邀请让·路易斯和我到他家典雅的阁楼里闲谈，我趁这个机会问道："到底发生了什么？阁下一直在思想和见解方面是个公正的人，现在为什么却在袒护那些认为一个人的行为应由其信仰的宗教来评定的人呢?"

"没有这回事,这完全是无稽之谈,我之所以感到气愤,是因为翁德尔这个愚蠢的老诗人在改变宗教这件事情上闹得满城风雨。加尔文主义是个祸害,是一种终将使我们走向灭亡的祸害,这点我是毫不怀疑的,但从前所流行的罗马教义也同样恶劣。耶稣教导我们要相亲相爱、和善待人,而现在那些新旧教徒却从未认真聆听和遵守过他的教义。如果有个人对我说:'先生,我出了麻疹,我不喜欢麻疹,所以我要去医好它。'这我完全能够理解。但如果他哭喊着:'我出了麻疹,我不喜欢它,我宁愿出天花也不愿出麻疹。'这我就无法理解了。"

对于霍弗特所表达的观点,翁德尔的大多数老朋友也表示赞同。这位可怜的诗人刚刚失去了老伴,儿子又是个不成器的流氓,他感到生活十分孤独,于是开始怨天尤人,满腹牢骚。而且像很多文人一样,他是个忌妒心很重的人。虽然他比伦勃朗大了二十几岁,但当他看到伦勃朗住在大房子里,又娶了个美貌的妻子,可谓是名利双收;而他,这个现代版的荷马、天之骄子的抒情诗人、举世闻名的伟大文豪,却穷得要靠变卖家产度日,这让他难以接受。他抓住这个机会,通过把伦勃朗和其竞争者,一位官方认为完全称职但毫无创作才能的画家的作品比较后,得出了自己的结论:伦勃朗的作品属于矫揉造作的幽暗,在阴影和光线的处理上完全是弄巧成拙般的卖弄技巧。并在结束语中对伦勃朗冠以"黑暗王子"的称号,而这个称号之后伴随了伦勃朗终生。

伦勃朗的同行们对于这位名利双收的画家也都"呵护有加",他们迫切地加入到了责难的大合唱中。一些相对温和的同行纷纷评价说:看来这位可怜的朋友已经误入歧途了,他在最近的这幅画作上用尽了自己的才智。虽然他以前也算是个不错的画家，但现在已经是江郎才尽了。

对于那些伦勃朗曾经拒绝与之共事的画商来说这次终于逮到了机会，他们兴奋地搓着手毫不留情地恶毒攻击：公众的一时糊涂使这个无知的年轻人成了红极一时的画家，但现在是该结束的时候了，他的欺诈将到此为止了。

对于这些愚蠢可悲的人我不想再过多地描述下去了。早在三千年前我的一位睿智的同行写过一本富有哲理的"传道书"。这部著作的精髓是"空虚的一切，一切无不空虚。"如今，当有一个人敢于提出新奇的思想理论，点破这个新奇的真理，并骄傲地面向自己的同胞疾声呼喊："看！一点点黄色、一点点黑色、一点点绿色、一点点红色，配以明快的节拍，便能成为一种思想而存在！"而他得到反馈的却是一群不学无术的人的哄堂大笑。这些人相互戳戳对方的肋条嘲笑道："看，多么愚蠢的小丑！骗子！居然还要让我们看！企图教导我们听！难道我们都是笨蛋不知道该怎么做吗？"

从那时起，伦勃朗的厄运便注定要伴随他的余生。他本可以到英国或者法国的宫廷里恢复名誉，但在这个共和国里却不可能。他曾努力地将一切精力放在绘画艺术上，但回报却是人们的诋毁、嘲笑、诽谤，最后消逝在人海被慢慢遗忘！剩下的唯一问题是：这些卑鄙无耻的人禁锢他、吞没他到底需要多长时间？

8. 伦勃朗会见我的朋友

这章我想聊一聊伦勃朗和我的朋友见面的情景，实际那次他和我朋友的会面是我始料未及的。

记得那段时间我每个星期都会去伦勃朗家里几次，那时候我们经常在一起玩玩西洋双六，这可是当时打发时间最好的娱乐项目，也许现在好多人已经并不了解这个游戏了，但在当时它可是颇为风靡的。

伦勃朗常常陪着萨丝佳，因为那个时候他的妻子萨丝佳身体已经非常羸弱，已经无法自己起床，伦勃朗就到她床边为她读《圣经》。萨丝佳虽然并不像其他患者一样，抱怨命运的不公，但那时她已经不再像刚得病时那样乐观了，充满了忧伤和无奈。那段时间她一个人常常会想如果她离开了，她可怜的孩子肯定会由其他陌生人去照顾。身体状况每况愈下，她甚至到了连思考的力气几乎都没有了的地步。她很疲倦，需要好好睡一觉来调整身体，但是身体的疲惫已经令她难受得无法平静，她常常恳求我能够给她开一些药，让她哪怕仅仅是暂时忘掉这一切痛苦和疲惫也好。

看着可怜的萨丝佳，我只能给她开一些糖浆喝下，可是这种混合药剂显然已经不奏效了，看着她整日整夜发烧，辗转反侧痛苦到无法入眠，我们却无能为力，我很难受。有时只能让她听听新约中的几个章节，这些章节都是她从小便熟知的内容，希望她听到这些内容能回想起自己年轻时的样子，能够回想起自己健康快乐时的样子。即便伦勃朗轻轻地为她读着，过不了一个小时她也会感到疲惫，不再让伦勃朗继续读下去。

可是萨丝佳仍然要求我们能够陪着她，她不愿意一个人待着，记得有一次她还面带微笑地对我说过："我将来会有很长一段时间一个人躺在下面，可能我一个人待上很久之后，伦勃朗和孩子才会和我再次重逢。所以我要趁现在有时间跟他们在一起的时候，尽可能多地跟他们一起享受这团聚时光。我希望他们能时时刻刻陪着我。"所以那段时间，孩子的摇篮每晚都会被搬到萨丝佳的房间里来，但是由于担心她的病情会传染到孩子，我就告知他们尽可能将孩子的摇篮放到离萨丝佳病床稍远些的地方。伦勃朗总会将桌子推到墙边，然后点上蜡烛，并且让烛光亮度不至于打扰到病人，此时他会给她读《圣经》，读上一个小时左右。直到他觉得她已经差不多听累了，才会放下《圣经》，安静地去做自己的事情。

他会磨磨钢针，或者是重新检查一幅铜版画，将画上不满意的地方修改一下，或者在他学生白天印好的版画上签名。实际上他的眼睛一直不太好，自小就有些近视，因此在烛光下雕刻或者画画，会令他眼睛十分疲惫，甚至会觉得眼球像被针扎一样疼。所以每次有机会我能跟他玩玩西洋双六时，他总是心存感激，高兴地跑到地下室拿出自己储存已久的一瓶莱茵白葡萄酒，这种酒被人们称为"圣母之乳"，品尝之后，果然是回味无穷，名不虚传。

即便是这样，没过多久，萨丝佳也会被我们掷骰子的声音吵醒。于是我们也只能在用来擦铜版的厚厚一摞细棉纱上掷骰子。但是偶尔会发生一个骰子轻轻碰到另一个的时候，萨丝佳也会抱怨说受到了一些惊吓。我们真的是没有其他方法来打发晚上的时间了，说话怕打扰她睡觉，我们两个人又都不擅长打牌，也又不能只是呆坐一个晚上。

后来，我从朋友让·路易斯那里学会了另一项娱乐项目"国际象棋"，马上兴奋地对伦勃朗说，这种"国际象棋"很有趣，需要动脑筋并有策略地下。实际这种娱乐很早之前就出现了，据说特洛伊城下的英雄们就曾玩过这个，而它出现的最初，只是单纯供波斯王娱乐，波斯王那时一直统治着亚洲，一直到亚历山大东征，才夺取了领土，分给自己的将军。

听到这种娱乐项目的名字，似乎就会令人联想到那个带着华丽宝石头巾的东方暴君，他躺在荒野中心那个搭建的帐篷内，周围围绕着他的都是身穿盔甲的勇士和大象，这些似乎带给伦勃朗一些灵感，所以他也非常想学学这个"国际象棋"，拜托我介绍那个朋友给他认识。

我等到萨丝佳觉得自己的身体状况稍微好一些时，才将他们两位约到我们家吃了一顿晚饭。那天晚上他们两位可谓是一见如故，没多久就成了莫逆之交。现在想想也觉得不可思议，因为他们两个是完全属于不同世界的人，代表了两种不同社会阶层。朋友让·路易斯面对荷兰贵族时也会表现出高傲和谦和并存的双重姿态，实际阿姆斯特丹的富商也习惯用这种姿态对待曾在东印度群岛做过大管事的人们，这类人大多数在那里生活得不错，现在可谓衣锦还乡，带着数百万卢比重返曾经生活过的家园，富甲一方。但是他们又会时刻提醒自己，世袭和暴发户的钱财之间的差别，他们会与其他人适当保持着看似安全的社交距离。

我的朋友是特列莫哀勒家族的伯爵，拥有良好的出身和家族教养。我们相处了很多年，这些年来从未看到或者听到过他冒犯别人，这无疑体现出他良好的教养和个人修养。他像其他所有聪明人一样，仕途上可谓一帆风顺，平步青云，但是无论他达到什么地位，也无论他与什么阶层的人相处，总会带着那份"高高在上不可侵犯"的高傲和谦和，会令人感到难以接近。

对于他是如何做到能让人感到谦和并无意高人一等却实实在在显得高人一等的，我实在琢磨不透，百思不得其解。虽然他从来不在乎自己是特列莫哀勒家族的伯爵，甚至可以说自己未曾记得，但是周围的人却无法忘却，连他去买虾，鱼贩子也要坚持讨价，就好像是在接待一个商谈巨额贷款的外国君王。

看似一直在监视周围一切人思想和行为的隐秘朝臣，偶尔也会获得一天的休息假期，便会偷偷到城里度过一个安静祥和的夜晚。此时让·路易斯的脑海放了空，似乎就像一个城堡，所有侍卫全都逃跑，城门无人看守，人们可以随意出入，游览城堡欣赏里面的一切，或者干脆找个静谧的花园静静思索着整个人生旅途的得与失。

不过只有当一个人的聪明才智与他不相上下时，才有可能享有这种特殊的待遇。此时血统上的亲疏远近似乎毫无关系，一切都取决于情感上的碰撞。我曾经有一次遇到过他的一个堂兄不远万里从加斯科涅赶到这里，为了解决一笔遗产，却在一个小厨房里等了几个钟头，这令他的堂兄怒不可遏，而此时让·路易斯却忙着跟一个目不识丁的捕鲸船的大副聊天。只是因为那位大副在经过拉普兰地区最北面的海岸时，看到他的罗盘发生了奇怪的故障。

　　还有就是一个特别有趣的事情，特列莫哀勒家族的这位伯爵，曾经因为去陪伴一个生病的鞋匠，而忘记参加阿姆斯特丹市长为了欢迎丹麦国王的堂兄而举行的宴会。因为他很欣赏那个鞋匠，那个鞋匠是一个思维活跃的人，可以称为半个哲学家，还曾经仔细研究过一些字谜，之前列维伦德·雅可巴斯·布鲁伊奈斯蒂克就用字谜证明大卫的赞美诗实际是为国王所罗门所作。而这位哲学家也用这种方式探究约翰启示录和路加福音，最终认为前者是犹大·以色加略所写，后者是本丢·彼拉多所著。

　　我深刻地了解要介绍朋友给特列莫哀勒家族的这位伯爵时要做好充足的心理准备，当你安排自己的一个朋友与他这个同时拥有法国封建习俗和先进数学理论混合体见面时，完全想不到会发生什么事情，我们这个怪朋友会有怎样的态度，而事先能够了解的只是如何判断这位怪朋友的现场反应，如果他见到你时彬彬有礼、礼貌有加，那说明他绝对不会与你交朋友。如果他见到你时跟平时他生活中一致，并没有格外客套，那说明你还有可能和他成为朋友，他也愿意再次跟你见面。但是若他在你面前毫无拘束，随意而为，那么你必然能够和他成为朋友。因为我这位怪朋友一向"表里不如一"。

　　因此当我把自己的朋友伦勃朗介绍给这个怪朋友认识前，内心充满矛盾，生怕他们会闹得不欢而散。伦勃朗受到妻子家人的某些歧视，加之出身贫寒，他一直都觉得自己出身卑微，很在意这一点，所以当时可以看到伦勃朗神情略显紧张，感觉他似乎自卑而自傲，我生怕他受到一些外部刺激便会随时爆发或者与对方产生一些冲撞。

　　这顿晚饭虽然被安排在我的家里，但是让·路易斯首当其冲担当了本次晚餐的大厨。由于让·路易斯一直非常钟情于烹饪，他总是认为除了最爱的数学，烹饪对人类的进步与发展也起了不容忽视的积极作用。你时常会见到他挽着衣袖，手中打着鸡蛋和油脂，游走于书房和厨房之间。

引用恩尼亚斯和赛蒙尼迪斯的话，"人和兽相比较，他们之间的差别可以精辟地归结为：人有可能逐渐懂得吃的艺术，而兽则注定只会撕咬食物。当人类处在原始阶段，多数人吃东西只是单纯为填饱肚子。我们很多同胞使用的餐具叉子和勺子，仍然像极了农夫向车上装草。但是我们也注意到，有小部分人已经逐渐学会并懂得'吃'了，说明人们已经逐渐在进化。而我的那条狗努伊勒，相信只要戴上假发披上红袍，看起来就像巴黎的红衣大主教，但是它吃东西时的样子始终就像一头猪，稍不留神它立刻会奔向那些鬣狗才肯吃的东西。"每次听完他说这些话，必然会听到他接下来的话语，他相信通过每个人吃东西的样子，可以很直接地判断出这个人的性格和为人处世的习惯，只要看看他拿着刀叉吃饭的姿态，就会推断出这个朋友的自私贪婪程度或者诚实可靠程度。如果一个人平静安稳地将食物送入口中，那这个人一定为人稳重可以将要事相托；相反，如果一个人在将食物送入口中前手舞足蹈，一团混乱。那么这个人注定无法成为可靠的朋友。

听到他分析的这一切我觉得很有趣，但是突然想到我周围的大多数人用餐的方式都是狼吞虎咽，不免有些胆战心惊，但是更让我感到头疼的是，伦勃朗他也是这个样子。想想每当他聚精会神创作绘画时，或者绞尽脑汁构思一幅铜版画时，他几乎对周围的一切都视而不见，忘记周围任何纷扰，完全沉浸在只属于自己的创作世界中。正像我之前提到的，伦勃朗有一次创作甚至两天两夜废寝忘食。等他终于可以坐下来吃饭时，他吃饭的姿态令人回想起在韦德斯蒂格村度过的艰难岁月。那个时候凡·莱茵家六个孩子团团围住餐桌，大家一起将汤匙放在共吃的一碗牛奶面糊中翻搅，只为了寻找那所剩无几的肉片。

想到他现在一方面需要照顾疾病在身、孱弱不堪的妻子和瘦小的孩子，还要分神去管理那个脾气暴躁蛮不讲理的保姆；另一方面他近期的工作也不是很顺利，听说他正在给孀妇斯瓦坦霍特画肖像画，那个老女人虽然已经七十五，却十分有个性，肯定轻易不会乖乖坐在那里让他画画，这些都一定让伦勃朗十分疲惫，所以我很担心处在这种情形之下，他极容易被激怒。万一有什么敏感的话语被他误解为对他的攻击和责难时，他将会有怎样的反应，我都不敢想象，一想到这里我就很紧张。

这时让·路易斯只穿了一件带有下摆的衬衫，他平时不喜欢穿带有颜色的外衣，但是又喜欢穿些时髦样式的衣服，所以穿了这么一件衬衫。身上还围着一条围裙，手中端着一个盛满了奶油浆的蓝色大碗。他很绅士地鞠了个躬说："亲爱的，很欢迎作为菲狄亚斯后继者的您的到来，我要为您做一道从泰勒麦修道院长的大厨那儿偷师学来的菜肉蛋卷。"他用他最接近荷兰话的发音努力地说着。不知道伦勃朗是否听出来让·路易斯话语中暗指的是古代最伟大的法国艺术大师。因为他常常对我说他只是活在当下，而不是为了活在过去。我估计整个阿姆斯特丹也没几个人会注意到，老医生拉伯雷创建的修道院里曾有这样一些修道士生活过。但是刚刚让·路易斯话语中提到的那个做薄饼的老妪，是伦勃朗早期创作的一幅铜版画，应该很少有人了解，所以这点使伦勃朗觉得颇为自豪。所以他立刻改变了刚刚似乎有些微怒的态度，也向让·路易斯礼貌地鞠了个躬并回答说："尊敬的先生，只有您烹调出来的菜肴才能与令人敬仰的您相互辉映，我觉得就算是伟大的朱比特也会因为受到您的邀请而感到荣幸之至。"

听到伦勃朗如此回答，让·路易斯很是欢喜，突然手舞足蹈起来，居然差点儿将他手里的一碗奶油打翻到我的乐器盒上，并同时又再次深深鞠了个躬，比之前还要深的鞠躬，表示他甚至愿意做凡·莱茵先生的侍从。至此，他对伦勃朗可谓深怀好感。那天我们三个人的确度过了一个非常愉快的夜晚。让·路易斯认为国际象棋是最好的"医治百病"的良药。因为有了这种娱乐项目之后，显然风湿病和喋喋不休的老婆都不能击垮他，相反被他抛到了九霄云外。因此他近来格外有兴趣把这个娱乐项目当作一个课题来仔细钻研。

他自己也常常说："我每天最多只能工作八九个小时，时间再长一些，就会令我觉得书本上的数字都会穿衣打扮在书页上跳起舞来。没有办法，我只能给自己找点其他事情来做，让我自己不至于头晕目眩，我是个离开数学就一定无法生活下去的人，就像其他人离不开神学、烧酒或者女人。虽然我可以听听音乐放松一下，但是现在的音乐已经跟以前的音乐不同了，如今的音乐太令人伤感了，所以我还是觉得下棋比较适合我。"于是我们只能摆上棋盘开始准备下棋，这里要说一下棋盘的由来，我跑遍了整个阿姆斯特丹的店铺也没有买到棋盘，听许多店家说他们根本没有这个东西，所以我只能亲手制作了一个。

准备完毕可以开始下棋了，这时候你会看到让·路易斯掏出了从西班牙塞维利亚特地买回来的鲁伊·罗彼兹写的一本书，他会直接翻看到第十九页，从第一步棋开始就遵循书上的指示，但是即使是这样小心翼翼，不到第十八步，就被柏纳多战胜。而柏纳多学习国际象棋也只不过才一个星期的时间而已，实际他玩国际象棋的技艺也没有比我们更加高超，但是每每与我们对战却似乎总能横扫千军、战无不胜，这让我们一直百思不得其解，甚至连他自己都感觉不可思议。

不过最令我感兴趣的是看到伦勃朗学会国际象棋后的表现，我之前曾经教过他国际象棋的基本规则。例如，棋子"将"每次只能走一格，可以前进、后退或者横走；棋子"车"可以沿直线随便走；棋子"马"每次可以直走一格然后横走两格；等等。但是伦勃朗的学习能力实在令人震惊，为了让他能够尽快学会这种娱乐项目的规则，我们用了两个晚上来玩，但是他却能在这短短的时间内迅速掌握，并且他下棋的技艺与他画画一样游刃有余。

他很少跟我们谈论关于他的艺术理论，他坚信，一个小时的亲身实践远远胜过一个星期空洞的纸上谈兵。所以我认为他一定不是空想家，不会考虑空洞的理论思想，而且他很擅长书面的表达，能将自己内心的想法很好地通过文字来诠释。但是自从我们那晚的聚会之后，过了几天，他似乎却更向理论方面靠拢了一些，并且他的话语也变得风趣幽默了。

当我跟他聊起了关于我的那位朋友让·路易斯优秀的厨艺时，他向我表示，"我很喜欢你的那个法国朋友，不过虽然他做的那个薄饼很美味，但却不太适合我的口味。也许是我吃惯了普通的家常菜。我只是很喜欢你这位朋友玩国际象棋这种新奇游戏的方法和技巧，因为许多事情的成败都取决于方法和技巧。"

"你知道我有很多学生，他们其中有些已经相当有成就。弗林克已经是个很出名的画家了，我想在不久的将来你还会听到鲍尔和多乌的名字，因为他们个个懂得巧妙地运用技巧，他们都非常优秀。实际上我觉得自己并没有教给他们更多的东西，他们的才能跟我真的是不相上下，只是我比他们大几岁，多了几年的经验和阅历，熟练掌握了更多技巧，并能够将掌握的这些技巧教给他们而已。当然，人们在听说弗林克多次受邀为公爵画画，或者听说鲍尔每年肖像画要画上十几幅时，便会心里默默地感叹，我们家的小威廉或者小苒蒂，也在使用爷爷送的颜料画着圣尼古拉肖像画，看起来也有模有样的。我们要将这些送给凡·莱茵，让他将来也能够像伊克霍特或他的老师那样出色，能够当一个大画家，过上锦衣玉食的上等社会生活。"

"我想您了解我们画家这一行，许多曾经很优秀的画家最后却沦落为救济院的贫民，所以外面一直流传着对我们这行某些愚蠢的看法。但是我也别无他法，因为如果单纯只靠画肖像赚钱，那肯定无法维持我们的日常生活，我只能收一些学生，赚一些学费来贴补家用。这些学生是没有一个容易管教的，因为他们年轻，许多模特还是愿意跟他们打交道的。我自己如果不是为了生活，也无心做什么教导学生的老师，但是我自己至少有一些准则，就是在收他们做学生前一定首先要看到他们每个人的素描，因为我绝不能把我的时间浪费在根本没有希望的废材身上。"

"不过我的准则是只会看他们的素描而不是绘画。我始终认为一个人只要不是色盲，又有一个好的老师教导，就一定会学会画一种类型的画。但是素描则不一样，它简单的线条看似容易实则却非常考验一个人的潜质。你只要将一个人的素描交给我，随便他画什么都行，我肯定能在不超过五秒钟的时间告诉你这个人是否具有画画方面的才能。"

"而且我觉得一个成功的画家，不能仅仅依靠画画技巧，还必须让自己的画拥有一定的个性和独特气质，因为没有这些，你的画作一定不会有生气。现在我们生活的地方已经死气沉沉了，没必要再用画画来增加这种沉重感。一个画家应该掌握应有的技能，并且要特别注意画画的细节，这样才能很好地诠释出一幅作品，就像一个裁缝制作一件精美的衣服，一个木匠制作一个柜橱一般。"

"我说了这么多也许您未必能听得明白，或许我还不能很好地表达我自己想要传达的信息，但是我相信有些人一定会将我的想法清清楚楚地讲给你听。也许一个人的身上有属于他自己的独特的东西。不过你的那位法国朋友在个人风度方面绝对具有一种独特的气质，他在个人修养方面拥有属于自己独特的东西，在烹饪薄饼时拥有属于自己独特的东西，而在国际象棋方面同样具有，可以说他方方面面都会显露出独到之处。而我呢?"我从来没有听过这种新的想法，所以我惊呆了随口说道："而你又怎么样了呢?"他继续地阐述着："而我自己只是在画画方面拥有这种东西，在生活方面却一塌糊涂完全操控不了，不过我想我还年轻，也许因为经历太少，相信以后我也会慢慢学会这些的。"

9. 萨丝佳悄然离世

伦勃朗的确学到了不少生活知识，并且学得很快，这让他自己也感到很意外。上次的宴会已经过去了两周，这天晚上，我又像往常一样和伦勃朗一起护理萨丝佳。

我不得不承认她的病情让我感到束手无策，已经到了灰心绝望的程度。我请来了两位在格累诺布尔和伦敦研究过萨丝佳这种病症的同行好友来看看有没有办法。他们告诉我，患了这种病症的人，需要保持心情愉快，作为医生必须唤起病人对生活的无限向往，向他们灌输病症即将痊愈的信念，这对他们恢复健康是相当有帮助的。因为不想让萨丝佳感到病情的严重性，我介绍这两位同行时谎称他们是安特卫普的画商，因为仰慕她丈夫的才华才特意从佛兰远道而来的。这让萨丝佳感到很是高兴，她问了很多关于鲁本斯的问题。比如鲁本斯为别人画肖像画时是否真的能每天拿到一百吉尔德的报酬，他的妻子是否真的像别人说的那么漂亮华贵，以及她是否给丈夫做过裸体模特儿，萨丝佳虽然很爱她的丈夫，但在这件事情上她还做不到。对于萨丝佳提出的问题我那两位同行都尽可能做出了回答，他们都是经验丰富的医生，总能婉转地编出一些有益无害的谎言，这让萨丝佳深信自己是一个比海伦芙尔门特好看得多的妇人，是一个体面的夫人，因为她曾无数次以花神的形象出现在她丈夫的画作中。愉快的交谈过后，萨丝佳便不知不觉地睡熟了。

短暂的交谈让萨丝佳累得筋疲力尽。我们暂时请伦勃朗离开以便"研究"一下他妻子的病情。我把病历拿给两位同行看了看，他们对视了一下后面色忧郁地摇了摇头，几乎异口同声地低声道："完了。"两个月以来萨丝佳的体重一直在不断减轻，她的生命只剩下几天的时间了。我带他们来到楼上对伦勃朗说了些无关紧要的废话，他没有怀疑，说了很多恭维和感谢的话，并告诉我们他在刚才的半小时里手印了一幅《三贤人》的铜版画校样，希望赠给我的两位医生朋友以表达感谢之情。可怜的伦勃朗具有天真的性格，他居然能若无其事地继续工作，丝毫没有感觉到这个小家庭即将面临瓦解和生命陨灭的危机。我的两位同行朋友对此也很同情，谢绝了他作为酬谢而安排的所有亲切招待。

萨丝佳很喜欢鲜花，于是在夏天即将到来时伦勃朗每天早晨都要去给她买些新鲜的玫瑰。在那两位"安特卫普的画商"到来之前，她特意捡了一朵插在头发上为自己增添些富有生机的色彩。如今花儿已经掉落在熟睡的萨丝佳枕边，她那毫无血色的面颊在鲜艳的玫瑰映衬之下显得异常苍白。

看到她呼吸正常，嘴角露出微笑的弧度，我暗暗地叹了口气，轻轻地拉拢了床帐后蹑手蹑脚地回到桌边。

"她看上去睡得很舒服，你想来哪一种，西洋双六还是国际象棋？"伦勃朗回答道："国际象棋，今晚我肯定可以赢你。上次我在一开始就丢掉了'女王'，今天我会很小心，一定会下得高明些。"我拿起两个"卒"子让他挑，他指了指我的左手，示意选红色。

我们按照普遍的方法开局，先走"王卒"、"后卒"，然后又走"将象"、"后翼车"等。当时的局势我记得不太清楚了，只记得五六步后他就遣出"皇后"，并希望用它迫使我采取守势。我告诫他，这一步有它的高明之处，本可以在十步或者十五步之内赢下这局，但那是在我忽略"马"反攻的前提下才能得逞，否则他将由于缺乏援军而陷入绝境。他全神贯注地盘算着自己的打算，仿佛完全没有发觉我的"马"所造成的严重危险。我再次警告他说："这几步你走得不错，但是这样显得太急于求成了，不过还是很有趣的。"

"我知道，我的确是在冒险，但我能左右目前的形势，只要能救出我的'皇后'，那么再走一步我便能够赢你。"

我吃掉了他的"象卒"为自己的"象"打开了一条进攻的通道。向后坐了坐盘起双手望着他："但是你赢得了吗？"

伦勃朗低头看着棋局应声说："我能赢，肯定能赢，赢不了才奇怪呢！刚才我对这一局是很有把握的，不过现在……"

我微笑着说："可是现在我吃掉了你的'皇后'，再走三步就能将你的军。"

他皱了皱眉头向后推开椅子："的确不妙，本以为这盘我能赢了你，稍等一下，我去看看萨丝佳睡得如何。"

他端起蜡烛走到床边，拉开了帐子看了一眼，转身欣喜地低声对我说："瞧，她今晚睡得多安静，我从来没看到过她睡得这么安稳，看来她的病真的有起色了。"

我站起身来到床边用手摸了摸她的胸口，萨丝佳已经悄然离世了！

10. 萨丝佳的葬礼

　　这本书写于 1669 年，我已经六十九岁了，将来的命运会是怎样，我不得而知。我只是希望当自己末日来临的时候能够迅速结束一切痛苦，不要让智力衰减和记忆力减退折磨我太久。但这似乎是岁月必经的流程，任何人都无法避免与逃避。萨丝佳死于 1642 年，那是二十七年前的事情了，二十七年对于任何人来说都是一个漫长的阶段，我的很多同龄人已经去世或是衰老得任何事都不记得了，鉴于这些或许我不该抱怨什么，回忆往事对我来讲并没有什么困难，我甚至惊奇地发现自己对幼年时的一些细枝末节依然还能记得很清晰。我清楚地记得七八岁乃至十岁时去过圣尼古，过节时收到的礼物，还记得从前请客时都吃过些什么东西，如果让我拿起铅笔，我依然能画出从前学校、老师和很多朋友的画像。

　　在莱登大学学习解剖学和外科学的那两年时光，我也能清晰地记起。每一天的每一件小事，甚至每一小时里的每一件小事我都能牢牢记起来，但二十岁以后的记忆却变得模糊不清了。在阿姆斯特丹行医的那些年里发生的事情，我虽然也还都记得，但事情的先后顺序我无法整理出清晰的条理。我可以十分清楚地回忆起某个人生过某种病，并且能准确描述出他病情的发展，但如果要我说出年份，我却怎么也想不起来了，或许是 1646 年或者 1656 年，也可能是 1649 年或者 1659 年。我能讲出病人生病后的三四天里是否发烧等情况，但在时间的记忆上却达到了五年到十年的误差。

　　我常常思考这种令智力产生变化的实质是什么，我觉得这是由于时间的飞逝和年龄增长的速度所决定的。在我们十岁时总是觉得每一天都那么漫长，当然那是由于衡量时间的尺度不同造成的，每一天的每一个小时在那个年龄段都有着鲜明的特点，都让人觉得新奇并能做出无数次的新冒险，取得无数次的新经验。随着时间的流逝，人生渐渐变得平淡无奇了，生活中除了起床吃饭、工作、休息或者找几个朋友聚会，思考一下，嬉笑一番或是翻看几页书本以外再无什么情趣可言了。单调无聊的生活已经成为了正常的现象，人们已经习惯接受命运的摆布，毕竟和上帝斗争没有任何意义。在最初的意识里还存在季节观念，当树木花草都变了颜色，人们知道这是春天来了；天气变暖变热，便是夏天来了；庄稼到了收割的时候，是秋天来了；天气变冷必须要穿上厚厚的大衣裹上围巾时，是冬天来了。但当人到了五十岁时便失去了对一年四季自然变化的敏感度，不再抱怨严寒酷暑，下雨飘雪，自然地认为时间就是这个样子，没有什么能让它停止变化，这便是我们对时间和人生彻底的屈服。从那时起时间便成了一个固定意识上的认知，它仿佛只是一团浓烟笼罩在我们周围，所谓人生，像一个滑稽的巨人在天空中擦了擦肮脏的手指般短促。接下来便是最后的长眠，是对所有人世间愉快记忆的忘怀。

　　这种想法在最近二十年里一直萦绕在我心头，时间和日期在我看来并不重要，我以前没有写日记的习惯，也不曾保留过和记忆有关系的信件或纸张，这在某些对时间有着特殊敏感度的人看来无疑是愚蠢的，仿佛我所经历的一切人生坎坷都是可笑和微不足道的。这本书我仅仅是凭着记忆写成的，如果要我准确地说出萨丝佳去世和出殡的日子，的确是一件很难的事情。

　　萨丝佳是在 1642 年的夏天去世的，对于这一点我很肯定，因为在那一年塔斯曼发现了一个位于太平洋的神秘岛屿，而那个岛屿是根据我的故乡西兰而命名为新西兰的。关于那个神秘的岛屿，在过去四十年间我听到了很多新奇的报道，据说塔斯曼曾绕着它航行了一圈。当然，作为医生我对于他可能从当地土著那里带回麻醉剂的相关报道尤感兴趣。世界上的各个地方都有着自己对麻醉剂使用的独特方法，但在大多数情况下，他们都习惯采用可悲的麻醉药作为通用手段。我深信总有一天人类会发现某一种植物，通过对它以特殊手段的提取或淬炼，得到最好的麻醉药，用来改善外科手术所带来的可怕痛苦。要知道现在这种痛苦已经让手术室成了苦难的代名词，人们像逃避麻风病一样躲避着医院，所以我密切地关注着他们的每一次航行，总是希望那些从亚洲、非洲或是美洲回来的探险家们能给医学界带来新的曙光。有一次我听说一个新发现的岛屿，是以印度群岛总督安桑奈·凡·迪艾门的名字定名，叫作凡·迪艾门岛。那里住着一群头发蓬乱的土著，他们能使投向敌人的战斧再次神奇地回到自己手中，当时我便断定，那些聪明人能够发明如此神奇的武器，一定也可以发现麻醉的新方法，当我试图在报纸上寻找更多的报道时，却没有任何相关的线索，于是我给东印度公司的经理写了一封信，很快他们便回信告知我说，公司是在进行商业活动，并不是开设珍奇的动植物博物馆，对于我所感兴趣的东西他们无法提供任何帮助。

　　我之所以肯定那次著名的航行是在 1642 年，起因是一个可笑的赌注。那一年我跟伦勃朗的一位姻兄争论塔斯曼的出生地鲁提加斯特村是在伏列斯兰省还是在格罗宁根省。我一直坚持认为那个小村是在格罗宁根，并要求和他打赌。虽然最后证明我是对的，但他却并未付我赌金，并固执地说那个小村从前是他故乡省份的一部分。从那时起每逢有人说"1642 年"，我便顺口接道："塔斯曼离开故乡发现新大陆，萨丝佳在那年与世长辞。"这是两句无聊的顺口溜，但当我们脑海里的记忆混乱得像失火的当铺那般满地狼藉杂乱无章时，能通过这两句拙劣的句子回忆起往事，那么这种荒唐的联想便显得如此地重要。不管怎样这押韵的句子让我肯定可怜的萨丝佳是在 1642 年去世的，而且如果我没记错，她出殡的日子是在夏天的六月中旬，因为在我们送她到墓地的途中，柏支华尔街两旁的树木嫩绿清新，四处花香弥漫，推车的小贩正在出售新上市的樱桃。

　　我们来到老教堂前，发现大门还锁着，看来他们没有料到我们会来得这么早，有人跑去找神父，剩下的人围在棺木边，大家似乎想说些什么，但却没有人开口，旁边的华茂伊斯街车水马龙，熙熙攘攘，与我们的沉默形成了鲜明的对比，仿佛是一个世界的两个房间。大门吱吱嘎嘎地被两只看不见的手缓缓推开，院子里鸦雀无声，远处有人正在用锤子敲击一条需要修理的破旧长凳，我望向伦勃朗，他脸色苍白，仿佛那把锤子此刻正敲打在他的心脏上。

　　我们把萨丝佳埋在离一个成功通过北极到达东印度群岛的名字叫作阿德麦列尔·凡·希姆斯凯克的人的墓碑不远的小琴楼下，我不知这属于巧合还是伦勃朗的特意安排，或许他想表达些什么，但我没有问过他。

两个职业执绋人将完全盖住棺木的厚厚黑布小心折起，他们在完成这项工作时样子神气十足，这不禁让我想起我的祖母和她的女仆莉卡将积了半年的脏衣服洗好送来时折叠的样子。牧师拿着一本厚厚的《圣经》走上前来，摊开放在事先准备好的木架上，当他朗读到第一百零三首赞美诗时，棺木由左右两边各四个人拉着绳子缓慢而肃穆地放进了漆黑的墓穴里。

我参加过很多次葬礼，数次"聆听"过加尔文和马丁·路德的教条，每一次说的都是同样的空话，没有丝毫意义。教堂里播放着可怕的音乐，唱响着狂暴的歌声，墙壁上粉刷着厚厚的白粉，屋顶上充斥着灰暗的颜色，板凳涂抹成漆黑的色调，然后把那些"虔诚"的教徒请进来，坐在毫无生机的座位上听他们胡说八道。在这里，总是有人告诉你应该怎么去想怎么去做，然后就是无休止的争论。他们不鼓励人们精心思考，反而极度怂恿每个人卷入复杂阴险而又无意义的舌战和争执之中。平心而论，我不喜欢我的那些信仰天主教的邻居，他们总是在秘密谈论着所谓的美好旧时代，并希望它能去而复返。新教徒的侵入让他们的世界成了过去的"失乐园"，这些人被剥夺了古老的神龛，只能在栈房顶楼上悄悄拜祭自己的神。他们的教会势必会走向衰落，因为它与我国人民的性情不符，人民只会沿着现在的道路继续前进，直到宗教被永远排除为止。

我并不信仰任何宗教，也不想谈论宗教，只是我终生都不能理解，为什么我们在另一方面会那么固执，为什么我们所做的每一样东西都是那么丑陋，没有任何真实的意义。每个人都希望自己的生活多姿多彩，他们追求自身信仰的情感能给自己带来变化，从而忘却人生中残酷的现实。

或许我们属于幸运的人，从来不曾为自己和子孙的温饱而烦恼，无法体会到贫苦阶级所遭受的苦难。我们可以埋头学习音乐和绘画，写诗或研究数学，或者忘我地钻研古代哲学家的作品，但这些在无法满足温饱的穷人眼里无异于痴人说梦，根本无法想象和实现，只有教会能给予他们精神的慰藉。每次走进阴沉的礼拜堂时，我总是奇怪，为什么我们的教堂千篇一律地侧重于"理智"的说教，却从不用感情去做出实际的行动呢？

萨丝佳的葬礼让教会的丑陋暴露无遗，如果说这本该让人悲痛的葬礼上还有一丝哀伤气氛可言的话，就只有这个年轻女子的死亡而已。她那么年轻、那么美丽，去世前的几个月里还依然那么可爱，她嫁给了这个时代里最出色的那个人，那个人深爱着她，眷恋着她，给予了她幸福的生活。她有一个深爱的孩子，还有很多爱着她的朋友。或许她并不聪明，现在她永远地离开了我们，在她还未满三十岁时便溘然长逝，她所深爱和深爱着她的一切都还存留在这个世上，而她自己却将要成为一排排冰冷坟墓中的一个，她孤独地被放进黑暗的深洞里，包裹在单薄的寿衣内，静静地躺在狭窄的棺椁中，若干年后她腐烂的尸骨或许还要被清除出睡眠了多年的栖息地，给下一个到来者腾出安息的位置。这是一出凄凉的人间悲剧，无数男男女女为之落泪的哀伤剧情。然而这却成了教会预言者们出面说教的大好机会，他们不顾一切悲伤的现实，大言不惭地告诉人们生命固然可贵，但死是另一种形式的重生，并在鼓吹这种谬论的同时伴以"优雅"的手势，"动人"的音乐，以及他们所谓的永恒真理。

但在萨丝佳的葬礼上，他们甚至连这些虚假的事情都懒得去做了，主持葬礼的人虽然一本正经地诵读着优美的诗章，但他那不相匹配的气质已暴露出了其毫无教养的本质，对那些诗句的含义他显然一窍不通，只是照本宣科罢了。十六个粗鲁的壮汉抬起精致的木质棺椁，毫无顾忌地喊着"一、二、三"，像装卸货物般将它粗鲁地放进石头牢笼里，这些人长长的黑色丧服难以掩盖住里面的粗布工作服，他们早上抬棺材，其余时间去推啤酒车或抓黄鳝，对于这些人来讲，他们的职责就是将棺材放进墓地后便转身向送殡的人讨要酒钱。我们曾想在墓地多逗留一段时间和深埋地下的萨丝佳做最后的告别，但牧师匆忙地离开了，神父也急不可耐地掏出钥匙示意要锁门，我们只能无奈地转身离开。

我们回到坐落于安桑奈·布利街的房子里，保姆已经在邻居的帮助下做好了饭菜，招呼大家前去用膳，而餐厅就设在一小时前抬出萨丝佳的那个房间里，这种可怕而粗野的习俗显然是从我们那未开化的祖先那里延续下来的。我不得不在房间里待了一会儿，如果我不这样做恐怕会引起太多人的注意。之后，我试图寻找伦勃朗，但却发现他并不在这里，一种强烈的预感驱使我来到楼上的画室。他果然在这里！身上依旧还穿着送殡时的衣服，帽子上的长长黑纱，手上的黑色手套都未曾摘下，他似乎完全忘掉了一切，专心地耕耘着画板，连我走到他身边，甚至将手放在他肩上都未曾有丝毫察觉。我侧过头看了一下画板，那是萨丝佳的肖像，画面是他们结婚时萨丝佳的微笑容颜。

11. 五十吉尔德也没有？

我一个人静静地离开了画室，跟楼下的几位客人寒暄了几句之后，便匆匆回到家里换了衣服，去到医院，这一天基本就这么过去了。晚上我和往常一样回家吃晚饭，刚吃完，女仆走过来对我说凡·莱茵先生来拜访我。我马上让女仆请他进来，并且很惊讶地问他为何如此拘泥于礼节，实际不用特意让女仆过来通报的。他自己闪烁其词有些含糊，然后搬过来一把椅子坐了下来，并且抬头看看周围，我明显能感觉出他有一丝窘迫，好像自己的到来给我带来很大麻烦一样。这个时候我才发现伦勃朗身上仍然还穿着早上参加葬礼时的那套黑色衣服。

如果看到别人和我眼前的伦勃朗一个样子，我肯定会觉得这个人应该是喝醉了。但是我了解伦勃朗，他是从来都不会让自己喝醉的，也只有到很久之后，当他确实生活非常不如意每天烦心事不断，又加之他有双目失明的危险时，他才会偶尔放纵一下，到斯基丹酒坛深处的朋友那儿喝酒，用酒精来麻醉自己。

所以看到他今晚这种不顾自己形象不修边幅的样子，只能说明他的确已经非常疲倦了。看着他疲惫的样子我不禁询问起他今天吃过东西吗，他这时才似乎猛然想起来好像许久没有吃饭了，已经不记得具体什么时候开始没吃过饭了，大概有两三天的时间了。听到这里我马上到厨房亲自下厨简单烤了几片面包，煎了几个荷包蛋，并且吩咐仆人赶快出去买些牛奶回来。

他迅速地吃完了我准备的这些食物，然后对我说："我简直要累死了。"于是我马上带着他到楼上我的房间里休息。进了房间他已经累得几乎连胳膊都抬不起来了，我帮他脱下衣服，将他安顿到我的床上休息。

安顿好伦勃朗之后，我又回到了楼下，将几把椅子、靠垫拼在一起拼成一张临时小床，并且拿一本《圣经》当作枕头，熄灭蜡烛之后我似乎睡了将近一个小时，就被一阵急促的敲门声惊醒，我以为是来了什么急诊病人。当我走到门口才突然发现，外面已经是阳光明媚，估计已经是早上八九点钟了。

我打开了大门，看见面前站着一个披头散发并且光着脚穿着皮拖鞋的女人，她就是小泰塔斯的保姆。她看到我后立刻大喊："世界上哪有这种怪事情！他人在这里吗？"我向她示意让她小点儿声，让她进了我的家，很生气地对她说："你这个女人说话态度能好一些，能稍微和善一些吗？有什么大不了的事情。你说的这个'他'我能问问说的是谁吗？""当然是伦勃朗！"她不假思索地回答道。"呦，你什么时候开始已经可以直呼你主人的名字了，并且还称呼为'他'？太奇怪了！"我立刻回击她。而她呢，则像一个满腹委屈的怨妇一样，叨叨个不停："你看，一个男人为自己的妻子办完丧礼后就从家中消失不见，连过夜都不在自己家里，这也太不像话了吧，这简直就是丑闻啊，要是让邻居们知道了会说闲话的。我在他家里为他做那么多事情，每天累死累活的，就说昨天吧，我昨天特意做了丰盛的丧宴，这可是外面都做不出来的宴席啊，而他呢，他居然连楼都没下，没对一个客人说一声'你好，近来挺好吧'的寒暄语。到最后他也不肯下来吃饭，这种事情谁听了都会觉得是丑闻，是笑话。对了，您知道吗，他连买啤酒的钱都没有给我，还是我自己掏钱买的啤酒。"

听着她无休止地说着她自认为有道理的话语，我只能安慰她说，她是一个很好的仆人，她为主人着想，而主人却对她的付出不怎么在意，不过我劝她不需要为这种事情生气和争吵，也许这几天由于太过疲惫，伦勃朗忽略了很多事情，等过一阵子，给他时间让他恢复一下，我就把这些事情讲给他听。听完我的解释，她似乎平静了一些，最后我终于说服她，让她先回家照顾孩子，稍后我会陪着她的主人尽快回家。终于，这个泼妇总算是走了。

我劝走保姆后，回到餐厅穿好衣服，决定一会儿跟伦勃朗好好谈谈。虽然萨斯佳过世后，短时间内他家不再特别需要医生，但是我想今后他家必然有许多事情还是需要我的帮助，因为我认为自己还算是一个头脑清醒并有点儿用处的人。

大概是十一点钟之后，伦勃朗睡醒起来下楼吃早饭，居然吃了三人份的食物。趁着这时，我决定跟他聊聊，于是我把自己的椅子向后一推对他说："亲爱的朋友，我对你说过恐怕已经不止一次两次了，你这样下去是不行的，你家里那个保姆早该辞掉了。她就是个不可理喻的女人，丝毫没有责任感。虽然我并不想对你说这个保姆是个疯子，但是实际这个保姆跟一个疯子几乎没什么差别，我觉得你应该立刻付给她工钱让她赶紧从你家消失。我觉得她这个人越来越暴躁，很快就会丧失理智，到最后可能会伤害到孩子和你。"我的这番话显然令他很震惊，他诧异地看着我说："你是因为不喜欢她希望她离开才这么说的吗？还是您作为医生真的觉得她会变成这样呢？"我向他解释，实际我个人对她的印象以及喜欢或者讨厌绝对都跟让她离开这件事情没有丝毫关系，我向他表示，我在这个事情上的观点和看法绝对没有掺杂任何个人偏见。不过作为一个曾经努力挽救他妻子，现在又想拼尽全力挽救他孩子的医生，我认为我自己有这样的责任提醒他！随后我又重复了一次："付给她工钱让她赶快离开你们。"

而伦勃朗则表示这种事情解决起来并不是特别容易，他向我解释了一下原因，因为在阿姆斯特丹，关于主仆之间的关系法律上有明文规定，主人要辞退仆人或者保姆的时候，需要多支付给他们几个星期的工钱。但是我知道只要付清了工钱，即便仆人们因为被辞退的事情到官府会议厅抱怨，那里的长官也是不会理睬的。也许伦勃朗需要付给这个保姆一个月的工钱，但是付给她工钱之后他可以叫她马上离开他的家。只是我说的这些似乎并没有对他产生任何影响，他总是反复强调一件事情，就是解决保姆这个事情并不像我想象的那么简单。

而令我十分不解的是，当他决定告辞回家时，我给他开了门，他居然冒出了一句："也许您说的对，我今天就马上想办法凑钱，然后付给保姆工钱，让她赶紧离开。"保姆一个月的工钱差不多二三十吉尔德，这需要给她凑吗？他可是住在约丹布利街最大的一所房屋里，看到鲁本斯或拉斐尔的绘画时即使被哄抬物价也要购买，并且大家都会记得他娶了伏列斯兰的一个富有的姑娘，我心里想着这些，然后不禁问了一句："今天就要想办法去凑钱？""是的，我今天就去想办法凑上这些钱！"他斩钉截铁地回答。

看到这个似乎随时随地都能拿出五六万吉尔德现款的伦勃朗，如今竟然信誓旦旦地跟我说他要想办法去凑钱打发保姆离开，这显然非常不对劲。我觉得这似乎有什么隐情，我决定等他平静一段时间后，要马上与他认真地聊一下。

只是我觉得总追问他这种事情不太合适，我只能静观其变，等待他找我聊天。所以我仍然如往常一般忙着自己的工作，我相信人们有了烦心事，必然会找人倾诉或者发泄出来，否则会被折磨疯的。

以前我常常听别人说，人们有了烦心事或者秘密无法倾诉时，总喜欢去找牧师倾诉。而后来慢慢有了一些新的教规，就是让人们有了心事的时候向上帝祷告。不过我觉得上帝离我们太遥远，而医生则住得很近，所以我相信我只需要在家里静静地等候，有心事的伦勃朗自然会主动来找我的。

然而事情并非如我所料，一连过去了好几天，又一连过去了好几个星期，一直没有见到伦勃朗的身影，他并没有来霍特渠畔找我，他似乎想要自己独自一人来解决遇到的难题。

不知过了多久的一天下午，当我从医院回来时，看到伦勃朗正坐在我的工作室一边临摹书橱上放的希波克拉底的画作，一边等着我，我看他手中的素描已经差不多画完了，估计他一定在这里等了我很长时间。他之前并没有跟我打过招呼，见面后直接对我说："我是来跟你商量一件事的，我现在的处境有些困难，所以，能不能向你借五十吉尔德？"随后他向我讲述了一个非常奇怪的故事，以后大家会看到的。

12. 萨丝佳的遗产

伦勃朗说："我去老教堂了，我希望萨丝佳不用与那些陌生人葬在一起，所以我把她的那块儿墓地买了下来。为了这么做，我不得不将我的两幅画作卖掉凑够买墓地的钱。不过令我惊讶的是，我一直认为我的这两幅作品能卖到六百银币，可是到最后，我实际只卖到一半的银币，实在令人费解，不过好在萨丝佳的墓地总算买回来了。现在我的衣服口袋里面还装着早上我找公证人签好的字据。不知道您能否借给我五十吉尔德？因为现在我欠保姆三十吉尔德的工资，然后我想额外再给她二十，打发她赶紧离开我家，以免她又到处多嘴多舌。"

我向伦勃朗表示我愿意借给他五十吉尔德，不过我心里还是感觉很诧异，他居然连这点儿钱都需要借吗？我觉得很不应该啊，所以我决定不能总默不作声，一定要询问清楚。我想这种解决心理层面的事情似乎跟外科医生的工作很相似，如果单纯因为不想伤害病人的情感而难以下手的外科医生，那绝对不配做医生，这样只会延误治疗时间。想到这些，我立刻对伦勃朗说："我和你之间不必这么客套的，只要你需要，哪怕是一千吉尔德我也会借给你的，可是我有些不明白，你手里还有那座听你说好像是一万三千吉尔德买下的大房子。我虽然一直从未打探过有关你收入的事情，但是记得有一次我们一起在楼上那间小屋子聊天，你说过每年单靠卖版画就会有两千到三千银币的收入。而且你还收了学生，他们付给你学费，虽然具体数目我不了解，但是我想数目也不小吧。你还常常为别人画肖像画，就像上次你为班宁·考克的自卫队画的那幅作品，我在萨丝佳的葬礼上似乎听到他的堂哥说你的那幅作品卖了五千银币。而萨丝佳她应该也继承了家里很多财产，虽然我并不了解她家里财产的分配情况，但是她父亲毕竟是一个有身份的人，她总能拿到一部分财产吧。"

"就是您认为能够变卖的那些遗产，我全都拿到了。"伦勃朗回答说，实际我也不喜欢自己说话看起来像学校的老师，但是伦勃朗实际许多方面还像个小孩子。我继续听他说着："我能够拿到这些，只是时间问题而已。萨丝佳在去世前大约两星期曾经立下一份遗嘱。事实上，等到她一切都办妥后我才知道这个事情。立遗嘱这个事情她似乎也考虑了很久，有一天我外出沟通肖像画的事情，她在下午让保姆请了一个公证人来家里，按照正当的法律程序和形式拟定了各种文书，她在去世前不久签了这些文书，立下遗嘱表示将一切遗产全部留给我。当然这个条件是我必须要好好照顾我们的孩子，让他受到最好的教育。而且我不知道自己以后是否会再婚，但是一旦再婚，那么财产就都归泰塔斯所有了。遗嘱上还有一些其他内容，但是最令我惊讶的是有一条内容是这样的，她特别强调财产可以由我随意支配，任何人不得要求我做财产使用的交代。当然，我将她留下的这笔遗产都只用在我们的孩子泰塔斯身上，将这些钱看作是托管基金。而我可能会动用一部分钱财交付房屋款项。房款已经付过一半，还剩大约七千吉尔德和几年的利息需要交付，不过我想最后房子都是归泰塔斯的，所以现在动用一部分钱也没什么。"

"我现在的生活确实比以前安稳许多，但是遇到一些生活琐事，我宁愿卖掉我自己的三幅作品换到钱，也不愿意去计算那几个数字，最近半年多我的经济情况也不太好，好多人似乎都在议论说我为自卫队画了那幅大型肖像油画，卖了五千吉尔德，但是实际并非如此，因为自卫队的人对我说，那幅油画挂在礼堂里实在太大，因此他们想将油画的两边裁掉，而油画中靠近两边的士兵则非常不高兴，甚至威胁说，如果把他们画得不如全队其他人出色，他们是不会付钱的，自卫队中还有四五个人说，画中他们只是脊背朝着观众，他们非常不满意，觉得花费了同样的钱，为什么占据画面的大小却不同。甚至有一天我曾经在维尔斯渠畔被他们其中的一个中士喊住，他大声询问我，为什么将他的面孔画在另一个人的武器后面，更何况那个人是一个他根本没放在眼中的班长，他一直大声呵斥我为什么这么做？场面实在非常尴尬。"

"后来我虽然很生气，但是一直忍着没有发脾气，并且请他一起去喝啤酒，陪他一同回到克洛文尼尔斯道林，我大概用了一个多小时的时间一直向他解释着我的油画的构想和想法，我给他们画的这幅画作不是普通肖像画，并不是普通士兵整齐站立的画作，而是试图向观众们展示他们保家卫国、英勇无比的所有士兵的形象。虽然我费尽力气向他解释着，可是最后，仍然没有说服这笨蛋。我的善意显然并没有传达给这个愚蠢迟钝的人，当我觉得我已经解释得很明白，他应该可以理解的时候，他却双眼直勾勾地看着我，一直摇头说：'我与别人付的钱一样，为什么要画得比别人小，要是这样，我是绝对不会付钱的。'我们之间的谈话已经无法继续了，因为他后来居然问我油画中间的小女孩是否付钱了，为什么要画她，听到他的这些话，我觉得我们似乎没有谈下去的必要了。因此只要我能拿到他们原来曾经承诺的一千六百吉尔德，那就千恩万谢了。"

"至于您提到的我收学生的事情，这个没错，我一直有很多学生，但是并不像您想的那样，实际上是这样的，许多学生很有绘画天赋，但是家里却十分贫困，甚至付不起学费，而那些付得起学费的学生却没有什么天赋，教导起这些学生就是又费劲又没有效果。我的妻子萨丝佳去世后，我本可以多休息一阵子的，其中几个学生看到这种情形回家了，但是却有六七个学生因为离家太远无法回去，就一直住在我这里。有一天晚上我听到我家最高一层楼，就是他们寝室的房间里声音很吵，我就上楼看了一下情况，竟然听到两个人在门后傻笑，又听到一个模特儿的笑声，这个模特怎么会在这里，我正琢磨着，就听到一个学生说：'咱们两个真是天生的一对，就像乐园里的亚当和夏娃一样。'听完后，我马上到他们面前对他们说，我可以让他们的愿望变成现实，我就是乐园里手持宝剑的天使，会将他们驱赶出乐园。于是我将他们从家里赶了出去，我要维护在我这里学习的规矩。对于我的这种做法，我也曾听到一些是非闲话，后来另外三个学生也从我这里离开了。"

"说到我为别人画肖像画，一般人认为这些收入也有几千吉尔德，但是实际上现在收账可比以前困难许多。听有些人说我们国家可能随时跟西班牙讲和，这样必将发生危机，战争远比和平时期更加容易获利，这一点是我始终无法想通的事情。如果我有记账，您就能看到我的钱都花在哪里了。不过我认为钱花光了是小事情，手里不宽裕也应该只是暂时的问题，萨丝佳相关遗产手续办完后，我想问题就会解决了，不过你了解我们的法院处理这类事情的时间都相当漫长。什么给我的孩子泰塔斯请监护人，然后同孤儿院协商等事情，这一切的法律纠纷都令我十分烦恼，使我无法专心投入我的工作，因此我努力忘掉这些。不过我想两三个月之后，这些事情自然就会办理妥当了。"

"我还认为，如果我能将那个令人厌恶的保姆在明天晚上之前打发走，那么每个相关人士都会觉得心情舒畅许多。我原本能将手里的收藏品变卖一些，但是我相信，如果我有此举动，那么必然会招致很多闲言碎语，他们一定会说难怪伏列斯兰的亲戚们说伦勃朗是一个败家子，你看他的妻子刚刚去世，他就开始挥霍她的财产。"

"我这次是迫切需要五十吉尔德来救急，大概九月或者十月份，我就可以将这些钱还给你，并且付给你百分之六的利息。你觉得可以吗？如果你手头还方便的话，请一定要借给我。"伦勃朗继续对我说着，我说没有问题，我可以借给他，然后我走到卧室保险箱旁边，那里面存放着我继承的东印度公司的股票，我从保险箱里拿出五枚金币，把它交给伦勃朗，并且告诉他我们是朋友，这只是一笔小钱不需要利息。

那天晚上，我写了一封长信给住在雷瓦登的一个朋友，他是我在莱登上学时的一个年轻同学，不过他现在已经放弃从医而选择了法律工作。我的这位朋友出生在一个富裕的家庭，发生大革命之后，他们一家人仍然对西班牙国王死心塌地，最后落得被剥夺全部财产的境地。他常常对我说，一个人贫穷并不可耻，但在聪明人看来，也许并没有可取之处。他当时就曾经表示，只要有机会让他得到金钱，他就一定抓住，果然，他刚刚毕业，便与伏兰尼克尔近郊的一个非常富裕的人家的女儿结婚了，看来他自己说的机会真的遇到了。还有一个在伏兰尼克尔学习的老同学参加了他的婚礼，这位老同学有一次经过阿姆斯特丹时遇到了我，还特意向我讲到了他参加的这个婚礼。

"婚礼当天，咱们的同学看起来彬彬有礼高贵得体，一直在招呼前来参加婚礼的客人，他当时已经在省城购置了最豪华的公证人事务所，他专门受理农民案件，摇身一变发了横财，并且成了十六个州的农民财政顾问。而新娘子则长得有些难看，斜眼睛，瘸腿，不过她是一个孤儿，握有二十万吉尔德的现金。对于这个难看的妻子，咱们的同学可算是一个非常体面的丈夫人选，是个幽默且忠诚的伴侣。"这位老同学兴致勃勃地讲述着那个婚礼。

我给我这位老同学，如今成为外省大财主的他写了一封长信，主要是想替我的朋友伦勃朗打听一些事情，想了解一下萨丝佳·凡·奥依林堡是否真的如所有人所说的那般富裕，虽然我并不喜欢打探别人的事情，但是为了我的朋友，我只能请他这个老同学帮忙了解一下，并将打探到的详细情况告知我，请他一定要帮忙。

大约三个星期之后，我接到了这位老同学的回信，他在信中表示，他还是从前的他，并没有什么改变，以前每当星期日遇到晴朗的好天气，我们便会一起外出散步到诺尔德威克，并且一定会在"金水仙"饭店吃点面包和干酪，那时候我们都觉得那种感觉是最美好的，简直是人间天堂。

他在信中还写道："我已经收到了你的来信，你在信中提到的想让我打探的事情是关于你的朋友，他应该就是阿姆斯特丹犹太牧师的特邀画家——伦勃朗·凡·莱茵绘画大师。如果给我提供情报的人没有说错，他现在已经不再用颜料画画，而且研究出一种用油烟、灯烟和煤灰的混合物创作的画作。我想除了他之外别人不会对可怜的萨丝佳感兴趣的，她已经离开这里相当久了，与她同龄的人几乎没有人还记得她。不过请放心，我已经在暗暗打探关于她的事情了，掌握了一些信息，现在写下来让你了解。"

"通过我的调查我认为她家里并没有什么财产，即便是有一些财产，估计对于你的朋友伦勃朗来说也起不到什么作用，外人所听说的所谓奥依林堡的百万家产，实际都是名不副实，徒有虚名的，他们家所谓的'不动产'，实际也都是抵押给别人难以收回的财产，或者以其他形式变成了难以兑现的虚无财产，而且如果想通过拍卖变成现金，恐怕这些财产连正常价格的二十分之一也卖不到。我和一个公证人在工作上颇有交情，那个人从老头儿奥依林堡第一次当选为行政首长时，便一直照料着他的家事。他听到我提起这家人时，感觉很无奈地挥挥手，说：'他家的事情太麻烦了，还是不要再提了，我听说他家最小的女儿去世了，她当年好像是嫁给了荷兰的一个磨坊主还是画家，或者是其他什么人。她的丈夫或许会给我们写信要求分配处理遗产，但是实际上真的不容易，我想即便是聪明绝顶的所罗门也很难解决那笔遗产。'接着他又跟我讲了许多细枝末节的事情，我想已经没有必要将这些话描述出来，不过我会把他想阐述的主要思想简练地转告你。"

"老头儿罗伯塔·凡·奥依林堡，就是萨丝佳的父亲，他曾是伏列斯兰地方政界颇有名气的人物。在动荡的暴乱年代中，他曾经数次担当过雷瓦登市长的职位，并且还曾经代表伏列斯兰的议会同奥伦治公爵进行谈判，最后他们谈判尚未结束，威廉就已经被害。这件事情我想你早就知道，威廉被害那天正和老头儿一同吃饭，后来被杀手打中一枪，老头儿上前抱住他的时候，他已经死亡了。不过发生的这一切却提升了老头儿的声誉，不过他一般在外工作，没有时间来照顾自己家里的事情。"

"老头儿的九个子女几乎都是由孩子的母亲一个人抚养长大的，他们的母亲是在 1621 年或者是 1622 年去世的。等到 1624 年，老头儿本人也撒手人寰了。当时老头儿有两个儿子是从事法律工作的，另一个儿子已经成为前线的军官。他的大女儿名字叫安蒂，嫁给了一个弗兰尼克尔大学的神学教授，丈夫姓马科维亚斯，是一个总是爱忏悔和郁郁寡欢的人，不过他在那些比较通情达理的邻居中间很受爱戴。二女儿名字叫希斯佳，与弗兰尼克尔以北一个小村里主持村务的人结了婚，丈夫名叫格里特·凡·龙恩。三女儿名字叫蒂霞，她嫁给了一个经常在荷兰做生意的生意人弗兰斯·科派尔。四女儿嫁到了出身于伏列斯兰的富裕人家，丈夫名叫朵埃德·凡·奥斯克玛，他家里非常有钱，生活非常富裕。五女儿嫁给了一个叫威布兰德·得·基斯特的艺术家，这个人是她的同乡，也是雷瓦登本地人，她的丈夫在这个偏僻的地方很知名，他还曾经为所有访问过伏列斯兰的奥伦治王室的成员画过画像。这些就是这位法国朋友为我描述的奥依林堡直系家属的情况。当然萨丝佳还有许多旁系亲属，例如叔叔伯伯、堂兄弟等，而第二代、第三代的堂兄弟之中还有一些一直待在家乡，也有一些离开家乡到阿姆斯特丹闯荡。对于来到阿姆斯特丹的这些亲属的情况，你那边大概比我们了解得更多。"

"聊完了他们家族的亲属关系，现在可以聊聊他们这家令人头疼的财政状况，就像之前提到过的，他们家里的情况非常复杂，据我所了解到的情况，老头儿去世已经超过二十多年了，但是子女们似乎从来没有分到过遗产，从未得到过一分钱，他们家的遗产问题始终没有得到解决，所以我觉得即便是现在想解决这个问题也是十分困难的。整体来说，他们家只是曾经拥有相当可观的财产而已，这几年他们也收不到什么租金。如果他们其中任何一个遗产继承者遇到问题想清算处置财产，相信都会令所有遗产继承者蒙受损失。"

我的老同学在这封回信的结尾处这样写道："了解了整个情况后，我觉得如果你的朋友真是着急用钱，莫不如去找找放高利贷的人，也许他们这些人比萨丝佳那些亲属们更好说话，更有同情心，也许他们提出的条件你的朋友还可以接受。因为据我所知，萨丝佳这些亲属们没有一个对你的朋友伦勃朗存在任何好感，因为他的父亲是一个开磨坊的，而哥哥是个鞋匠或者其他类似的手艺人，而他自己经常同法国人、土耳其人以及其他这些亲属认为很讨厌的民族的人保持交往，他还经常画犹太牧师画像，听这些亲属们说，伦勃朗居然有一次为了买鲁本斯的一幅画花费高达四百二十四吉尔德，至今他们这些亲属还表示愤慨，而且这个鲁本斯还是一个虔诚的天主教徒，还自己随意选择一些异教徒故事主题，令正派基督徒感觉遭受侮辱。"然后我的老同学又在信中对当地令人费解的风俗习惯品头论足一番。

又说："我想要一些小鳁鱼干，正好这个季节适合吃这个，我本人挺喜欢这种像石头一样硬的鱼干，而我的回礼就是向你如实报告奥依林堡家族的情况，但是我善意地提醒一下，他们家虽然还有钱，但是想从那样的兄弟姐妹那儿真正拿到钱，那可谓是难于上青天，奉劝你的朋友吧，还是不要指望了。"

他继续说道："我的妻子向你问候，她想询问您一下，在阿姆斯特丹可否有特别出色的大厨能够推荐给她，我们这边好的厨师实在找不到。而且这里好多女仆人嫁给了水手，每天锦衣玉食，摇身一变成了阔太太。"然后又重申道："记住我想要的是熏鲱，注意可不是小鲲，熏鲱才是上等食材。"

我读完了老同学的来信，将信放置在一旁，回想起这位老同学在信中对我所讲述的一切，心里不免替我的朋友伦勃朗担心，总觉得要有什么不好的事情发生。伦勃朗一直靠着自己辛勤的工作赚钱生活，而且之前生活也一直过得比较安稳，可是现在，他的妻子萨丝佳去世了，并且还留下了一个孩子需要他照顾，他如果要继续住在那个大房子里，开销太大了，加之现在社会上流行趋势一时一变，审美变化也越来越快，伦勃朗之前的创作手法似乎已经不再受追捧，这样下去的话，他将面临很大的经济困难。之前他向我借五十吉尔德的时候，说明他经济状况已经很差，这个时候告诉他不要指望妻子遗留的财产，这简直是向他宣告他已经进入穷困者的行列了，他必须一切从头开始，一个人来养活孩子和他自己。

因为伦勃朗一直是一个勤勤恳恳刻苦工作的人，也从来不会为了让自己过得舒服而胡乱花钱，也许当他知道这些的时候，他可以不再指望那些遗产，早早做打算开始新生活，也许接下来的情况会有所好转也说不定。不过他也经常会有不同寻常的举动，每当遇到拍卖同行的艺术品时他都一定抬高价格，让其他画商争抢不到，让他们见识一下颇有贵族气派的伦勃朗，因为他愿意拯救那些穷困潦倒的同行。

想着伦勃朗的处境，我心里非常难受，他如果真的知道自己已经没有钱了，能够真真正正了解现实就好了。可是他的妻子萨丝佳临终前却给他留下了一个情谊深厚的遗嘱，从遗嘱中可以看到这个可怜的女人将一切毫无保留地给了她的爱人伦勃朗，可是就因为如此，一切反而更加难办，如果当初她去世前能给儿子找个公证人可能会好一些，这样她的遗产就会公开评估，伦勃朗就能够清楚知悉这一切了。而现在如果通过我这个外人来告知伦勃朗，那么别人肯定会觉得我是一个爱管闲事搬弄是非的家伙。

作为外人我实在多有不便，虽然看到可怜的伦勃朗一直相信只要遗产问题解决了，他就能继续过平稳生活的样子，我心里很难过，但是也只能默默守在一旁，不过只要他需要帮忙，我一定会尽力帮助他的。

可是一切似乎是天意，后来发生了一件意想不到的事情，扰乱了我的生活轨迹，令我和伦勃朗分别好多年，当我从国外再次回到这里的时候，一切都太迟了，那个时候似乎一切真相都大白于天下，伦勃朗已经卖掉了大房子，并且只为了给儿子买一个面包，他都要走家串户去卖画。

13. 与市长共进晚餐

　　我小的时候经常听人们说，人生是一出悲剧，但我一直希望自己的人生是一出喜剧。当我到了七十岁高龄时才发现关于人生的定义，这两种解释都是错误的。人生既不是悲剧，也不是喜剧，它更像是一出音乐剧，一种原始时代便有的音乐剧，如果某一位大胆的作家试图将这种音乐剧搬上舞台，那么我断定他的作品将成为一个悲剧，他必将成为公众嘲笑的对象，人们也必将把他当成一个满嘴谎言的骗子。

　　我感到自己一天比一天衰弱，或许再过几周，我便会独自在空房间里自哀自怜，我想那就是末日到来的特征，下一步就是等待步入坟墓的过程。但这绝不是因为希望过早地破灭，而纯粹是因为缺乏继续活下去的理由。天空改变了颜色，花儿失去了芬芳，悲惨的乐曲已经悄然奏响，我即将要变成一个我自己和长久对我保持忍耐、克制的人都讨厌的家伙时，那长期潜伏在周围专以揭示人类愚蠢为乐趣的命运会适时地跳出来，不可避免并出乎意料地将我拽到舞台中央，用驴子额骨猛击我的脑袋，扼住我的咽喉，然后无情地将我抛向大洋彼岸，让我在陌生孤独的境地中承受全部的苦难，忍受被狼和熊吃掉的耻辱。

我那奇异惊险的经历要从一封信说起。一天清晨我收到了一封来自市长安德烈·拜克尔阁下的信件，他邀请我某天到府上小酌，并在饭后进行一些私人的谈话。这件事让我感到很惊讶并觉得非常神秘，按理来说，我们这个繁华大城市的市长是不会招待我这种普通市民的，虽然现在从事医学研究的人被提高到了科学一级的高度。

市长安德烈·拜克尔家族一共有四个兄弟，他们在父亲去世后继承了一大笔遗产，然后又将整个天下平分了，就像继承某个郊区的一所普通房屋那样简单。于是很多市民说，我们的共和国不应该叫作尼斯兰七州联邦，应该叫拜克尔四州联邦。

我对于这全国闻名的四兄弟的父母有所耳闻，我有一位同行朋友曾为他们服务多年，他告诉了我很多拜克尔家族的情况，这让我也能从医生的角度去告诫他们该吃什么该喝什么，以及饮食方面的注意事项，我能准确地判断和提醒他们哪一种疾病会让他们丧命。也或许市长大人准备对市立医院的领导策略做出一些改革，需要和某一位医生商量一下后在市长会议上提出这个议题。但当我来到宴会后才发现，之前的种种猜测完全是错误的。

宴会的隆重出乎我的意料，主人全家都出席作陪，并且还介绍我认识主人家的各位女眷，这对于从事我这种低微行业的人来说，实在是一个无上的荣誉。酒宴虽然时间不长，但非常隆重，有生蚝、汤，还有一只很大的卤阉鸡。安德烈阁下在切鸡的时候说："今晚我们本应杀一只公鸡来敬伊斯库雷比亚斯，但是招待的并不是伊斯库雷比亚斯本人，而是他值得信赖的门徒，所以能用阉鸡就用阉鸡来替代，其实这种鸡比公鸡更加鲜嫩可口。"说完，他敬给我一只鸡腿，这无疑又是一种我没有想到的光荣。我暗想这些善良的人想必是有求于我，我猜的果然没错，宴会一结束，所有女眷便纷纷告别，主人和他的弟弟柯奈里斯将我引领到位于这所大房子前半边的一个房间里。这里四壁摆满了书架和地图，我坐在一个大地球仪边上的低矮椅子上，女仆将几瓶法国酒、马六甲酒和马德拉群岛的酒放在桌子上后离开了。安德烈阁下亲自为我斟了一杯说："这是产自勃艮第的葡萄酒，是在一位忠诚地为法国国王服务了五十年的人的领地上酿造而成的，可惜后来这个人做了一件虽然于他本身很光荣但却违背了君主利益的事情，最后被囚死在了巴黎监狱里。因为我弟弟和他是朋友，为了让他妻子不至于流落街头，我们买下了那个葡萄园，来吧，尝一尝，为你的健康干杯。"柯奈里斯阁下从口袋里掏出一个装满烟草的大铜盒子，并递给我一个精美的陶制烟斗说："这是最好的烟草，我敢保证这和华尔特·列里临终时所吸的那种同样好，他侍奉了皇后五十年，可惜的是皇后那个做国王的情人因为他没能找到那根本不存在的金矿而砍了他的头。"说完兄弟二人举起酒杯："在这苦难的时代里，还是为我们的健康干杯吧。"听他们说完这些奇怪的话语我有些莫名其妙，不知所措地待在那里，他们看了看我，示意我重新点燃熄灭的烟斗。柯奈里斯说："亲爱的医生，别担心，我们并没有发狂。"安德烈补充说："一个小小的玩笑，下面我们来谈谈正经事吧。"于是他开始了长篇大论的演讲。对于他说的话我都清晰地记得，因为在回家的当晚我便将所有内容记录了下来，以下就是那天晚上谈话的笔记。

　　"亲爱的医生，我们需要得到你的帮助，相信我，我们兄弟俩是很认真的，我向你保证。有一件很重要的事情需要你帮忙，但是要保守秘密。我们打算对你说的这件事，是对于我们祖国有益的事情，但保证这个计划顺利实施的前提是，我们都必须严守秘密，至少要几十年。"说完他盯着我的眼睛，等到我点头答应后才继续说："我就不多讲目前的政治局势了，你并不是迟钝的人，否则我们也不会请你来，我们想要对你表达尊敬，你善于观察，善于倾听，你和我一样知道现在正发生的事情，更重要的是你还即将了解今后要发生的事情。我希望你能成为一个实业家。来吧，请再喝一杯，再抽上一袋烟，我给你看点东西。"说完安德烈阁下走到一个食橱旁拿出两支蜡烛，把它插在铜蜡扦上端到一幅挂着大地图的墙边后向我招了招手。我走上前去在蜡烛的光亮下看得清楚，那是一幅麦卡特绘制的世界地图，一幅新地图，据说这对航海有着至关重要的作用。

安德烈阁下指着地图对我说："虽然这是一幅很老的地图，但是目前还可以用，布雷阿兄弟答应最近给我绘制一幅新的。"说完他又指向了亚洲、非洲和美洲的各个地方说："看，这里的全部岛屿都属于我们，这里，马来半岛全是东印度公司的属地，锡兰这里，早在四年前就是我们的了。我们还有一条从马六甲海峡直通日本的通道，虽然不是什么了不起的航道，但也是很重要的。再看这里，在科罗曼德尔海岸和马拉尔巴海岸，我们拥有二十多个港口，而且在马斯卡特设有贸易站，控制着波斯湾的贸易。再往南就是毛里求斯，我听说凡·迪亚门总督打算派塔斯去侦察一下在爪哇和南极之间是否真的像传说中的那样存在着大陆。实在抱歉，或许你听我说这些会感觉像是老师在对小学生讲授地理课程，但等一下你就会明白我之所以说这些的原因。你看，在这里，美洲的西海岸，我们占据着几个海港，在那里我国的船只可以得到淡水补给，然后再向北航行到斯匹茨卑尔根群岛，我国在那里建立了一个城市，钱财多的就像鲸油般取之不尽。再过来就是巴西，我们在那儿建立了一个咖啡、烟草和茶叶的大帝国，虽然它很不幸地属于西印度公司，但是他们经营得很糟糕。这边就是西印度群岛，哥伦布曾以为它是蒙古帝国的一部分，迷失了路途，但我们也已经开始在那儿尝试种植一些植物，以后肯定会得到很大的利益。在北面的这个地方就是哈得孙发现后占得的土地。你要注意这个地方，这里是位于毛里求斯河口的一块陆地，以及非洲大陆尖端的另一块土地，也就是叫作好望角的那个地方。我很担心在和西班牙讲和之后，士兵会成为失业者，我们的武器库、海军造船厂和药厂的工人们也会失去工作，所以我们要准备好，这就是我请你来的原因。你能够帮助我们，我也非常愿意告诉你如何帮助，在这之前请坐下来再喝一点酒，再抽一袋烟吧。这一袋烟的时间会让你明白忠于公爵的人会得到什么样的结果，虽然我目前还只是市长而已。"

面前的酒杯又被盛情地斟满，安德烈阁下拿出一张纸，然后新削了一只鹅管笔拿在手里说："有了这张纸和笔我就能更详细地陈述，在之前你听我说了政治和地理方面的讲解，现在请再耐心地听我讲述一点数学方面的东西，要知道数学对于商会会员来说是最实惠的科学了。"说完他将我引领到书桌边继续说："我必须给你看看我们经过了多年研究而得出的结论。"安德烈阁下在纸上草草几笔画出了一幅图画，在我看来那像是两头用细绳子系着两个小汤盆的跷跷板。

他问我道："你看这是什么?"

我迟疑了一下说道："天平?"

安德烈阁下点了点头说："这架天平就代表着我们的共和国，也象征着目前的形势。要知道，天平是完全平衡的。"说完他又在两个天平的盘子里各画了一个小方块，一个写着公爵，另一个写着商人。看了看我又接着说，"保持这种平衡就是我们国家持续繁荣的基础，对于我们商人来讲拥有一个坚强稳定的政府是非常重要的。自身的很多事情要处理已经很忙了，政府事务就应该由总督来管，在这方面他们是专业的，是训练有素的，在很多世纪以前行政就是他们的专业。而我们商人也希望在自己所处的国家里有这么一个人，至于这个人是总督还是国王我们并不介意，只要他不干涉我们商人的分内之事，让我们能安心地赚钱就行。如果没有钱，共和国就像是没有帆的船一样无法继续航行，我并不是一个演说家，我希望我所表达的意思你已经清楚了。"说完安德烈阁下用期待的眼神注视着我。

我点点头回答："你说得很清楚，我明白。"

他赞许得说"很好"，然后又在标有公爵的那个秤盘上画上了一个方块，并在方块里加上了教会两个字，又指给我看。

"如果我在天平的另一边加上这些，那会怎么样？"

这种类似于数学话题的问答让我渐渐提起了兴致，我回答说："那样肯定会失去平衡。"

"那么要想恢复平衡该怎么办呢？"

"那就必须另找一个足以平衡的重量放在另一边。"

安德烈阁下很满意我的回答："说得很对，医生，我觉得你当初应该选择去做数学家。那么你会建议或者选择一种什么样的重量去放在另一边呢？"

为了让谈话不至于显得那么严肃，我想了想回答说"可以用道德来尝试一下。"

拜克尔兄弟对望了一眼，然后举起酒杯说："我们必须为你的这句话而干杯。用道德去对抗牧师！你知不知道第一个尝试以道德来劝告那些压倒君主大权的人是什么下场？"

"知道，我记得很清楚。"

"那么，剩下的企图用这个方法的人的下场你也知道吗？"

我点点头表示知道。

"既然你知道，为什么不做一个更聪明的选择呢？不如你再猜一次。"

"金钱？"

"我的朋友，这回你说对了，但是需要多少钱呢？"

"一大笔。"

"是很大一笔。"

他的弟弟补充道："甚至更多。"

市长继续说："那么怎么赚到这笔很大数目的钱呢？"

"勤劳，朴素。"

市长大人摇了摇头说："不，那只是你小时候根据课本里学到的方式。事实上我们怎样才能赚钱呢？"

我对市长表示说我没考虑过这个事情，作为医生，我只考虑如何能让病人恢复健康，对于钱到底是怎么赚来的，我并不在行。

市长大人睁大眼睛看着我说："你只要掌握了某种东西的垄断权就万事大吉了。一旦你掌握了它，你就可以舒服地坐在办公室里雇一个人来为你计算利润。不久之后，你的利润就需要十多个人来为你计算了。"

我有点气愤地打断他："难道这就是你邀请我来想让我做的事情？让我放弃医生的工作，来为你统计账目？"

市长阁下站起来失望地摆了摆手说："当然不是，要在这个世界上找一个诚实、聪明、勤快肯干的记账员是再简单不过的事情了，他们甘愿为了每周五枚银币干一辈子，只要我开口这样的人便会在我家门口一直排到萨安水闸。我怎么会让你去做这种工作呢！"

我疑惑不解地望着他说："那么，市长阁下，在您的计划里我应该出任什么角色呢？"

"很简单，我们希望你能为我们去找到那个小小的垄断权。"接着市长拿起鹅管笔一边说一边开始画一张锅形示意图，他画得很专注，甚至没有抬头看我一眼。

"我们需要一笔很大的收入，所以，我们就必须要完全控制住一种生活必需品。要知道人活着就必须吃饭，那么大多数人日常的主食就是面包，而面包是粮食做成的，那么粮食从哪里来的呢？其实大部分粮食不是我们国家出产的。对于这个问题我找了几个最能干的记账员研究了三年，他们对港务部长的报告进行了细致的研究，仔细看了很多遍监督官的税务统计表。"说着，市长大人从写字台的抽屉里拿出一个蓝色的封套，从里面取出一叠资料对我说："你看，去年阿姆斯特丹需要四万二千吨粮食，而其中的三分之一供给了啤酒厂，而我们的啤酒厂是供应给全国的。在我们国家的其他城市需要消耗四万吨粮食，进口总数是十六万吨，这就是说有将近八万吨的粮食出口了，我可以肯定地告诉你，这笔利润相当大。在目前的情况下，我国垄断着全部粮食的运输。驻哥本哈根的商务代表在报告说，从波罗的海穿过海峡驶向北海的七百九十三条船中，就有七百零二条船是我们国家的，另外有至少五百九十条是驶向我们这个城市的，其中半数以上运输的是粮食。这些粮食产于德国以前的属地波兰、库尔兰和爱姿兰，还有乌克兰尼亚。不止我们需要粮食，西班牙、意大利也需要。我们需要粮食是因为我们国家的沼泽比陆地面积大，而现在也没有人发明出一种能在沼泽里种植庄稼的技术。意大利和西班牙需要粮食是因为他们遍地都是修道院，连种几公顷麦子的地方都没有了。所以你想想，如果在波罗的海的供应基地被截断，那我们的运输业将会怎么样？我们多半的船只要停驶，剩余的那部分也无事可做，我们没有足够的黄金从海外购买需要的东西，那我们能有什么办法呢？"

看着市长询问的表情我摇了摇头表示不知道。

市长大人自顾自地接着说："其实很简单，我们可以放弃运输和贩卖别人的粮食，我们可以自己种植，但是只有两个地方能做到这点，一个是好望角，但是东印度公司是不会允许我们在那儿插足的，直到现在他们自己也还没有完全占领那里。不过我听说他们的特许状有权利宣称整个美洲都是他们的领地，占领那里只是时间问题，那么我们就毫无利益可言了。现在出路就只有一条了，来，到这里来。"

市长阁下端起一支蜡烛走到墙上挂着的地图边指向北美洲大陆的中央说："现在让我来告诉你我们希望你能为我们做些什么吧。这个地区属于西印度公司，他们在 1621 年就取得了特许状，但那个公司不知什么原因没有经营好。在东印度群岛土地肥沃，几乎所有的农作物都适合生长，当地土著都是些性格温和的小个子棕种人，就算你对他们很刻薄，他们还是愿意为你干活。在美洲那些土著就不一样了，他们宁死也不愿意为别人干活。而且那里气候恶劣，不能种植胡椒、肉桂和肉豆蔻，只出产少量的海獭皮和小干鱼，就算这些东西，你都需要拿食物去和那些插着羽毛握着战斧的红种人去交换。而这些红种人被以前的占领者欺负得精神失常了。有一位船长朋友告诉我，完全没必要和印第安人起冲突，他们虽然野蛮但是于我们是无害的。他们脏兮兮的，脾气很暴躁，一旦他们发现你企图欺骗他们，这些人就会失去理智，开始杀人放火四处发泄，等到出完气，又开始放声大笑，好像什么事都没发生过，所以说，有点常识的人都应该去避免和他们发生冲突，完全没必要惹这种麻烦。我的这位朋友就和这些印第安人相处过很久，大约十二年或者更长。他到过这些人的村庄，在他们的帐篷里过夜，这里就他一个白种人，他没带任何武器和他们相处得也很好。他感慨地说，如果不是这些野蛮人的妻子和女儿不开通，他倒是宁愿在那儿长期居住，也比回到偏僻的内地故乡好。这样看来，如果你去了那里，你根本不必害怕在那里会被狼给吃掉，或者被烧死在火刑柱上，印第安土著不会带给你烦恼。你是个聪明人，我们可以给你一艘载满小镜子，念珠手镯的小船，这些东西在那些头脑简单的号称自然之子的土著眼里非常受欢迎。再请你来之前我们收集了很多你的情报，我们知道你对于外科手术过程中给病人造成痛苦的问题很感兴趣，我也不想说那种手术是没必要的，不过那种痛苦我也领教过一次。那次手术本身并不算很严重，但我每次回想起他们对我采取的医治手法都会让我感到浑身发冷。现在我可以名正言顺地向大家宣布，你马上就要去美洲考察，去亲自验证不断传到我们这里的那些关于减轻病痛的药草的真实性。"

我突然打断了市长说："很抱歉，可是为什么要说谎呢?"这个直率的问题没有令市长有丝毫停顿。

"第一，这并不完全算撒谎。我的书商朋友把一些关于美洲探险的书籍送给我，但我看不懂那些葡萄牙文，于是我请了一个年轻聪明的犹太人来为我做翻译工作，他是个很有才干的人，他能够对后人讲清楚当地的故事。"

"我认识他，他是我的朋友。"

"哦? 真的吗? 嗯，他是个聪明人，其实他应该有一份比现在更好的工作，在我们提出要录用他时，他很高兴。就像我刚才说的，我仔细阅读了书里神秘土著的事情，最吸引我的地方是，那些人似乎懂得很多我们不知道的事情，他们能够让自己的身体暂时失去感觉来避免疼痛，这听上去像个滑稽的传说。所以我认为如果你用几年的时间采集一些草药，再拜访一些戴着鼻环的当地医生或许是很有意义的事情。"

我回答说："我也认为这是一个好机会，可是为什么不说实话呢？"

"因为这是一件说了实话便无法实现的事情。我们真正要做的事，是用最低的成本拿到种植庄稼的土地，根据最可靠的情报，沿海地区岩石过多，森林过密，都不适合种植。但我从书上看到在深入内地几百米以后，就是一大片的平原，那里非常适合庄稼的生长。只要等到你从美洲回来，证实那片土壤适合我们的用途，就可以立即这么做。有了这笔钱，我们就可以把它垄断成家族事业，任何人都不能投资，我们的企业会长期稳定地经营下去。但在做这个事情之前，需要依赖于你对那里反馈的报告，只要你确定那里的土地能够种植庄稼，我们立即购买。

市长停顿了一下转过头对他弟弟说："这一切你都听清楚了吗？"

料奈里斯阁下回答："十分清楚。"

市长大人又转向我说："你有什么问题要问吗？"

"嗯，有的，就是刚才说的那个事情。这一切为什么都要保密呢？为什么我去海外的目的不能让别人知道呢？"

市长大人耐心地解答道："原因很多：第一，如果被公爵知道了你的使命，他们就会采取措施阻止你去，他们会希望剥夺我们的权利，把共和国变成君主国，教会也会想尽一切办法破坏我们的计划，而我们现在并没有足够的能力和他们对抗；第二，如果西印度公司知道了我们的意图，他们便会自己在那片土地上进行压榨，整个计划也就泡汤了；第三……"

我没有再去听他讲其他的原因，这些已经足够了。他们两兄弟这种自私自利、结党营私的做法，将会使那些为祖国独立而浴血奋战的前辈们的理想在金钱面前彻底消亡。他们是商人，完全站在金钱的角度上考虑问题，这和我的理念格格不入。我生活在科学的领域里，很少关注金钱，也因为我的地位不可能看到大量的金钱，但我对他们动机的正直性深表怀疑。于是我告诉他们，我需要时间考虑一下。

他用真诚的语气说："好吧，医生，你考虑多久都可以。我们已经向你表达了自己的意思，把一切都托付给你了，或许你听了这么久也疲倦了，如果你做出了决定，请立即告诉我们。"

和他们告辞后，我慢慢向家走去。在经过圣安桑奈水闸桥上时，我看到伦勃朗家楼上的窗子里还有灯光。自从埋葬了我哥哥后，我一直没有看望过伦勃朗，或许我该去他那儿坐一小会儿。兴奋的状态让我想在入睡前把今天的事情找一个人诉说一番。

我敲了敲门，没有人应答。于是我又用力敲了一次。半晌后有人跟跟跄跄走过来打开一条几英寸的门缝。小泰塔斯的保姆举着一支蜡烛凶狠地盯着我，那眼神似乎是要杀死我才解恨。

"请走开，主人已经睡了。"说完便毫不犹豫地关上了那道缝隙。

我只能往家走，对于刚才的情景我感到非常厌烦。

14. 海外看信

我在海外遭遇到一些事情，这些惊险的事几乎断送了我的生命，即便最后我只是与死神擦肩而过，但仍耗费了我相当长的时间来调理身体，在这期间我给我的儿子写了许多信件，在信件中详细描述了我的那些并不平凡的遭遇。

我因为跌断了双腿休养了好长一段时间，后来终于可以再次踏上旅途开始新的旅行，当我重返阿姆斯特丹的时候，我察觉似乎因为我之前长久的失踪，曾经引起过轩然大波。之前柏纳多把听到的关于我的传闻写信转告给了德·佛莱斯船长，信中提到说我已经到达了属于"五民族"的领土的最远边界地区，由于途中遇到的事故，所以正在太平洋以东的一个印第安长官家里治疗休养，还说休养一段时间之后，大概是那年初冬时节，我在契卡索人向温嫩多加人发动的攻击中不幸身亡。

因此，当船长得知我已经平安回到这里，喜出望外，马上写信跟我说他两个星期内就会来阿姆斯特丹来看望我。

说到我自己，在过去这几年里一直过着相当自由的生活，已经习惯于这种不受拘束的感觉。当我回来时自然不习惯租界里的条条框框，加之安德烈市长曾经给我的钱，我也只花费了一小部分而已，所以我很快便决定拿出来几百吉尔德买一所小房子。

我从华尔法埃特·格利茨松的农场里购买了土地，因为这片地正好临近一个大沼泽，所以价格相当便宜，但是对于我来说，这一片满是汪洋的沼泽勾起了我对湖畔的向往，住在这里就好像住在湖畔一样。买到土地之后，我马上又联系建造房子的事情，我从斯塔腾岛找来两个印第安人，他们说可以给我建造一个类似于五民族的部落的房屋，而他们果然没有令我失望，还不到一个月的时间，我就住进了这所新房子。

房子建好后，我就兴高采烈地给柏纳多写信，邀请他过来跟我同住，而他给我回复了一封看似神秘的回信。回信是用一张小羊皮纸写的，上面寥寥几笔好像画了一个跟他本人很像的印第安人，下面还写了这么几个字：十个失踪的部落又增加了一个。

看来我是没有希望跟柏纳多见面了，只能等待日后我去北方旅行时再去看他，与此同时，我仍然满心欢喜地等待佛莱斯船长的到来，船长最近因为林赛拉尔威克殖民地出了一些事情耽误了来我这里的时间，最后他终于在最炎热的八月初来到我家。他不但亲自过来看望我，而且带来了让·路易斯在前两年寄给我的九封信件，这份礼物实在令我颇为感动和欢喜。由于八月初的天气很闷热，本来想让船长过来欣赏的沼泽也几乎干涸，这让我回忆起在维尔河滨洼地里度过的美好童年时光。

船长对我说，"我当时听到你回到这里的时候就想把这些信件托人给你带过来的，可是又担心让别人带过来会弄丢，所以最后还是决定我亲自带过来。这时，船长将包得十分严实的信件交到我手中，并且说："请保存好皮包！你赶紧看看信，我听人说最近我们的总司令在这附近购置了一片地，准备建造房子。"我回答他："是的，房子应该已经开始动工了，你可以去那儿转转，三点钟赶回来，我们一起吃中午饭。"于是船长就离开了，留下我独自一人通过信件了解大洋彼岸的生活。

船长交到我手中的信件有九封，我以为都是让·路易斯写给我的，但是翻看时才发现，其中有一封信件字数不多，感觉颇为忧伤，原来这封信是赛里姆写给我的。他在信中写道："自从你和柏纳多离开这座城市之后，我觉得这里就变得非常冷清，感觉十分寂寞。"

让·路易斯为人幽默风趣，但是他却容易将美食菜肴掺杂一些数学问题，与他一同进餐时，他经常会让你从汤中得出立方根，从布丁中寻找小数点，这让我缺少了享受美食时的很多乐趣，因此我就不愿意跟他一起坐下吃饭了。

"热情拥抱我的朋友你和柏纳多。要时刻记得我说的话，你要留意柏纳多，他和我一样是个不折不扣的流浪者，他跟我一样孤单寂寞，阿拉真神使我们两个能这般相似，如果你不留意他，他就会变成当地的土著也说不定。"接下来又有一段附言写着："你的好朋友伦勃朗还曾到访过这里一两次，他要求我帮他做绘画模特儿，他对土耳其人似乎有种亲切的感情，我问过他，是不是没有人给他做模特才来找我，他说：'不是的，我的那些模特儿都是荷兰的流浪者，即使让他们带上头巾，穿上绫罗绸缎，也仍然提高不了他们的气质，怎么看也变不成土耳其人，依旧是不折不扣的流浪者的形象。'也许这几天我就会答应他的请求，只要那个讨厌的牧师不再来打扰我的生活。"实际在没打开信件之前，我也多少料到让·路易斯信件中会涉及这些内容。

我又看了看他写给我的其他信件，发现这些信件几乎有四五十页之长，其中涵盖了近两年来发生的全部事情，涉及我和他两个人。其实因为法国人的某些行为总是令我感到厌恶，例如他们做什么事情都是心不在焉，让人觉得非常不踏实、不可靠，他们总是自我感觉良好，且喜欢与别人发生争执，他们对家居的整洁没有任何概念，如此种种导致我很讨厌法国这个民族，甚至讨厌与他们相关的任何东西。但这个时候却有这样一个法国人出现了，他所说、所想、所写都这样与众不同，令我非常佩服，似乎马上忘却了对法国这个民族的厌恶，甚至开始觉得如果缺少了法国这个民族，那么这个世界该多么索然无味。

看到让·路易斯的信件总让人觉得心情舒畅，这些信件虽然篇幅很长，但是条理清晰，信件中有明确的开头、表述的核心内容和结尾。整个信件叙述全面详细，却不觉得累赘。我拿着这些看得津津有味的信件给总督看了一下，总督看过信件后，称赞这些信件提供的故国的一些信息，比其他的人烦琐冗长的报告都精彩出色。他甚至请求我将这些信件能够交由他保管一段时间。但是后来却出现差错，他回国时忘记将信件交还给我，而是将信送到"德赖依·克罗宁号"船上希望能转交给我，但是自从那条船离开维尼基亚海岸后，就杳无音讯了。我只能凭借着自己的记忆来描述信件中重要的部分。

每封信的开头，让·路易斯都会提到一个消息，就是他到霍特渠畔的我的家中看望过我的儿子，我儿子已经把我忘了，但是他长得很健康结实，很懂礼貌，已经长成一个帅气的小伙子，每个星期他都会到伦勃朗老师那里学习绘画两次，他颇具艺术天赋，伦勃朗即使需要花费很多时间，也愿意帮助这个孩子取得绘画方面的进步。

然后他又说了一些非常重要的事情，西班牙和荷兰共和国已经正式缔结协议，停止战争，荷兰共和国已经被正式承认为独立的主权国家。但社会经济的萧条，局势的动荡，最先发现这种情况的是贫困的艺术家。伦勃朗曾经对他说过，他差不多有半年多时间没有接到过订购肖像画的订单了，而他的同行们的日子似乎也一样不好过。当军队凯旋时，还曾需要一些画作来庆祝荷兰的胜利，而需要的两幅重要作品却邀请弗林克和凡·德·赫尔斯特两个人来创作的，这两个人就是伦勃朗的学生，作为老师的他却没有得到机会。伦勃朗曾经为荷兰的胜利，国家的局势稳定构思了一幅画作的草图，他当时构思了许多草图，可是这幅画作却没有人想要购买，当让·路易斯给我写信时，它仍然是无人问津，伦勃朗近期的画作几乎都遭遇到如此厄运。

虽然伦勃朗偶尔也会接到一幅肖像画的订单，但是不能忽视的是他正面临着相当大的危机，现在迅速蹿出一些年轻画家，他们收费低廉、服务周到甚至能让模特儿摆出各种姿势，伦勃朗的订单正在一步一步被这些年轻画家吞噬。

在让·路易斯写给我的八封信件当中，字字句句透露出他对伦勃朗这家人的担心和忧虑，之前准备打发走的那个疯保姆，现在仍然在伦勃朗家中，并且变本加厉，让人无法忍耐。她甚至还纠缠那些来找伦勃朗画画的客人，非要人家听她诉苦，拼命为每一个客人讲述她在伦勃朗这个家里是如何的辛苦，如何的不容易，她甚至哭诉着数落伦勃朗如何亏待她。她说她一个人又要照顾小孩子，又要操持家务事，而她的主人从来不管家事，并且很懒惰，她自己要不是因为心疼小孩子，也不会留在这里，她还反复强调她也支撑不了多久了，她能够讲出大大小小许多关于她和伦勃朗的事情，保准儿你听过会觉得万分惊讶，她甚至还向客人询问是否想看伦勃朗送给她的珍珠和金饰品。如此种种，让那人客人逐渐感到厌烦，宁愿不再来找伦勃朗订画。

　　几个朋友实在看不下去了，不知道以后因为这个保姆还会发生什么事情，因此决定凑在一起去找伦勃朗谈谈，建议他找个神经科医生好好检查一下他的这个保姆，给她诊治一下神经病症状。而伦勃朗仍旧跟以往一样耐心地听着朋友们的劝告，感谢朋友们对他的关心，同时也仍然会提出跟以前一样的困难之处，这些困难让他无法做出最终赶走这个疯女人的决定。

　　这些困难究竟还包括什么不为人知的内容？让·路易斯在信件中并没有提到这些，有些人觉得可能伦勃朗欠她一笔钱，而萨丝佳遗产的事情也是一直没有得到解决，可能他当时还不起这笔钱。

　　伦勃朗比之前还要分外努力去创作新的作品，印刷了许多精美的铜版画，但是他跟老朋友的接触变得越来越少，所以朋友们都不了解他是如何处理手中的钱款的，谁也不知道他究竟给孩子留下多少钱，是五千吉尔德还是一万吉尔德。不过了解他的朋友都知道他自己是从来不记账的，涉及钱财的事情是一塌糊涂，做什么事情都没有计划性，也许今天心血来潮买了股票，明天又会突然想买一幅拉斐尔的作品，所以他手里究竟有多少钱别人是很难判断出来的。

　　朋友们看到伦勃朗总是这个样子不免担心，都劝他将家里的事情先整理一下，让这些事情都能够清清楚楚明明白白一些，而伦勃朗虽然虚心接受大家的建议，但是同时却坚持拒绝现在做这种事情。他强调说等他完成那幅新铜版画后再去考虑那些琐碎的家事，那幅铜版画表现的是基督为病人医治的画面，他希望这幅得意之作能够打破以往的价格纪录，卖到一百吉尔德，并且希望借此得到外界公众的再度认可。到那个时候他便可以不再像之前几年一样为了养家糊口而赶制作品，他就能稍微休息放松一下了，同时他也可以花钱请一个能干的公证人为他打理家里的一切财产账目。不过在一切实现之前，他只能忍耐身边发生的一切，包括那个让人忍无可忍的保姆。

伦勃朗的论调似乎还是之前的论调，但是让·路易斯却觉得伦勃朗这次没有打发保姆离开恐怕另有隐情。因为自从他的妻子萨丝佳去世，他都是一个人孤孤单单地生活着，所以大家都觉得会不会伦勃朗已经想跟基尔蒂结婚了，或者他们已经有宝宝了，要么就是基尔蒂假装怀孕威胁他，不过对平时就那么蛮横不讲理的女人到底是怎么样的情况，谁也判断不准，大家只能静观其变，接着看下去。

日子就这样一天一天地过去了，大家似乎都能隐约感觉到有种危机即将到来，也许这个危机会迫使伦勃朗身边那个讨厌的女人离开。伦勃朗身边的朋友们都希望在伦勃朗的事情没有发展成街知巷闻的丑闻时，这种危机快点到来。实际上在教会的讲坛上已经传出一些暗讽的话语，指出有些画家自己创作基督救人的作品之前，应该先治治自己的病，甚至有牧师更明确地指出《埃美阿斯的晚餐》画作里有一个女人看起来像某个画家的女仆人，这个画家也喜欢请别人吃晚餐，只是性质不同而已。现在这种言论已经越来越多，趁着这些言论还没有公开抨击之前让那个疯女人离开，但是朋友们却无法预测结果会是怎样。因为这个事情发生在伦勃朗身上，他是一个极其固执己见的人，就像是现在领导新尼斯兰政府那个勇士一样，聪明的让·路易斯故意用这句话来恭维斯屠维山特阁下，因为他明白这些信件有可能会被官方开封审查。

然后让·路易斯跟我讲述了许多欧洲局势的问题，实际其中很大一部分我之前有所了解。

英国国王即将被他的国民处以死刑，因为这个国王犯下了很多罪行，他善于编造各种谎言欺骗民众，并且数次背信承诺，已经没有人愿意再相信他，他被民众称为有史以来最大的骗子，至于他将要被处以绞刑或是斩首，目前没有人能够知晓。英国政府也许就要落到一个名叫克伦威尔的人手中，他一定会自封为国王，他曾极力主张保障英国利益的激进政策，这必然会给荷兰共和国带来很多麻烦。

法国的国王和本国的贵族因为一件有趣的事情发生了颇为奇怪的争执，一个臭名昭著的意大利人，名字叫马萨里尼，目前掌管着法国政府，成为法国老皇后面前的红人，老皇后被这个虚伪的人恭维成最具有高雅气质的女人，而实际上老皇后是个既不聪慧又不漂亮的西班牙女人，但是他却一再强调自己曾经领略过西班牙这种高雅风姿，他说自己曾经是科伦纳公爵的一个随从，跟那位高贵的公爵一起到过亚尔喀拉大学，专程为塞万提斯先生敬献过花圈。这个充满狡诈和虚伪的西西里岛人，样子看起来像葡萄牙国籍的犹太人，他就像一个意大利娼妓偷拿英国男爵口袋的金钱一样，公然窃取国家宝库的财产。因此我们相信，在不久的将来他便会彻底击垮贵族的反抗，而法国君主是否也会同英国一样走上相同的道路还未可知，但是却令许多人这么怀疑，当然荷兰共和国的很多人也希望会有这样的结果。

阿姆斯特丹和丹麦及瑞典有关松德海峡通行税，以及一直未能得以解决的纠纷，仍然没有任何进展，还处于悬而未决的状态，看来只能通过战争或者缔结条约最终得以解决了，至于其他的国家，目前还没发现有什么重要的事情发生。

当看完让·路易斯的信件时，我才发现这些内容足有四十八页那么长。

当我第三遍重温这些信件内容的时候，佛里斯刚好回来了。

我对船长说："我有一种奇怪的感觉，感觉新世界里有旧世界的存在，我感觉到了某些东西，我也想不明白自己发生了怎样的变化，以前我对旧世界的东西非常感兴趣，感觉它们是我生活中不可分割的一部分，而现在它们就好像一座房子中一个房间传来的音乐而已，虽然我很想欣赏这种音乐，但是似乎这种音乐对我来说已经引不起我的兴趣，或者说已经令我感觉到厌恶，我到底是怎么了呢？"船长听到我的疑惑，回答我说，"我觉得原因就是来自外面的新鲜空气和不同的视野，我们这种奇怪的视野在欧洲可能只能代表着陈旧事物的终点，而在这里它则代表着新奇事物的出发点，这种视野令你着迷，就像它迷倒我们大多数人一样。在这里我们可以体会到以前不曾体会的东西，吸取着外面新鲜的空气，而在我们国家的那个小城市里，你是绝对体会和吸取不到的，甚至会觉得因为缺乏新鲜空气而窒息死亡，我想再过几个月你跟我会有同样的感受。我想除非阿姆斯特丹的统治者强行要求我离开这里，否则我永远也不愿意再回国。"听到船长的话语，我似乎也深深感觉到，实际我已经被这里愉快的生活吸引住了。

船长看到我若有所思，说道："你可以把儿子叫来这里，开一个医疗诊所，我想拉·蒙塔格本人不会介怀的，因为他毕竟年龄大了，晚上也不愿意出诊，而其他的医生则都是庸医只会耽误病人的病情。你不如就在这里住下来，再找一个女子，一起过幸福快乐的日子！"听到船长的话，我内心十分动容，真的希望留下来，可是就在两个月后我收到一封信函，上面写着寥寥几句："我希望你能回来，我急切需要你作为朋友的帮忙和精神支持！"信函的下方写了一个大写字母 R。

15. 决定回国

另外的一封信，我完整地保存了下来，这和之前的那封信并不一样，里面说的都是些国内的形势。

"上周的一天，我突然想去拜访一下伦勃朗。在走到欧德斯堪大街的时候，很偶然地看到了你的一位朋友，就是住在罗金街的那位老书商。我们寒暄了几句，他便向我打听了你最近的消息。之后又问我是否知道伦勃朗最近的那些麻烦事，我知道他也在贩卖伦勃朗的铜版画，显然今天这位老头的买卖还不错，很有兴致找人聊聊天。于是我决定先把自己的事情暂时放一放，邀请他去我家吃饭，以便了解一下伦勃朗的近况。因为上次去拜访伦勃朗时和保姆基尔蒂闹得很不愉快，我便暗自发誓再也不去那里，想起来已经有半年的时间了，不知那个丑陋的泼妇是否还住在伦勃朗家里。书商告诉我说，他们已经公开决裂了，基尔蒂的行为越来越古怪，经过和她的亲属探讨后，决定将她送到精神病院去观察一段时间，遗憾的是居然被她逃脱了，之后便开始对伦勃朗进行疯狂的报复性迫害。她跑到法院去告状，信誓旦旦地声称伦勃朗曾向她借了一笔钱，一直没有归还。之后又声称伦勃朗曾答应娶她，却并不兑现诺言。最疯狂的是她说和伦勃朗发生过肉体关系，在他的主人满足兽欲后便把她轰出了家门。诸如此类的污蔑层出不穷，直到一切真相大白后她被遣送回了老家果达镇，移交给了精神病院看管。如果你去过阿姆斯特丹的疯人院，你便会对精神病院有所认识，像果达镇那种偏僻的地方，疯人院只是在监狱里加盖几间房而已，狱卒们只是在突然想起还有几个人需要吃饭的情况下才会给那些可怜的家伙送点儿东西吃。不管怎样，那个泼妇终于不能再坑害任何人了，这无疑是个大快人心的消息。我也终于可以去看望伦勃朗了。我一直都非常欣赏他，因为他敢于打破上帝所规定的黑与白，呈现给我们更加多彩的线条和色彩。我不得不遗憾地告诉你，这只是书商所讲述的事情的一半。那个女人还有一些更加卑鄙无耻的亲戚，他们一直在寻找着时机对伦勃朗进行勒索，只要他们认为这个时机不存在很大的危险系数，便会开始实施。而我们的朋友伦勃朗是一位糊涂的理财者，一旦他需要几个吉尔德去吃饭，便会不加思索地向保姆暂借几个钱。我不得不说在这方面他是个很愚笨的人，你也清楚他愚笨的程度。他在工作的时候，只要你不去打扰他，就算让他去管魔鬼借钱，他也会义无反顾。他的家事用一句话来说就是一团混乱。如果这样下去我不知道会是个什么结果，看来我得再过几天去拜访他了，在这期间我需要做一些侦察工作，之后我会告诉你。"

"书商是一位风趣且才智俱佳的人，送走他之后，我本想开始工作，但时间有点晚了，想躺下睡觉又有点太早，于是我决定去拜访一下犹太牧师门纳塞。在他家我见到了很多客人，原来他在家举行了一个小型宴会。我发现这个古怪的老头最近有了个新的嗜好，他开始谈论企图将犹太人带回英格兰的伟大计划，他沉迷在这个计划之中，连自己的印刷所倒闭也不闻不问。据我所知，老头坚信救世主即将重返人间，为了迎接这个伟大的时刻，犹太人决定在全世界进行分散定居，以便救世主选择出现在任何一个地区时都能有犹太人在。这虽然不是善良的犹太牧师表达想法的原话，但你可以看出他的理论。我想他一定是根据东印度公司得出的这种宇宙观，那家公司的领地不断扩充，如果现在降临到这个世界上而不碰某位荷兰商人的钱包，那绝不会赚到一毫利息。"

"他滔滔不绝地讲了半个小时，终于暂时停下来喘口气。我连忙问他要如何实现这个伟大目标呢？因为自从十三世纪末以来，英国就不允许犹太人入境了。他回答我说，这件事不算什么。英国人之所以这么做，是因为英国国王认为犹太人比他的那些头脑迟钝的撒克逊臣民聪明得多，比他们更懂得如何做一个赚钱的商人，他们这么做是出于嫉妒和害怕。这些你从莎士比亚的作品中便看得出。莎士比亚出生时英国已经整整二百七十四年没出现过犹太人了，所以他这一辈子都没有见过犹太人，但是他还是写出了夏洛克这出悲剧。他企图让所有人憎恨犹太人。但上帝是公正的，他惩罚了忘恩负义的英国国王，让他像一个普通罪犯那样被砍了头。现在新时代即将到来，克伦威尔顺着耶和华的指引带领人民走出邪教的统治，他懂得尊重犹太人的宗教原则，承认基督对阿布拉罕后裔应有的感激，不久之后英国和他所有的殖民地便会重新接纳犹太人。

这时一个黑眼睛的十六七岁男孩面无表情地说："尊敬的老师，毫无疑问克伦威尔因为尊重我们的宗教原则而喜欢我们，但是如果他只是欣赏我们在商业方面的独特才能才帮助我们的话怎么办呢？"

门塞纳听完勃然大怒地吼道："巴鲁奇？难道你要反对自己的民族，做第二个索塔吗？你在我的家里当着众人的面对高尚的克伦威尔，这个摩西二世一样的人，一个掌握十几个国家大权却依然过着俭朴生活的先知说三道四吗？你居然认为他会为了几个肮脏的金钱被欲望所驱使吗？我真为你感到羞耻？"

叫作巴鲁奇的年轻人十分冷静不慌不忙说道："哦，不，亲爱的老师，我不愿意做和尤利尔一样的人，我认为与全世界所遵循的秩序作对无疑是自缢行为。我和您一样对克伦威尔将军充满敬仰之情，不过我听闻他对每一件事都非常认真，不久之后他将作为一个君主去管理自己的臣民，如果他承担起这个责任，那么他很可能要同时做到保护自己臣民的灵魂和钱袋。在这个时候阿姆斯特丹几千个犹太人商店搬往伦敦不是个明智的选择，那将成为克伦威尔阁下帽子上的一根羽饰。"

听到这里我打断了他说："我觉得品行如此好的一位清教徒是不会戴羽饰的。"

巴鲁奇用他那乌黑的眼睛注视着我继续说："先生，我说的只是象征性的帽子，在老师家里每当我们的意见不同时，我们会采用象征性的修辞手法。"

接着他又对我说就在那天下午，他父亲的邻居收到了一份从伦敦寄来的文件，是用拉丁文写成的，于是他被请去做翻译。那份文件里对他父亲承诺了很多商业上的优惠政策，条件是要他父亲结束在阿姆斯特丹的生意立即迁往伦敦。

对于这个话题我没什么兴趣，于是便起身告辞回去了。我想通过在门塞纳家发生的这场辩论，你能看出，如今这个世界上究竟掀起了什么样的风暴。人民在困境中为了争取自由已经奋斗了三个世纪，现在他们终于自由了，然而在大洋彼岸却存在着另一个恶魔，企图扼住他们喉咙，人民这才注意到，这是个困难的开始而不是结束。如果他们不希望幸福在刚驶出港口便沉没的话，就必须打起精神十分谨慎地驾驶好这刚刚造成的小船。

当人们逐渐开始认清这点后，大家把充满焦急和期盼的眼神望向首舵楼甲板处，他们希望在那里看到船长和大副同心协力地合作航行，希望看到他们团结在一起解决航行中遇到的一切困难，然而人们发现这两个领航者正在进行激烈的争吵，这种争吵随时都能演变成一场你死我活的拳击行为。

事情的发展让人沮丧，年轻的公爵一不小心便会因为一场笑话而将自己毁掉。阿姆斯特丹的长官们如果继续暗示共和国应该他们说了算，公爵和议长只能作为点缀而存在的话，那么或许他们会发现，某一天的清晨自己被关进了洛文斯廷地牢里，而门外的守卫正是公爵的警卫。他们还没做好充分准备的时候便已拥有了如此庞大的殖民地，而他们却用中世纪时族长管理村庄的办法来拟定宪法，来管理这个国家。如果你提醒他说，先生，您现在统治的是一个大国，应该用更完善的办法来管理和经营，他们便会慌乱地胡乱应付着，因为他们根本不知道怎么管理，之后便会逃到某个自治市里的封闭城墙内，匆匆地赶制一份议案，而这份议案里包括城市垃圾清运工的时间安排、保姆的薪酬标准等。如果他们的眼光只停留在城市和村庄，那么这种狭隘的视觉会影响他们看得更远，长此以往这个国家会走向何处，或许就只有上帝才知道了。我亲爱的朋友，我希望你和柏纳多能在战争爆发前平安回国。你知道，如果不那么做，或许你将永远滞留在那片森林里了，而我们不希望看到这种事的发生。

至于我们的那位朋友伦勃朗，大约一周前在我去鱼市买鱼时偶然看到了他，因为上次见面闹出过不愉快，我本以为他会避开我，出乎意料的是他看到我时迎面走来握住我的手说："想必那件事你已经知道了吧？"

我回答说："听说了。"

他有点羞愧地笑了下，望着我用力地呸了一下。我也回应地呸了一下！

接着我们便相视大笑，这是我在这几年间第一次看到他笑的如此真挚，我想他应该已经完全摆脱了那个可怕女仆的纠缠。

我们谈了谈他最近的情况，他告诉我说，有一天，一个年轻的意大利贵族来拜访他，问他是否能按照拉斐尔的风格画一幅圣母像，他回答那年轻人，自己可以按照伦勃郎·凡·莱茵的风格去画任何圣母和圣子的画像，如果他需要的话。年轻人也是个风趣温和的人，他告诉伦勃朗在罗马有个从事艺术奖励的人对他的画作十分欣赏，坚信他会成为当代最伟大的画家，但是如果愿意在这个基础上做一些小小改动的话，当然，只是改动那么一点点，除了画家本人别人是看不出来的，比如在圣母和圣子的身后加上一些光芒处理，如果可以的话，价格方面将不会有任何问题。伦勃朗礼貌地回答他，承蒙他的夸奖，很感谢。但是他一直按照自己的风格在画画，因为那是他唯一会做的。后来年轻人看了伦勃朗的一幅大型画作《慈悲的人》的草图，以及完成一半的作品《阿布拉罕宴请天使》，他看后表示都很喜欢，并对伦勃朗说，他将尽快写信告诉主人这里的情况。伦勃朗对我说："所以你看，如果我去买些黄色的颜料在每幅圣母的画像后加一点光芒，马上就可以成为富翁了。"

我笑了笑对伦勃朗说："我断定你不会那么做。"

"我当然不会那么做。"说完他转身对身后提着菜篮的女人说："我们需要再买一条大比目鱼，很显然，我的这位朋友今晚会来家里吃饭了。"

他说得非常真诚，让我将之前对他异于常人的做法所怀的气愤全部丢掉了九霄云外。我和他一起回到他的家里，虽然地毯有点破旧，门窗也需要重新刷漆，但我感觉这里已经发生了很大的改变，房间内整齐干净，让人感到很舒服。

小泰塔斯站在餐桌旁，金黄色的卷发长长地散落着，像极了他的母亲。我记得初次见到他时，他脸上一直有一种动物被猎获时的表情，现在这种表情完全消失了，他变成了一个十分漂亮的孩子了。饭菜也做得十分可口，端来时也不再是从前那样啪的一声丢在桌上，我问伦勃朗在哪里找到的这个相当不错的仆人。他对我说这个姑娘是靠近德国边境的农村孩子，她想来阿姆斯特丹找一份女仆的工作，我的一位朋友知道从前的泼妇仆人被送进了疯人院，便把她介绍了过来。

"其实我对她了解并不多，但我选择她是因为我知道她只有一个姐姐住在离这里大约一个星期路程的布里佛尔特村。我已经害怕了遇到一点点事情就将住在附近的兄弟姐妹召唤来制造麻烦的仆人，而且她的厨艺也相当不错，房间收拾得井井有条，最重要的一点是她对待小泰塔斯就像对自己的孩子一样，在钱财管理方面也很精明，这些优点在我这种家庭里实在是再合适不过了。"

我笑了笑说："而且她还是个漂亮的女人。"

"是啊，我正在考虑以她做原型去画一幅大型油画，如果她愿意做模特的话那就太好了。"

我看了看伦勃朗又转过头去看向女仆，她正在和小泰塔斯说该向大家道晚安去睡觉了。

我提醒伦勃朗说："你要记得大卫。"

"嗯，是的，这件事我已经想到了。不过这种事情危险性很小。有了这么好的一个仆人，我很开心。你知道吗，像她这么能干又漂亮的女人现在宁愿去工厂里做烘焙烟草的枯燥工作也不肯来为我这样一个丧妻的老头做仆人。"说完他站起身吻了吻小泰塔斯，然后做了一件让我惊奇的事情。他亲自为那个少见且独特的女仆人打开了房门，就像对待一位高贵的夫人那样和她亲切道别。我不禁也觉得这个女人突然高贵起来，虽然她没受到过高等教育也不会读书写字。

之后伦勃朗带我去看了他的铜版画，又告诉我他将如何去对那价值数百枚银币的版画进行第十六次或第十七次的修改。当我在午夜后回到家时，有一种特殊的情感，仿佛我和伦勃朗之间从未发生过任何误会，我们的友情似乎比之前更近了一步。我的朋友，等你回来时你会亲眼见证这个奇迹，伦勃朗今天表现出的种种迹象说明，他完全能像一个正常人那样去做事和思考了。虽然在经济方面似乎还有些困难，但他似乎并不在意，全身心地扑在创作更好的作品上，而这会对他之后的境遇有什么改变呢？没人知道。

我亲爱的朋友，我期盼着你早日回国，我们都很想念你。

这封信让我下定决心回国。这算不上是一次愉快的旅行，我本是奉命来做一件工作，我也尽了全力去完成这个使命。如今我深深爱上了这个地方，在这里我过得非常愉快，但是资助我进行这次航行的安德烈阁下目前正处于和公爵争执的困境中，在这个时候我应该立即回国向他们报告这里的情况，这或许对他们很有用，或许能让他们目前所处的困难得到缓解。于是我准备回国，并写信告诉了柏纳多这个计划。

我对这个地方已经有了感情，不忍心将这里的记忆就此全部抹去，于是决定不卖掉这里的房子。我让人加固了门窗，并专门将钥匙寄存到城堡里，斯屠维山特阁下承诺我他将每隔一周派人巡查一下房子。我又清查了一下手里的资金，大约还剩下一千吉尔德，我付给两名仆人每人一百吉尔德，并送他们回了国。这些都是他们应得的，这些钱应该够他们过上富裕的日子了，对于这笔开支我会向安德烈阁下加以说明，我想他会赞成的。

这几年来我采集的草药全部安全地装进了大木箱里。还有些活的植物也都安置在了木盆内，摆在轮机舱附近的甲板上，因为那里可以尽量少受海水的浸泡。

虽然我一直都认为冗长的告别不是件好事，就像一个本不该做的外科手术一样，对身体和心灵都没有好处，但在我正式拜访斯屠维山特阁下时，他送别我的那一刻所表现出的真挚情感却让我颇受感动。

斯屠维山特阁下用他那条木腿不断地跺着地板，用我非常熟悉的话语不断重复着说："一百年后，这个地方将比爪哇和马六甲群岛加在一起的价值还要大无数倍，但在国内却没人相信我，你知道吗？等到他们认识到的那一刻一切都太迟了，相信我。"说完他哭了，我分不清他的哭泣是因为愤怒还是哀伤，或许愤怒的成分更大些吧。

六月末的一天早上我们的船开始起航，沿着落潮驶离港口。右边是斯塔腾岛，左边是布鲁克伦和新乌特来支的农场。下午时分我向逐渐消失的山城眺望了最后一眼。驶过内陆的海湾开始航进通向大海的狭窄孔道，科尼宁岛上的白色沙滩在阳光下闪动着耀眼的光芒。三四个希姆斯特德的印第安渔民，驾驶着独木船一直跟在我们身后，在最近的一条小船上有个人向我们挥手并大声呼喊着，我本以为他说的是本地土著语，在我伏在栏杆上拢起耳朵时，我听清了，他喊着的是荷兰语："Goedereis！"原来这个印第安人在友好地祝福着白人兄弟一路顺风。

所有的船将帆扬起，驶向东方，一小时后，我怀着复杂的心情向这个新世界张望了最后一眼。

七个星期后，我终于回到了自己的祖国。

16. 伦勃朗家的新医生

　　我遇到了医生叶夫雷姆·布依诺，他是我的同行，在我外出旅行的十二年间，他一直照顾着伦勃朗一家人。

　　我记得以前在我还没有外出旅行时，我的朋友们——让·路易斯、柏纳多、赛里姆，加上我，我们这几个人几乎每个星期都要在离城不远的酒店里聚会，让大家忘却烦恼放松一天。

　　而现在已经物是人非了，赛里姆现在已经到博斯普鲁斯海峡两岸享受美好时光了，柏纳多则成为莫希干人的一个酋长，这里就只剩下让·路易斯和我两个人了，难免会觉得寂寞，想想即便是最好的朋友，让你每次只能互相倾听对方一个人的诉说，也会有疲惫厌倦的时候，因此时间久了之后，我们有了新的计划，去找我们那位共同的朋友伦勃朗一起度过一段快乐时光。

　　可能我们真的老了，感觉只有年轻人才会从早上起来就神清气爽、精神矍铄，快乐度过每一天。而年迈的我们，还是喜欢偶尔能有一点时间独自静静地享受寂寞，当别人早上虔诚去做礼拜时，我们则自己在家里消磨时光，每次差不多十一点左右的时候，让·路易斯便会来我家找我，每当这个时候，我便能猜到我那个忠厚老实的茜蒂会说："我觉得殿下是要在我们这里与您共进午餐。"因为她极力地想在这位男爵面前有所表现，让·路易斯可能是她唯一认识的男爵。而让·路易斯听到如此恭维的话也高兴地回应："美丽的安托伊奈蒂，如果我在这里共进午餐，会给你添很多麻烦的。""没有了，举手之劳，一点都不会麻烦的。"她总是迫不及待地回答，然后这两个人便会会心一笑。之后让·路易斯会跟我一起来到我的工作室，我们在那里一边开心地谈天说地，一边等待茜蒂过来叫我们吃饭。我一直试图努力地教会茜蒂说"Monsieurle Baronestservi"，可是每当她真的要来叫我们出去吃饭时，却又没有说出口，最后只能用"请用餐"这种颇为直截了当的方式宣布开饭，并且在她看来，她觉得这种多人一起分享她劳动成果的共同进餐，可以非常直接地展示她女人的风情，按照她的思维来讲，就是总有一天高尚的北欧文明也一定会拜倒在她法国女人的风情之下。

大家一同用餐的时候，毫不例外，我也会给我的儿子安排好他的座位和刀叉等用餐工具，因为我非常厌恶那些让小孩子用手在餐桌上抓饭吃的行为。吃完饭后，我和让·路易斯又会再次回到工作室等到差不多下午三点，在这段时间，我们可以美美地享受饭后一袋烟，三点后，我们便一如既往地戴好帽子和披肩，走向约丹布利街的那座房子，那座房子从外面看起来已经相当融入整个街道的氛围，不再让人感到它似乎是某个特立独行的天才建造的，而已经能带给别人亲切感了。

房子的内部结构也改变了不少，房子的底层放置着许多雕像和古老的兵器，还有一些看似从欧洲大陆不同地方收藏的绘画作品，里面还有一个非常大的橡木制作的柜橱，上面摆放着两个大地球仪还有一个外国样式的金色头盔，这个头盔看起来分外眼熟，好像几个星期前伦勃朗的哥哥阿德里安戴过，整个底层真是壮观，就像一个古董商人的藏品陈列室。来到通往二楼的楼梯旁，看到扶梯上挂着一条挂毯，这条挂毯颇有些来历，应该是安特卫普近郊法兰德斯人家里的一件奢华的装饰品。

走到前厅，你可以看到前厅正中央摆放着一张桌子，上面放着一个硕大的大理石物件和两把短剑，似乎是意大利铸造的，继续走向侧屋，可以看到门的上方有一面镶着黑檀木边框的威尼斯制造的镜子。

这些东西仅仅是一个人从外面走到屋子里面能够看到的并且记住的东西而已，如果想将屋子里所有的物品全部列出来，那么恐怕需要写出一本书那么厚的物品清单，不过这些东西都在它们的主人去世前便被拍卖了。

现在房子里的东西似乎发生了很大变化，在萨丝佳临终前及去世不久后的那段时间，房子里的桌椅、摆放的各样物品，甚至是绘画作品，都感觉许久没有人打理，积攒了厚厚的一层灰尘，垃圾也被随意摆放在家里西班牙座椅旁边，甚至连家里的牛奶壶也被随意丢弃在门口，整个家里看起来混乱不堪。而现在的一切与之前的情景有天壤之别，整个家里焕然一新，令人感到心情舒畅，毕竟我们是文明人，既然人需要在房子里生活，那么一切只有秩序井然，才会令人备感舒适。

这座房子的后面有一间大房间，来到这里你就会感觉到伦勃朗的确已经开始了一种全新的生活，这个房间里仍然被作为全家起居、吃饭、会客的场所，而伦勃朗也仍然睡在他妻子萨丝佳临终前的那张大床上。看到伦勃朗这个样子，根据我作为医生的职业经验，我想告诉他这么做是不好的，毕竟这张床曾经是一个得了肺病的人一直睡着的。我试图说服伦勃朗，因为我觉得他知识丰富，应该懂得这个道理，可是他却没有听从我的劝告，不过我觉得总有一天，人们会明白不应该使用得肺病死亡的人曾使用过的任何物品。

当我又告诫伦勃朗不要让孩子泰塔斯接触萨丝佳使用过的物品，他仍然不予接受，并且觉得这是作为医生的我危言耸听罢了，他甚至笑话我说，我阻止他做这些，只是为了向大家炫耀我自己的医学知识。

他指了指旁边的泰塔斯，还煞有介事地问我，是否还见过比他儿子更加健康结实的小孩子，看着身旁的泰塔斯，这是我离开这里八年后再次见到的泰塔斯，他应该已经快十一岁了，确实已经长成帅气的小伙子了，他长得和他的母亲萨丝佳很像，同样拥有善良秀气的面容和动人的笑容，就像伦勃朗曾经为萨丝佳画的那幅带着大草帽的那张肖像画中的笑容一样。

不过按照泰塔斯的年龄来看，他秀气的面容似乎显得太过消瘦，并没有伦勃朗说的那种非常健壮的感觉，他秀气的脸庞，一双大大的眼睛格外明显，眼睛中散发着奇怪光芒似乎正是许多人说的那种被诸神宠爱而会早日离开人间的光芒。因此我想向伦勃朗提出建议，希望能够让孩子多在屋子外面的阳光下玩耍，因为长时间在充满酸性蒸汽的房间内生活，不利于孩子的身体健康，可是因为我离开这里的八年期间，一直是医生布依诺照顾他们，所以这个建议该不该提出来，我有些犹豫。

布依诺医生的全名叫作叶夫雷姆·布依诺，前半段是父名，他是一个犹太人，个子并不高，为人很风趣幽默，但是却彬彬有礼从不狂妄，他一直跟着父亲学习医术，别人都说他是一个很好的医生，医术高明，不过似乎他的社会地位有些尴尬。

因此直到大概 1652 年为止，也就是即将与克伦威尔作战时期，拥有犹太血统的葡萄牙侨民也始终没有得到与其他公民一样的全部权利。从法律上来解释，就是他们仅仅是获得暂时准许居住在这里的侨民而已，这样他们就不可能加入任何一个行业公会，甚至他们连做个生意、开个商铺，也会被算作违法，甚至行业公会也会常常派出代表团提出抗议，要求地方政府的长官能够干涉或者禁止这些不受欢迎的竞争者的任何经营行为，但是官方也非常欣赏这些侨民中的商业才子，并不肯按照这些公会的意志行事，但是对待颇有知名度的公会代表团，他们也不会像对待教会势力那样轻率回绝。因为只有城市自卫队的军官是富商阶层，而那些队员都是来自行业公会的成员，所以地方长官总会耐心倾听来自行业公会队员的面包师、木匠、车匠及其他行业工人的抱怨，这些队员因为被长官优待而惊喜不已，甚至坚信长官不久就会帮助他们解决这个事情，而实际上，当这些人离开政府后，所谓的请愿书、抗议书就会被直接焚烧，化作飞烟。

我们的城市始终是一个商业化的城市，一切以商业发展及商业利益为中心。自从拥有葡萄牙国籍的犹太人向人们证实了他们是最为优秀且勤劳的公民后，官方就认定从这些人身上可以寻找到商业价值，所以任何人想将这些优秀的公民赶走的企图，只能是徒劳而已，这个与英国国教试图将阿姆斯特丹变为新甸山的企图一样徒劳。

即便如此，这些优秀且勤劳的犹太人在这里的地位仍然很尴尬，毕竟他们仍然没有取得同其他公民同等的权利。而作为犹太人医生，不管他们的学识和能力怎样，他们那个时候仍然是无权开诊所的，所以如果一旦政府官员追究此类事情，他们大可以宣布严格实施法律，将这些违反法律规定的犹太人医生从这里赶走。

　　我非常尊重这位犹太人医生叶夫雷姆·布依诺，我尊重他的医术和医学知识，不想伤害他的感情，所以即便有的时候出现一些状况，例如伦勃朗的学生被一块加热的铜版烫伤或者伦勃朗的儿子咳嗽，因为我碰巧在他们附近，所以就被请过去看一下，遇到这样的情况我只是提出一些眼前急需解决的事情的建议而已。当紧急事态缓解后，我会马上送信给布依诺医生，请他有空时过来伦勃朗这里，而后来也是布依诺医生打消了我这些拘谨的行为。

　　有一次我和布依诺医生一同从医院下班，在回家的路上，布依诺医生对我说："我们犹太人可能经常被别人说成过于敏感，可能我们对周围人的做法容易产生疑虑，不过毕竟我们已经在这个城市里生活了五十年之久，我相信只要这个存在，我们就会一直居住在这里，所以我们之间不要再如此拘束了，我想我们可以做朋友。"话音刚落，他马上又补充说："不过我们是犹太人，可能这点很不利，我经常这样被许多人提醒着，同时我们两个人还都是医生，可能这就更加不利了。"也许这一点他说得很准确，当我从美洲再次回到阿姆斯特丹这座城市后，就立刻体会到阶级地位，体会到我们这行地位的不同寻常。在新尼德兰，那里的医生很少，人们非常信赖我们，尊重我们医生。但是在我们这个共和国之中，到处都可以看到形形色色的医生，有些拥有高明医术，有些则可以被称为江湖术士，而作为公众的人们，并不愿意或者没有足够的知识能够区分哪些人是正牌医生拥有丰富的知识，哪些是来自市集的江湖骗子。所以在社会公众的眼里，我们从事医生行业的人仍然是"剃头师傅""拔连鬓胡者"的行业公会。无论我们工作多么认真努力，无论我们为公众做了怎样的贡献，似乎没有人愿意承认，没有人能够根除这种长久以来的偏见。

　　我还记得那是伦勃朗去世不久后发生的事情，有一天我被请去海牙为约翰·德·威特阁下看病，约翰·德·威特阁下是共和国的知名领袖，为他看病后，他邀请我留下来一同共进午餐，同时向我介绍了他的一个年轻表弟，更确切地说是他妻子的表弟，那个年轻人名字叫拜克尔，他是一个苏格兰警卫团的旗手。当约翰·德·威特阁下向我介绍他时，我特意说了几句话恭维一下这位年轻人，而这个年轻人则用奇怪的腔调说："哦，我想起来了，我记得叔父以前跟我说过，当他公务繁忙没有办法离开会议室的时候，就是你帮忙替他刮胡子的。"听到他的这番话语之后，约翰·德·威特阁下立刻变成冰冷的眼神看着他，并且严厉地对他说，"不好意思，我想像你这样的职位还不配坐在这里跟我们共同用餐。"说完这句话，约翰·德·威特阁下便把我拉到了餐厅，就没再搭理那个蔫头耷脑的年轻表弟，他就只有被女仆招待的份儿了。

　　想到这里，可以肯定地说，我们医生这个行业从业者的社会地位的确堪忧。我们的地位相当尴尬，就如布依诺医生有一天对我说的那样，他本来可以远离这种尴尬甚至卑微的地位，如果一开始我们都选择做艺术家可能一切就会不一样了！

17. 艺术家的地位

叶夫雷姆·布依诺所说的话虽然是在开玩笑，但却是真实的情况。在我国刚刚独立的时候，艺术家们的地位是相当崇高的。我的祖母曾对我说，她年轻的时候如果有人要为教堂画一幅画或者塑一个新的圣母像，全城的人都会欢迎。而且一些著名的艺术家常常陪伴着国王或皇帝巡游全国。我的一些去过意大利的同行也告诉我，在那个国家里上至国王、公爵，下到王公、大臣，如果听说某位著名的画家、雕刻家或是诗人愿意光临他们的宫廷和府邸，会觉得那是至高无上的荣幸。我听后觉得很不可思议，完全不能相信。我也曾听说安特卫普的画家鲁本斯，在不久前作为大使被派往伦敦，但很多人议论说这不是一个良好的先例，作为艺术家就应该做好自己分内的事，至于出访外国的绅士行为那属于外交家才应该干的事情。而这种态度正是我们目前社会各阶层所认可的秩序。

或许有些人能够对这种社会现象有所解释，但我不能理解的是在这种极端商业的社会里，售货员有其实际价值的体现，但一个雕塑家却无法得到认可，这是对的吗？如果你告诉我这就是正确的，那么该怎么解释威尼斯、热内亚以及佛罗伦萨和布鲁治这些城市里艺术家的地位和作用呢？这些城市也被银行家、农场主、盐商等讲求实际的商人所统治，但他们也喜欢索尔多，就像我国的统治者喜欢杜勃隆一样。我看到过这些令人尊敬的人物的肖像，外国呈现出的情景是，他们仿佛就像市长们的亲兄弟一样被人尊重爱戴，这些市政长官或许也和我国的统治者一样的庸俗、精明甚至堕落，但无论何时如果某位画家或音乐家愿意参加他们的晚会和午宴，这些人都会觉得荣幸之至、扬扬得意。但在我国某个经营鲸油的巨头或者带着大批从各个地方掠夺而归的海盗，肯于和"泼洒颜料的人"讲几句话，那么这个画家便要脱下帽子屈膝在边上洗耳恭听。

这并非是我在夸大其词危言耸听，就在不久前我亲眼见到一个狂妄的年轻人询问老头子鲁依斯达尔，他的儿子为什么不跟堂兄合伙做画框买卖，而居然去从事绘画行当。诸如此类的情形我还可以列举很多。在鲁辛渠畔住着一位叫霍柏马的人，他是我国著名的风景画家。有一次在一艘开往哈雷姆的船上，我听到两个年轻的商人粗鲁地骂他是一个骗子。而事情的起因是这个人花二百吉尔德买下了那位画家的一幅风景画，当他回家后他的父亲对他说，只要稍微商量一下价格 50 吉尔德便能买到这种画。住在哈雷姆的哈尔斯是和伦勃朗同样出色的艺术家，因为受到面包师的逼迫而破产，在他去世时所剩下的财产只有三条被褥，一个食橱和一张议长桌子，而这仅剩的"破烂"都被拍卖后付给了他曾寄居过的贫困院。

我完全不能理解为什么艺术家的境遇会有如此大的差异，在我国和其他国之间所受到的待遇简直就是天堂与地狱的区别。我为那些遭受悲惨经历的人感到悲伤和烦恼，但我的忧虑却不能改变任何事情，甚至不能帮他们分担些许烦恼。在我离美回国后，曾和许多画家朋友一起聊天喝酒，他们似乎已经习惯了这种命运的安排，他们从不乞求任何人的怜悯，也不去公开讨论自己所受到的不公待遇。聚集在一起时，话题总是围绕着颜料的配比和不同的使用方法，或者处理铜版的各种酸类新的化合法等。极少数的情况下偶尔能听到一些人对贫困的诅咒，他们都说伦勃朗是个非常幸运的人，居然能住在两层楼的房子里，还娶过市长的女儿。

如果把这些人概括成一个集团的话，他们都是些知足常乐的人。虽然也有少数的几位因为灰心绝望在酒馆里借酒消愁，最后因为酒精和失落感过早地离世，其余的大多数人像泥水匠一样艰苦地生活着。或许我应该称他们为不合格的泥水匠，因为在某些人的眼中他们和在堤坝上修建市政厅的泥水匠比起来一无是处。因为无论白天还是夜晚都能看到这些人在大街上徘徊，世人都嘲笑他们不规律的作息时间，当然这话说得不错，他们的确过着不规律的生活，因为需要一间大房子做画室，却付不起城市里昂贵的房租，只能在郊区找一间破仓库充当工作室。或许你会说，他们为什么不像意大利画家那样在室外进行工作呢？让我来告诉你：这些人都是些穷困潦倒的倒霉蛋，他们没有在野外进行工作的闲情逸致，虽然偶尔会在露天场所画一些风景的草稿图，但很快便需要回到家里用三周或四周的时间去完成整幅作品，那些画稿只是用来做绘画时的蓝图，而不是作为创作的灵感。因为长时间需要在画室里完成工作，所以画室便成了这些人的餐厅、卧室、厨房以及育儿房。这种多功能的工作室使整个屋子看起来乱七八糟，于是他们某些富裕的邻居们在看到画家坐在昨天或前天堆积的菜盘和画架前工作、看到小孩的换洗衣服仍旧挂在绳子上、看到画家的妻子在一堆火炭旁忙着准备已经吃了一星期的豌豆汤时发出如下的感慨："哦，我的天啊，这是个多么邋遢的人啊？"但是他们完全忽略了一个事实：穷困是邋遢最真实的原因，整洁是富裕人拥有的奢侈。

人们对艺术家抱有固执的偏见，就像他们继承父母的财产那样牢牢抓住不放。我已不再奢望去改观他们偏激的看法。就算我陈列出诸多现实的东西让他们不得不承认自己是错误的，他们也只会暂时对我说"或许你说的有道理吧"。但这之后，他们还是会找出若干个理由去说明艺术家不该成为被尊重的对象。他们认为这些拥有精湛绘画技巧，靠着自身智慧为生的人具有一种不合群的党派性。曾经有一位相当有地位的商人就曾问起"这些人为什么一天到晚地躲在画室里，只和自己的同行通婚而不愿意和我们接触呢？"我回答他说："那么你们这些做粮食生意的人，为什么总是和同行通婚？卖鲸骨和烧酒的人为什么也只和同行聚会呢？"每当我这么说完，便会遭到所有人的嘲笑和抗议。他们用天经地义的语气自圆其说道："这完全是另一码事。我们相互结识，是为了更方便做生意，我们是讲求实惠的商人，和同行的女儿结婚是因为我们确切地知道她父亲会给出多少嫁妆。我们愿意坐下来和同样从事同种利益的人去聊一聊怎么去多赚钱。"我反驳说："很好，你说得对，那么画家为什么就不该和自己的同行聚一聚探讨一下艺术呢？"

所有的一切都是徒劳和枉然，和那些人讲道理就像我用脑袋去撞击用偏见筑成的花岗石般让人唏嘘无奈。艺术家在他们眼里是可怜的懒汉，因为不愿意从事他们眼中正当的职业而理应受到贫穷和冷眼。一个人既可以是艺术家又能做到成为被社会尊重的人是很难的。或许只有丢尔普医生是个例外，他以医生的身份走上了"正确的生活道路"，既是个绅士也是市政府的成员。另一个"意外"是在德文特市画肖像画的基拉德·特·鲍治，据说他曾做过那个城市的市长。总之，我们这个国家是个"奇怪"的国家，一种被莫名荒唐理念左右的国家。

仅有的一丝欣慰是，除去两三个脆弱的同胞外，我们的艺术家们从未去理会过世人的偏见。这并非他们认为自己高人一等，而是因为他们实在太忙了，他们没有多余的时间去考虑这个社会对他们的不尊重和不理解。人生是短暂的，一天中能用来画画的时间不过十几个小时，他们不是懒汉，他们都是对自己工作有着忘我精神的人，都是不求名利追求艺术的高尚者。最后我只希望艺术家的邻居们能看清楚这一切，如果他们也能这么认为和相互传诉的话，那将是无限美好的世界。

18.　与伦勃朗的见面增多

　　我觉得我很孤独，于是拜访伦勃朗的次数变多了。刚刚回到阿姆斯特丹的时候，真是觉得有些不适应，生活相当枯燥乏味，不免常常回想起自己的老朋友。不过赛里姆现在已经成为其他国家一个举足轻重的大人物了，之前船长曾给我讲述了一些赛里姆身上发生的事情，相当精彩，例如他现在居然拥有二百多个妃子，至少三百多个官员，并且拥有相当奢华的宫殿；而柏纳多自从到了美洲之后就一直杳无音信，一个人就这样默默地消失于美洲荒野；这里就只剩下让·路易斯和我两个人，孤独的我们，仍然坚持着每个星期日出来一同散步，但是后来我们两个人都发现，当我们就这样聊着的时候，最后似乎总成为一个人在诉说，而另一个人在倾听，同时我们也发现我们的啤酒似乎喝得越来越多。

　　所以我们两个人一起出来聚会散步的时候，总试图邀请伦勃朗一同参加，可是他很难被邀请出来。他应该是我见过的最不愿意参加各种社交活动的人了，哪怕只是朋友聚会。我曾经对伦勃朗说，如果我要过着你这样的生活，每天只有画架和不停地作画，那生活简直枯燥死了，这相当于自掘坟墓一样，布依诺医生也非常赞同我的话语，极力地支持我。而我的话语中所涉及的生理学知识，多数是引用了朋友让·路易斯的名言名句，当然，让·路易斯所说的这些名句也是从笛卡儿先生那里引用过来的。

我常常对伦勃朗说，人的身体就像一部机器，就好像是没有风，风车不会动，没有水，水车也不会运转一样，人的身体也需要休息和适当的放松，需要呼吸新鲜空气，这样才能保证我们的身体健健康康。

看着耐心倾听的伦勃朗，我也有些惊讶，不过后来我才发现，虽然我每次说了那么多，也知道自己未必能说服伦勃朗。但是没想到对于我每次的劝告，他只专注于他的创作，根本没有听我语重心长的劝告，我真的是无话可说了，他在一个星期前还向我诉说着他身体不适，他总因为心脏在半夜的时候剧烈跳动而难受得醒过来，两边肩胛骨也酸疼得要命。随后我发现他居然从晚上七点左右到第二天凌晨四五点钟，都在那个闷热的小屋里工作，这一站便至少九个小时。我不禁大声对他说："你可是一个人，你的身体是负荷不了那种工作量的，这完全超出了一个正常人身体所能坚持的极限了，你这样工作到底持续多久了？"伦勃朗仍旧不紧不慢地回答："也不是很长时间，大概是从去年的元旦时候开始的，也就是有人下订单的时候。"居然是从去年元旦就开始了这种工作，他干了整整十五个月的时间，他到底是如何坚持下来的，这种工作恐怕连以干体力活儿为生的搬运工人也支持不住的。

我带着疑问的眼神看着他，然后又问道："不过，你这十五个月以来就只在一心一意印制这些铜版画吧？是不是没有在画画？""也画的，白天的时候我基本上在画室里作画，到天黑了才停止画画，然后我才会拿着蜡烛去印制铜版画的。"他平静地回答。我惊讶地问他："那你平时点几支蜡烛呢？""一般情况是点一支蜡烛，有时候眼睛有些发晕，我就会再点燃一支。"他回答。我急忙问："那你是什么时候开始发现眼睛会有这种发晕的感觉的？晕得特别严重吗？""还好，没有那么严重，我是从父亲那里遗传的健康的眼睛，所以眼睛一直还不错，只不过我也从母亲身上遗传了一些肺病。我的眼睛应该没有什么毛病，我到现在做雕刻的时候都不用戴眼镜，不过工作长了到五六个小时之后，眼睛也会不自觉留出眼泪，就好像在大风中被吹过那样，而要是工作超过十个小时，我的眼睛就确实感到很疼痛了。"他向我回答道。我又继续问："那是怎样一种疼痛呢？非常疼吗？""非常疼，就好像眼睛被针扎的感觉，不过跟我刚刚所描述的鬓角疼痛不太一样，因为只有我心脏剧烈跳动感觉不适的时候，鬓角才会疼痛。有时候疼痛难忍，我就先休息一会儿，等疼痛感觉没有了我再继续工作。"听着他这样描述着他工作的样子，描述着身体的不适，我内心只觉得自己对伦勃朗毫无办法，完全束手无策。

我郑重其事地说道："你是否考虑过，如果你再这样下去，你可能会双目失明吗？你是不是觉得眼睛都失明了，你才能成为一个更知名的画家。"说完我就站起身来准备离开，他看到我的举动，立刻改变态度，向我恳求着，"医生，您别生我的气，您是对的，我肯定做得不对，但是我又有什么办法呢？我必须赚钱养家，所以必须这样继续做下去。""那到底为什么非这样不可呢？"我打断了伦勃朗的话语。

伦勃朗听到我的问话后，将双手在他蓝色的工作服上蹭了蹭，他的这种习惯还被意大利画派的竞争对手说成是将最好的作品留在了肚子上，然后他又弯下腰从屋里一角的凳子上拿起一瓶硫酸，拔出瓶子的塞子，闻了闻说道："这瓶子的硫酸实在太浓，两个星期内已经换了六个木塞子了。我都对这些学生说过好几次了，他们配的硫酸太浓了，我必须要找一个玻璃塞子才行。"

"不过我想我还是能完成目前手里的工作的，虽然我脑袋疼痛，身体不适，但是即使这样，我仍然可以坚持下去，你可能会产生疑问，为什么我非要拼命做下去，我愿意告诉你原因，我只能说也许我的确有些疯狂了。""不过从我们做医生的立场来说，我还没有发现你有疯狂症。"我打断了伦勃朗的话语，"当然你是看不出来的，因为我还没有像一个疯狂的泼妇一样到处撒野，所以你也不用把我锁起来。但是我自己了解，我的确不是一个寻常人，甚至可以说我不是一个精神正常的人，我无论怎样努力争取，也算不上一个正常的社会公民，也许这就是干我们这行的真实样子。到现在我仍然没有沦落到去救济院，那只是因为我还算比较幸运，我继承了萨丝佳的财产，即使这些财产我一直没有拿到，但是不管怎样，有了这些挂名财产就有了信用，这跟手里有钱一样好办事，你可以买到你需要的所有东西，因为他们都非常愿意卖东西给你。但是我不敢想象，如果我没有萨丝佳留给我的那笔财产，我现在会成为什么样子，因为目前我的作品卖不出去，几乎赚不到一分钱。"伦勃朗向我诉说着这一切。

"我刚刚从莱登搬到这里居住的十年里，还是一个非常受欢迎的画家，也称得上是一个传奇人物，那时候还有许多记得大暴动事件的人活着。不过，从理论层面来说，我们两个人也算是经历过那场大暴动的人了。但是结局又能怎样呢，我们依然这样穷困，却依然需要缴税，甚至在街上遇到在战争中失去四肢的士兵过分纠缠要食物的时候，我们也只能喊警察将这些人抓走。"

"像你常常聊到的祖父或者我的祖父、祖母、我的父亲那样的所谓的人民或者百姓，他们也就是逃过了浩劫保住了自己的性命而已，可是他们的那些兄弟姐妹或者儿女却被烧死、绞死，我想他们这些人能明白我当时想创作的画作的内容，因为我跟他们是一样的贫困。我刚结婚的那段时间，也有那么一段时间常假扮自己是一个贵族，我喜欢自己穿得阔气一些，而妻子萨丝佳也常常愿意打扮一下我，因此我自己也经常沉醉于自己属于上流阶层的美梦，但是其实我只是一个磨坊主的儿子、鞋匠的弟弟罢了。相信即使全世界的奢华装饰和气派的衣服穿到我的身上，也改变不了我，改变不了这些既存的事实。这自然能够说明为什么老一代的人喜欢我的作品，而年青一代却有些害怕我。"

"他们其实知道我是一个很好的画家、工匠，如果我自己也不谦虚地这样说。但是他们同时也了解我，我是一个绝对不会任人摆布的画家，不会乖乖遵从他们的想法来画画。我想对于这一点他们也深深地了解。我想不仅仅是你，相信很多人会劝我要迎合现实情况，既然他们出钱画画，我就应该尽量按照他们的要求去创作，不过这里我也想透露给你一个秘密，其实我自己也曾经试图这么去做，但是最后我发现我根本做不到，现实和我自己之间的这种挣扎和选择令我有些疯狂。"

"如果我是一个单纯的生意人，或者是一个卖鱼或者干酪的小本儿买卖人，又或者就是为了生存下来而去画画的人，那么我一定会关注社会上现在流行什么，大家对什么更感兴趣，毕竟要依靠周围这些衣食父母，我就要时刻了解他们的喜好。一旦这些常常光顾我的衣食父母喜好有变化，我就要马上改变策略迎合他们新的喜好，如果我的客人不喜欢泡在盐水中的青鱼，我就一定会将青鱼晾晒在阳光下，让它如岩石一般坚硬；如果我的客人喜欢红色干酪，我一定就将干酪涂成红色；如果社会上流行意大利风格，那么我就一定会将画作画成意大利的天空和风景，甚至会画上意大利的乞丐的样子。可惜我并不是这样的人。"

"当然，说了这么多，并不代表我看不起这些人，责备这些人，只是我常常听说好多人背地里说我这个人太过骄傲和自负，性格太顽固，不肯改变一下自己的创作风格，其实并不是我骄傲和自负，我只是真的改变不了而已。所以我只能坚持自己的路线和风格，甚至一直坚持到沦落进救济院或者坟墓也不想改变。我认为如果当我离开人世后，有人在我墓碑上刻上'这里躺着一个绝世傻瓜'时，我想这一定是他这一生中做得最正确最有意义的一件事情。"

19. 伦勃朗的改变

这是我和伦勃朗最长的一次谈话。他不再像以往那样沉默寡言，对我滔滔不绝地讲述了很多关于他对艺术的理解。

战争还是时断时续地进行着，数以千万的人因此倾家荡产，一些精明的人开始做投机生意，他们通过买卖海军所需要的粮食、木材和军火大发横财，而这些钱全部被他们用来购置了奢侈品。

在这些人的影响下，今天油画大为畅销，明天又会变成瓷器。一个小小的日本茶杯由原先的三枚银币猛涨到三千。接着瓷器又会在后天被珠宝所取代，直到所有的阔太太们都带上了胡萝卜大的耳环后，珠宝又在一夜之间变得俗不可耐。再之后纽伦堡的钟表匠又大捞了一笔，他们做的钟表可以准确地报出分和秒，而且到了整点还会发出小小的声音进行提示，就像市政厅里的那些钟一样叮当作响。

奸商们听说在犹太人区住着一位画家，你所希望收集的好东西在那里应有尽有，于是通往市利街的道路上充斥着这些人的身影。最初伦勃朗还颇为得意，他以为人们又开始对他的作品有了新的认识。但不久之后他发现，这些鼓噪而来的客人和更加吵闹的太太们，对他的画作丝毫不关注，甚至不知道他的名字，称他为隆尼勃朗和伦斯基特。这些人来到伦勃朗家抚摸着泰塔斯的头，掏出糖果给他，戏谑地说真是个可爱的孩子。然后在屋里巡视一圈后指着土耳其的彩饰宝剑和象牙雕刻询问价格，这种特殊的惠顾方式让伦勃朗觉得大受侮辱。他本以为这些对他画作感兴趣的人会就某个作品进行探讨，没想到他们只对自己一时喜爱而收藏的东西有兴趣，虽然这些奸商愿意花十倍的价格购置，但伦勃朗是绝对不会卖的。于是他在愤怒之下粗暴地下了逐客令，而那些客人也在不解和惊异中愤愤离开。他们在采购未果后在朋友中到处散布谣言说，朗姆波特是个脾气很坏的恶棍，却摆出一副艺术家的气派，大家都应该远离这种人渣，永远不要和他打交道。

谣言很快传遍整个城市，街头巷尾都在纷纷议论。还记得那个住在约丹布利街的画家吗？就是画过班宁·科克那幅怪画的人，是个古怪固执的家伙，没有教养，脾气很坏性格暴躁，他因为粗鲁野蛮已经被所有邻居和朋友所抛弃了，现在他是个众叛亲离的可怜虫。这种毫无根据的无稽之谈完全是一种污蔑。伦勃朗是个待人和善随遇而安的人，只是在工作时不希望任何人去打扰，这便让人觉得他脾气古怪难以接近。这些奸商们都是些投机倒把的暴发户，在他们还是个穷鬼时曾无数次向富人们脱帽致意卑躬屈膝，当这些人也成为有钱人后，自然希望别人也对自己重复之前的那套礼节。而当一个有着独立性格、坚持自身理念从不乞求恩赐的人出现时，这些人的心灵开始扭曲，他们指责他高傲不逊完全是出于嫉妒，这在他们的头脑和认知里是不可理解的。

写到这里，我突然有一个想法。假如这本日记在若干年后传到我某一代的子孙手中，他们会不会觉得我夸张了自己这位朋友的性格呢？或许他们会想，我这位神秘的祖父在描述和他同时代的人时，还是比较客观的，但一说到伦勃朗便不惜采用一切溢美之词去夸大和歌颂，这完全和我们从书中看到的那个伦勃朗截然不同，这和祖父日记里描述的那个美德典范是同一个人吗？我不得不说，在破产管理法院和阿姆斯特丹孤儿事务院官方监护人给出伦勃朗的记录下，我们看到的是一个不负责任的人，这和我所认识描述下的伦勃朗相去甚远。但我必须告诉你们，他是我见过的唯一一个心地善良、不存有任何忌妒心的人。我并不想把他描绘成一个圣人，但我们每一个人心中都会把竞争者潜移默化地当作敌人，而这些在单纯质朴的伦勃朗身上，我从未见到过。他是个凡人，在我们国家里他的这种品性似乎已经过时了。像很多艺术家们一样，伦勃朗有自己热爱的事业，为了艺术而终日忙碌，他没有多余的时间去理会别人的闲话和牢骚。这种单纯追求理想的热忱，有时会在别人的眼中以一种不快的方式呈现出来。

　　伦勃朗的家里藏书很多，在前厅的书架上你能找到很多与艺术相关的书籍。我喜爱阅读，这一生也都是在书海里度过的，在我和伦勃朗亲密交往的过程中，我发现他对金钱没有概念，想买什么根本不去考虑价格问题，只要"我需要啊"就去买。伦勃朗不考虑成本和价值的因素去购买一切他认为需要的东西，作为他的朋友我们也曾提醒过他，甚至用一些谚语和故事来规劝，告诫他生活不能这么过，必须对金钱有所规划。但对于我们的种种劝告，他的回答是："可是这东西很美啊！"

　　伦勃朗吻了吻泰塔斯叮嘱他去睡觉，然后端着蜡烛走下楼梯兴奋地对我说："这些作品是不是都很出色？"

　　"的确不错，但一定花了很大一笔钱吧？"我指了指其中的一幅对他说："这恐怕比我家半年的开销还多。"

之后我询问他说："最近过得还不错？"

他含糊地回答："近来还不错。"

接着举起蜡烛让我看一幅描绘着小画室的作品又说："哦，天啊，其实我已经两年多一幅作品也没卖出去了。"

我知道他曾对一家印度公司投了资，但我总觉得那家公司很可疑，便问道："那就是你投资的那家印度公司买卖不错？"

虽然他一直隐瞒这件事，但谁又不知道呢？他惊奇地说："哦？你说的是那三条船？你听说了几条船？关于对那几条船的投资并不成功。有一艘船上的水手全患了严重的败血症，开到好望角便停下来了，那项投资应该算是失败了。"

"但是购买布劳韦尔的这些画作需要现金付款吧？"

"是的，我都是借钱买的，但它们都相当出色不是吗？"说完，伦勃朗把我带到了边上的房间里，点起灯给我拿了一瓶啤酒，开始用两个小时的时间为我讲解艺术家的理念和他对金钱的态度。他将自己的观点进行了有理有据的阐述，让我也不自觉地产生了认同感。但我是个固执的守财奴，一直遵守着量力而为的金科玉律，我一直都坚信这种态度才是公民该有的生存之道，是国家稳定繁荣的基础。

他突然话锋一转对我说："你可知道我最想要画的是什么？"

"在我年轻时，我一直觉得绘画的关键在于观察，通过观察到的事、物去感觉和联想，然后把这些感觉用线条和色彩的方式表达出来，就是这样。后来有一天，当我在我父亲的磨坊里工作时，我突然有了另外一种理解。"

"你去过磨坊吗？在阳光明媚的春天，太阳的光芒透过小小的窗户照射进磨坊，几个星期连续的风雨冲刷，让磨坊里的空气纯净自然，再加上风车不停转动的三叉翼，产生出一种奇异的光线，那是一种独特的光，那种只有在我们这片有如浮冰的地方才看得到的光。太阳和雾造就了光线无尽的美，那是一个美轮美奂的奇观，如果你不曾见过，那真是一件遗憾的事情。"

"那是四月的一天，我还确切地记得日期，是四月十四日。父亲让我和柯奈里斯去清点楼下的粮食，并把它们扛到用来磨粉的二楼。当我们清点清楚后就将它们扛上了二楼。父亲检查了粮袋后发现有几个袋子需要缝补，于是叫我去拿针线把它们补好。其实补好这几个粮袋并不需要多长时间，但我怕完成后父亲又会派给我做其他的工作，于是我坐在一个角落里假装忙碌地慢慢缝补。外面刮着忽急忽缓的东风，风车被刮得发出恰克、恰克的声响，仿佛毛瑟枪扣动扳机时的声音。每当风车的三叉翼掠过窗口时，屋内就会出现短暂的漆黑，但那只是一瞬间，而光线会在那短暂的时间里发生变化。在我家的磨坊里老鼠很多，多到我曾经担心它们会将房子搬到诺德外克去。那天早晨，捕鼠人就在磨坊里抓老鼠，他们喜欢在黑暗中工作，直到很晚才回去。老鼠个头都很大，一般的绳子都会被它们轻松地咬断，于是捕鼠人将他们装在巨大的铁丝笼子里，用一根坚固的链条挂在磨坊的橡木上。但老鼠还是很不甘心地用后腿直立站起，试图将吊着笼子的铁链咬断，显然那是无济于事的。于是这些长着圆眼睛长尾巴的小东西不安地在笼子内转来转去，笼子也随之开始左摇右晃。随着风车的三叉翼不断从窗前掠过，屋子里每几秒钟会短暂陷入黑暗，随后又马上恢复光明，我看到晃动的笼子在墙上映射出一种奇异的影子，虽然这种景象我之前已经见过千百次，但我从未引起注意，然而忽然间我像受到了神的启示一样将眼光牢牢地盯在那晃动的阴影上。我发现那个笼子不再像以往我所看到的，是挂在光和空气中，而是被多种不同的空气所包围。这些空气都存在着不同的结构，最初我也没有完全搞明白，所以我不奢望三言两语能够让你弄明白。但你知道，有很多颜色是通过用不同的色彩调配而成的，像黄色、红色等，画家就是通过颜色的搭配来讲述故事的，就像其他艺术家用文字或音符讲述故事一样。之前我在画画时努力学习如何运用好这些色彩去完成画作，并理所当然地认为色彩是绘画核心，但在那个早晨，磨坊里却没有我所认知的任何颜色，一种都没有。晃动的老鼠笼子不断地变换着光线，前面与后面的光线不同，左面和右面也不同，而这种光线也并非是一成不变的，它时刻都在变化。这种光线是由空气所组成，所以我认为光线即是空气，空气即是光线。而空气就是我们自由呼吸、充满整个房间的物质，我称它做空间。那时我突然冒出一个念头，这种空气是否也代表着一种颜色？是否能够用颜料将它表现出来呢？"

"我打个比方给你看，或许你能够明白，"说着，伦勃朗从桌上拿起一只锡酒杯。"这只酒杯距离你大约三米远。"说完他又把酒杯向自己的方向移动了下说："现在是两米远。如果我想用铅笔或钢笔画出这个酒杯的距离感，就会运用纽伦堡的大师丢勒所讲述的透视规律对距离产生的幻觉理论。但当我只是用颜色去勾勒时，就必须用另外一种方法去表现。近四十年来，我每天都在试图解决这个问题，但没有什么特殊的方法，只能用自然的方法去表现这种距离感，或者说是我所认为的自然的方法去解决。你的那位男爵朋友曾对我说，那些著名的数学家工作时的方法和我们所想象的完全不同。我们通常认为建造房屋时应该是先挖地下室，再修筑底层，然后是一层，随后逐步向上盖。但数学家却完全相反，他们似乎是先设计屋顶，然后再将下面的层数填充进去。数学家首先设想二乘二等于四，以此为基础进行验算，通过倒推的方式去证明二乘二确实等于四，这就是他们的工作方法和理念依据。或许我讲述的有些含糊，但他们的确是用这种方法来论证问题的。我也曾想用这种先设想再论证的方法去工作。但我的亲戚知道后先是笑我疯癫，而后便去找牧师，建议把我送进疯人院观察。不知道我是否向你表达清楚了。自从那天在磨坊里看到挂在橡木上左右摇晃的铁丝笼子起，直到现在，我都坚信世界上任何一种物体被光线或者说是空间围绕着，那么这个物体便一定可以用光线、阴影和若干颜色表现出来。我自认为曾在几幅画作上妥善地解决了这个问题，当时我便是用倒推的原理在工作。有人说我在绘画上有着一个独特的秘密，其实我只是像一个数学家那样，从一个公式作为起点，围绕着它进行一系列的论证而已。"

我打断了他说："你说的似乎很有道理，不过我曾听说一位数学家新列出了一个公式，可惜还没等到他论证出这个公式是否正确时，便不幸去世了。"

伦勃朗坦然地说："是的，或许我也会在探索如何解决这个问题的过程中离世。但我毫不后悔，我曾在画几幅人物肖像时取得过论证理论的效果。我唯一想知道的是，在我去世后我的理论究竟得到了怎样的肯定。如果当人们观看我的绘画时，能够觉得画上的那个人的确是坐在某个空间的某个椅子上，而不是仅仅坐在一个以椅子为背景的图案上。或者天使的确是在空间里浮动着，而不是坠落在一片静止的云上。我便心满意足了。如果那天早晨我没有在磨坊里缝补麻袋，或许我已经取得了很多人认为的成功，但现在我把自己一半，甚至更多的时间花在从前没有人发现和尝试解决的问题上，我也并不认为这算是某种意义上的浪费时间。就我所知甚至还没有人认真想过这个问题，而我为什么不去尝试解决呢？每个人能都画出真实存在的东西，但不是每个人都能画出真实存在却还未被证明的那些物质。我要让所有怀着这种态度的人看到我是对的。几百年后，如果我的作品还能留下几幅，一定会有人说：'凡·莱茵的绘画能够表现出那种虚无但却真实存在的东西，他是在正确的道路上行进的。'所以，我的朋友啊，这难道不是让人兴奋的工作吗？那么现在，我们去后屋吧。"

我问："去下盘棋？"

"不，不再下棋了，人生太短暂了，我已经没有读书和下棋的时间了。如果你愿意跟我来，我给你看样东西。还记得两年前我做的福斯培斯医生的铜版肖像画吗？当时有很多地方做得不好，我又重新进行了干刻，现在我终于明白该怎么做了，所以我必须把它修改完成。如果你看了那幅画，你就会理解如何让相互交织在一起的不同光线，看起来像酒融入水中般自然。如果我今后依然继续买画而不买书，请不要责备我。第一，无论如何我都会继续买画的，你善意的提醒或许没什么作用。第二，我能从画中学到我需要的东西。我已经五十岁了，人生三分之一的岁月都过去了，但依然还有那么多工作没有完成，这多么可怕。"

我们来到后屋，伦勃朗点起蜡烛，去找福斯塔斯医生的那块版子。泰塔斯在修筑在墙壁里的床上睡得很熟。亨德丽吉去拿酒和香料，为我们准备饮料。当她弯腰去地板上拿酒壶时，我注意到她隆起的下腹。医生的经验肯定地告诉我，她怀孕了！而且已经有七八个月了。或许这也算是个空间问题，而我的朋友伦勃朗却把这个问题忽略了。

20. 伦勃朗的现状

　　我发现一个人有些时候、有些事情你是无法开口对另一个人说的。有时一个人似乎可以用很委婉的方式让朋友发现自己是一个流氓或者小偷，但是对于朋友的某些事情或者行为无论如何也无法开口，你不可能直截了当地对你的朋友说你的领口、袖口需要洗一洗，或者你的大衣穿的年头实在太久了，甚至上面沾有很多油渍和蔬菜汁等，我相信谁都不会那么坦然地对朋友说这些话。即使这个朋友再亲密，例如这样的话语"请问嫂夫人是否真的快要生双胞胎了？"我想这些也还是无法正面询问的，可是这一次，似乎命运安排要发生这样的事情。

　　有一天伦勃朗的医生早晨便乘船去奥德凯克参加葬礼了，偏偏就在这一天，亨德丽吉出了一些状况，只好找我救急，当我赶到伦勃朗家中时，看到亨德丽吉躺在原来萨丝佳临终前睡的那张床上喘着粗气，而伦勃朗此时却还在画画。

　　原来，亨德丽吉早上起来后和每天一样，到画室去打扫卫生，她只是专心打扫房间，却没有注意到画室中充满的浓重的气味，她一边打扫一边呼吸着这种毒气，后来感觉到眼睛开始刺痛、流泪，胸口一阵阵疼痛袭来，她自己吓坏了，赶紧跑出了画室，并且告诉伦勃朗赶紧请医生过来，她快不行了。伦勃朗了解后发现，画室里的这股毒气是学生们不小心造成的，有两个学生前一天晚上在画室里用一种新型液体腐蚀一块铜版。这种液体包括硝酸和硫酸铜以及一些其他物质，硝酸是这种新型液体的主要成分，所以味道特别浓，后来两个学生只专注工作却忘记盖住瓶盖，才导致亨德丽吉的这种不适感，还好这不是什么疑难杂症。

我想去看看刚才亨德丽吉曾经打扫的画室，看看是不是因为她在画室里烧了破布引发了危险的浓重气味。我和伦勃朗走进了画室，伦勃朗一看到里面的情形立刻明白发生了什么，他马上把屋子里的窗户打开通风，找到装有新型液体的瓶子盖好，叫来那两个糊涂的学生，生气地打了他们两个耳光，让他们深刻地记得今天发生的事情，让他们明白含有硫酸的液体可不是好玩的东西，一定要加倍小心才行。

然后我们将亨德丽吉从屋子里搀扶出来，让她躺在花园里的躺椅上呼吸一下新鲜空气，她马上觉得舒服了很多。没过多久，她便舒服地睡着了。不过这个上午的时间也快过完了，所以我干脆又在伦勃朗家里多坐了一会儿，安慰一下伦勃朗让他平静一些。

当我们两个人回到画室的时候，伦勃朗突然对我说："以前我的妻子萨丝佳的离世，跟我平时粗心的性格也多多少少有些关系。"从窗子刮进来的阵阵微风吹散了屋子里硫酸液体的味道，与此同时，也吹掉了伦勃朗正在画的亨德丽吉的肖像画，画中亨德丽吉带着萨丝佳曾经的那对珍珠耳环，看到这对耳环让我想起来它曾经还是反诽谤案件中的重要物件，当时萨丝佳的那些无良的亲戚诽谤他们夫妻两个是败家子，因此伦勃朗不得不反击，提起反诽谤的诉讼。虽然法院发现伦勃朗是正确的，但是因为他只是一个画家，而萨丝佳也只是他的妻子，他们都是这个社会中最最平凡的老百姓，所以他们要求的赔偿从一百二十八枚银币被减低到八枚，可想而知，这场诉讼对伦勃朗来说实在不划算。不过从亨德丽吉的肖像画中可以看出伦勃朗还是好好保存着这对珍珠耳环。伦勃朗捡起肖像画，用干净的布掸去肖像画的灰尘，我看到他把亨德丽吉画得更加具有女人味儿，将她那双漂亮的眼睛所富含的深情和淳朴善良全部展现了出来，这幅肖像画真的画得太棒了。

　　我对伦勃朗说我非常喜欢他这幅作品，他坐在肖像画旁边，一边用画笔将刚刚被风刮花的地方修补了一下，一边对我说，"如果你认为我已经将亨德丽吉的淳朴善良都表现出来了，我真的很高兴，因为她一直都很照顾我和泰塔斯，所以我一直也想为她做些事情，对于这幅画我真的很用心。""我刚刚听到你们说出了一点意外，我来了赶紧给她做各种检查，因为我进来时看到她的第一感觉是她怀孕了，后来发现她确实是怀孕了，你刚刚所说的想为她做点什么，是不是指的这个事情？"我回答说，当我说完后，我突然意识到自己犯了一个大错误，我想如果一个人的一生会犯几次严重的错误，那这绝对是一个令我永生难忘的错误。我想以后当我每次想起来的时候，我都会为此后悔不已。只是当我感到后悔时，已经晚了。

　　我看着伦勃朗，他并没有表现出什么异常，他用调色板上的一把小刀抹了一些生赭土，轻轻在肖像画的背景上点了点，然后向后退了几步，这样可以更好地看到整个画作的全局，然后很平静很自然地说："并不是你所说的，我指的并不是那一点。我一直考虑的是这幅肖像画，我觉得它是我画得最好的一幅作品，我觉得以后人们一定会称赞这幅画作，一定会赞美画中漂亮的亨德丽吉，至于你刚才所说的那个事情，其实那只是我们的一个失误，虽然我们并没有期待发生，但是真的发生了这件事情，我们还是很欣然接受，并且感到很高兴。"

"实际上这个事情在你回国前也发生过一次，但是很不幸那次婴儿夭折了。很可惜，当时夭折的孩子是个女孩，我觉得有个女儿倒是非常好，不过也许这次我们会更幸运。"听他说的这些话，就好像在我面前又将呈现出另一幅伦勃朗的画作，我相信他说这番话也确有此意。这幅肖像画只是生活中一个简单的小插曲。

而婴儿也似乎是生活中一件小事的展现，包含着自然以其强大的能量与人的智力进行着斗争。有时人类会战胜自然，有时则是自然取胜。而这些在伦勃朗看来，每种事物都有它自己的表现规律，没有什么大不了，也没有什么特殊。有些人解决这样的事情时喜欢用烦恼来面对，而有些人则喜欢用忙碌的工作来面对这一切。伦勃朗就用他的创作来面对，一切看似那么自然，没有人质疑他的做法就像没有人期待有什么答案一样。

我自己毕竟是在具有颇深的正义感的中产阶级环境下成长起来的，于是我还是忍不住说了出来，"不过，当然了，你的妻子萨丝佳已经去世了，你现在是独身，是一个完完全全的自由人，你可以跟亨德丽吉结婚，而且我觉得你似乎也应该跟她结婚才对。"我都不知道自己那天到底是怎么了，居然这么鲁莽地对朋友说这些话。"是的，我觉得你说的对，说的十分对，我是应该这样做的。不过我却不能这么做。"他突然改用童年时候的土话回答我。"你为什么不能这么做呢？你现在独身，完全可以这么做啊。"我非常不解地询问他，"这点我并不否认，我的确是自由之身，我现在想跟谁结婚，就可以马上跟谁结婚，只要对方愿意嫁给我，只要我们一起在教堂举行仪式。这些我都了解，我甚至跟她也聊过结婚这件事情，但是没办法，这是无法办到的。"我实在很不理解，于是追问道："那这到底是为什么呢？""因为有她的遗嘱存在。"伦勃朗无奈地回答。"你说的遗嘱，是萨丝佳的遗嘱是吗？"我询问道。"是的，就是她的遗嘱，可怜的萨丝佳虽然很爱我，留给我一份她全部财产的遗嘱，不过财产并不怎么样，你也了解其实这遗产无非就是一张羊皮纸，但是它们却不存在，或者即使它们真的存在，我也无法从她的那些伏列斯兰的亲戚手里拿回来。这个财产的事情我都已经不再过问了，因为对我来说有太多的事情需要处理，有太多的工作需要我去做，我已经无暇顾及这件事情了，最近我可能会得到市政厅的邀请画一幅画，并且我觉得我已经找到令那幅画作具有吸引力的方法。你知道，我这个人创作很快的，相信不到一年的时间，我一定能依靠创作作品让自己脱离贫困的。到那个时候我就能将债务还清，还能跟我非常喜欢的亨德丽吉结婚。我觉得她是一个既有美丽的外表，又有善良心灵的女人，她照顾着我们，并且给了我们一切，如果我不能跟她这样的女人结婚，那我就不算什么正人君子，但是一切都需要等到那个时候，还好她并不介意多等一段时间，她常常对我说，等一下没有什么不好，也免得过早连累到我们这个家庭。"我继续问："但是这段等待的时间内，周围的人肯定会发现她怀孕，他们肯定会说些闲话吧？"听到这里，伦勃朗立刻放下手中的工具，充满愤怒地看着我说："那又有什么关系呢？无论怎样他们都会议论的，因为他们一直也都在议论着，所以我们也无法阻止他们一直议论下去。我觉得他们活在这个世界上的唯一生存价值就是议论，除此之外他们什么事情都不会做。所以我根本不在乎他们说什么，也不想考虑他们，亨德丽吉也跟我一样的想法，让他们随便去说吧，他们愿意怎样就怎样吧，不过我们这座房子亨德丽吉还是很喜欢的，泰塔斯也喜欢它，因为这个房子里充满了我们幸福的回忆，并且我的很多令我非常满意的作品也是在这里创作出来的，所以我们需要也应该挽救这座房子，其余什么都不在乎了，所以这就是我目前一直工作的目的。"

但是听了伦勃朗的一番话语之后，我没有听出来其中的因果联系，因此我对伦勃朗说明了这一点，他马上问我："你还记得萨丝佳的那份遗嘱吗？"我回答说只有一些模糊的印象，因为我不太善于记忆这些文字内容。

伦勃朗说："哦，这样，萨丝佳对我真是又喜欢又信任，可以说是绝对地信任，这些可以从遗嘱中看出来。她的亲戚们曾经非常恶劣地指责我，说我是一个败家子，说我花钱如流水根本不懂金钱的价值，甚至还说我宁愿花费五百吉尔德去购买我喜欢的绘画作品，也不愿意拿这些钱还债，也许这一点他们说的是正确的。我这个人本身对数字也不敏感，不过当我觉得我是在贡献给世界东西时，那么这些事情似乎都微不足道了。"

"但是不管怎样，萨丝佳对我还是非常有情有义的，并且她无条件地信任我，将她所有的财产毫无保留不附加任何条件地留给我，这样就省去了公证人干涉我的事情，省去了监护人监视着我们的一举一动，省去了孤儿院向我提出刁钻古怪的问题，一切都由我自己做主，我心里实际很感谢她，她只是提出几个并不苛刻的条件，她希望我好好培养儿子泰塔斯，让他能够接受最好的教育，让他能够在好的环境下长大成才。不过有一点很明显，就是如果我离开人世或者再婚的话，一切的财产就要转移给泰塔斯，相信你明白她的话语，就是如果我跟亨德丽吉结婚，那我就要去法院填写无数的表格，承诺无数次，要将一切财产转交给泰塔斯。可是我现在得到的只是无数次的口头许诺或者无数次的诉讼，其他我什么也没有得到，这叫我如何转交给泰塔斯，转给他什么呢？想想当初我购买这座房子时还是到处借钱，就因为伏列斯兰那些亲属们，我什么也拿不到，本来我们有能力能付得起房款，结果却要沦落到借钱购买。"

"虽然自从创作了班宁·科克那幅画以来，大家似乎对我的画作不那么感兴趣了，但是我还在坚持画画，因为如果我不再继续工作，要放弃现在的房子，那么我想那些债权人会一拥而上，所以我别无选择，必须硬着头皮继续做下去，硬撑着也要维持现状。一旦我失去了现在的一切，就相当于我已经没有了任何信用，那么我们全家将面临直接进入救济所，而那些一直相信我有足够财产可以生活的借给我钱的所谓的朋友们，一定也会如饿狼般扑过来，到那个时候，我相信一切都完了。这些都是我一直纠结的问题，所以请你不要再次询问我为何不能跟亨德丽吉结婚，因为我的确没办法实现，她自己也深刻了解这一点，实际上她也并不好受，不过她能够理解我的做法，并且她还常常安慰我说，她能够理解。所以我也认为，目前还是什么都不要做维持现状比较好。"

虽然我也赞同他的说法，不过我这个人做事情还是比较循规蹈矩的，必须将胡子刮好，头发整理好，衣服穿戴整齐后才能够投入工作，我的工作室也必须收拾整理干净，书桌擦干净，否则混乱的环境会使我无法集中精神。我这个人可能有时候过分拘泥于这些细枝末节，但是我真的习惯于做事情有条理有步骤。不过我是个没有能力处理经济事务的人，所以这方面我宁愿让比我强的人帮我处理，但是如果我不能随时从抽屉里拿钱来用，或者我无法得知我欠别人、别人欠我多少钱，那我也无法正常生活。我也知道也许这样过分纠结很愚蠢，不过没有办法。即使我尽量避免对伦勃朗进行说教，但是我还是忍不住去说："不过不管怎样，你还是要清楚地了解自己的处境才好。"

他听后慢慢地擦擦手，似乎并不在乎地对我笑着说，"其实我真的一点都不知道，这真是实话。"听到伦勃朗这样的回答，我心里更加着急，想立刻向他解释清楚这其中的危害，希望劝得了他，我跟他说如果想还清所有的债务，首先要清楚自己到底欠下多少债务，哪怕只是大致的数目，如果连这些都不清楚的话，这就像在黑暗中和看不见的隐形对手搏击。做什么事情都要遵循固定的规则，所以我劝他一定要循规蹈矩的去做，否则如何摆脱可能破产的厄运？可是伦勃朗不但不重视这些，反而想转换话题，将我带到他的印刷室，印刷室里他的三个学生正在印刷一幅大的基督在十字架上的铜版画。走到屋里他马上就看到铜版画上的一个瑕疵，一个长胡子的法利赛人的阴影部分有点瑕疵，他马上让他的学生进行修改，而他自己就在一支烛光下继续工作着，这种昏暗的光线对任何人的眼睛来说，都具有伤害，更何况对这种依赖眼睛工作的艺术家，我心里很替他着急。就这样他把我晾到了一边，彻底投入工作忘记了我的存在。我在他旁边停留了大概一个小时之后决定下楼，因为我觉得即使我一直坐在那里他也不会注意到我的存在，来到楼下后，我发现亨德丽吉睡得很香甜，似乎没有受到之前意外的影响，所以我便自己离开了。

第二天早上，我早早地就起来了，因为昨天晚上我心里一直在想着伦勃朗的事情，经过我再三考虑，我还是下决心要劝服伦勃朗，不能让他按照他自己的意志再这样继续下去。这种情况之下，我想必须有一个朋友能够劝说他并且帮助他，我很愿意成为这个人。我也希望伦勃朗能够接受我的建议和帮助。

于是我戴上帽子，穿好大衣走出了家门，但是我没有像以往一样向医院的方向走去，而是向相反的方向，朝着朋友让·路易斯居住了二十五年的住所走去。虽然我想这次一定要付诸行动，但是我还是希望能够谨慎行事以免对朋友造成伤害。

到了让·路易斯的住所，我敲了敲门然后走了进去，随后，我看到面前一大盆水，里面还有一个小纸船在漂动，让·路易斯就在前面躺着，旁边则跪着一个正在拉风箱的红胡子，他正在利用风箱来引起水面一阵阵的大风。

看到我走到他面前，他一边努力地保持着原有的姿势，一边对我说着："赶紧过来帮我一起弄吧，我正在进行一项新的研究，我发现了一种新东西可比对数好玩多了，相信你一定会感兴趣的，并且我也相信这个东西会带给我们富裕的生活，所以快过来加入我们吧。对了，你还没吃早饭吧，咱们一会儿一起吃。在这里有一个厨师专做令人回味的洋葱汤，他给阿尔及利亚一个州的总督工作了五年之久。你再稍等一下，马上就可以品尝到这个美味，到时候你就会明白为什么老总督宁愿舍弃三个妻子，也绝对不肯舍弃这样一个出色的厨师了。"

21. 伦勃朗的经济状况

走进洛德威克的办公室时，他正在削一支鹅管笔。看到我他抬起头说："这天气太讨厌了，削这些笔就像握着奶油一样困难，这是今天上午第六只了。您今天前来有什么吩咐？想了解一下股票的行情？由于前方坏消息不断，股票倒是稳步上涨。不过也不能过于乐观，如果我们战斗到底，估计至少得丢掉十到十五个据点。您还想知道点什么？"

我对他讲述了事情的经过，他耐心地听完，没有一丝惊讶地说："这些我们都清楚。他现在到处借钱，背了一身债，我看他迟早要进破产管理法院的。"

我忧虑地回答道："这正是我所担心的，今天来找你就是为了这个。他的情况到底糟糕到什么地步呢？"

他抬起头望着天花板说："唉，这很难说。虽然我说我对这件事很清楚，但意思是说，如果他来借款，我们肯定是不会借给他的。其他的事情我也没兴趣知道。关于他借贷的详细款项记录我也暂时还不知道，如果你想知道具体情况，得在下周再来一次。"之后他避开了这个话题，和我说了一些其他事情。然后他带我来到沃尔温街的一家小饭馆。这家馆子是一个亚美尼亚人开的，这人长着一副大胡子，眼睛有些斜视，声称自己经营的是最地道的犹太风味。他很会招呼客人，对每个人都客客气气的，让人觉得很亲切。但在我吃了一种奇怪的土耳其混合菜后，便感觉很不舒服，连忙告辞去了医院，因为它让我联想起那次赛里姆请我们吃坏肚子的黄褐色小豆饭。一周后，我又来到辛格尔街，洛德威克给了我一份他整理的报告书。我翻阅了一下发现，担心的事情恐怕要成为现实了，伦勃朗的处境已经到了最坏的地步。

洛德威克适时地警告我说："你还是不要抱多大希望了，这些还不是股东报告书。做我们这行的总能知道些内幕，只要我们想知道就一定能打听出来。就他现在的情况，我可以坦白地告诉你毫无希望。他自己都不知道自己已经借了多少钱，穷困到了什么地步，他现在是我们这行所称的最危险的连锁借贷者。他向第一个朋友借一千吉尔德，为期一年，利息百分之五。同时又向第二个朋友借一千五百吉尔德，为期八个月，利息万分之七。五个月后，再向第三个朋友借九百吉尔德，为期十三个月，利息百分之六又四分之三。然后他把这笔钱的一半还给第一个人，再从他那借出两千银币，为期一年，利息百分之五又二分之一，再用这笔钱去还第二个朋友的三分之一，把欠第三个朋友的债还七分之二，外加累积利息。知道吗？我们觉得他根本就没记过账，自己都不清楚借了多少还了多少，所以在经过二十年后，他那混乱的债务已经是一团糟了。我还听说他有时拿尚未完成的绘画和已经允诺给别人的画去借钱，这事就更复杂了。最严重的是，他数次以房屋作为抵押去借款，他妻子留下的遗产本是让他照顾孩子用的，现在也不知道他都用来干了什么，我想这些事只有世界末日的时候才理得清了。这些是我根据二十份材料整理出来的报告书，如果你还不死心，就拿去看吧。我得再削一支新笔了。这可恨的国家老是下雨，真是让人烦躁。"这份报告书我一直留存着，全文都能够一字不差地抄录出来。

　　密件：仅供参考，请勿外传。本报告书的调查对象是个祖辈清贫的人，他的父亲有一部风车、两所房子和位于莱登城内贫困区的一宗不动产。共有子女六人，其中几个已经夭折。尚在世的几位经济情况糟糕，据说是靠弟弟接济生活。

　　本报告书的调查对象，以下称为某人。他是全家最聪明的一个，曾于1620年十四岁时，作为法律系学生在莱登大学注册，但其一直喜爱绘画，从未在校内学习过任何课程。1630年，其长兄由于手部残疾导致无法从事工作，靠兄弟姐妹供养。父亲去世后，每人分得一小部分遗产，某人也拿到了一份，从此离开莱登迁往阿姆斯特丹生活。曾在布洛埃姆渠畔有一间画室，后又迁居于安桑奈·布利街，在此居住了六年。初期他开创了一种新型的绘画风格，在这个行业内迅速成名，风靡十二年之久，向他订购绘画作品的均为城内有身份的贵族，甚至公爵也曾邀请他为自己画肖像画，虽然在收取费用时有些许周折，但依然让他的名气迅速扩散。之后他娶了雷瓦登的一位漂亮姑娘为妻，这个女孩的父亲是从前的市长兼政治领袖罗伯塔·凡·奥依林堡。在这位大人物去世后，虽然姑娘成了孤儿，寄居在两个姐姐的家里，但继承的遗产数目还是很可观的。之后她又迁居到阿姆斯特丹的堂姐家里，而这位堂姐的丈夫是著名的传教士约翰·柯奈里斯松·西尔维亚斯，在当地很有势力，并且口才出众。

　　某人是通过姑娘的堂兄亨德里克·凡·奥依林堡与她结

识。她的这位堂兄是个古董商人，兼职做画家与有钱人之间的掮客，每为画家接一个订单便收取百分之二十到百分之三十的佣金。1634年某人和这位姑娘结婚，开始了布利街的生活。某人喜欢购置古董，古画、雕像和丝绸，在婚前他的那所房子里便摆满了这些物件，看上去像个博物馆。结婚后他的收藏品中又增加了珍珠、钻石和很多珠宝，这些东西据说现在仍然在那个博物馆里。至于他收入的具体数字，找不到详细的资料来计算，但通过他购置的这些昂贵物品，我们估算他在阿姆斯特丹最初的十年，靠卖铜版画每年可以挣五百吉尔德左右，除了自己的作品，他还有权出售学生的绘画，这样算来每年很可能收入两千至两千五百吉尔德。在他春风得意的这段时期虽然没有严谨的数字来证明其收入多少，但估计总收入很可能达到了一万吉尔德。

1638年某人似乎处于经济困难时期。但在那一年他购买了柏尔登斯牧师位于桥边的房子，也就是他现在居住的房子。房价为一万三千吉尔德，双方议定首付四分之一，余下款项于六年内分期支付。至于他为什么购买一座超出自身经济能力与社会地位的房子，不得而知，据说是为了匹配他妻子家的社会等级。这种猜测也并非是无根据的，因为每逢他在画自己和妻子的画像时都试图把自己描绘成佛罗伦萨麦迪奇家族的成员，让看者忘记他是一个来自莱登城淳朴磨坊主的儿子。据当地人传说他妻子从父母那继承的遗产多达四万吉尔德，但这笔钱他似乎分文未得，因为他一直没有支付房子的欠款，直到从妻子的姑母那儿意外继承了一笔遗产后，才将拖欠柏尔登斯牧师的一万三千吉尔德还了一半。之后他似乎完全忘记了这所房子还有欠款未付，经过多年的利息，至今天已经累计到了八千四百七十枚零六分银币，以他现在的经济能力是不可能偿还的。除了这笔欠款，他还有多笔私人债务，数额较大的包括拖欠著名的市参议员柯奈里斯·威森的四千一百八十吉尔德，和本地商人伊萨克·凡·赫兹比克或哈兹比克的四千二百吉尔德。这两笔欠款似乎是他用来填补房子欠款漏洞的，因为原业主在八年来一直得为这项物业交税，最后威胁要控告他，所以他才拆了东墙补西墙。但如果他不付清余下的房款和利息及欠税，这所房子就不能算是他的。据说他正考虑把房子连同附属的院子一起转到他儿子的名下，作为儿子继承母亲那四万吉尔德的半数。不过这也只是一种设想，因为他要是这么做，需要把自己的事情向孤儿院、事务院做一次公开声明，况且他本人似乎没有从那笔遗产里得到分文，所以这个步骤能实施的可能性不大。众所周知，孤儿院、事物院的计算方法很严格，如果一个做父亲的动用了儿子的财产，那么就算他证明这是一笔虚构的财产，也很可能会被关进监狱做几个月苦工。所以还是来看看那些能够证实的债务和事情吧。他曾向他的朋友约翰·西克斯，一位出身名门的亚麻布织造商人借了一千吉尔德，不过听说约翰阁下最近准备转卖那张借据，因为他认为自己很难收回这笔钱，据说他情愿用借据去换些票据。某人还向丹尼尔·弗兰逊的医生借了大约三千银币，还有无数笔小额借款。其中包括未付清的食品店账单、面包师账单、医生的账单，以及来自画框制造商、画笔、颜料经营者，铜版和油墨制造商等人的借款，诸如此类的小额度款项还有很多，数额基本在五十吉尔德左右。

除了大大小小的欠债单，某人在大众心中的好感也逐渐消退。1642年他曾为班宁·科克大尉的自卫队画了一幅画，自卫队成员对他画中的布局感到异常愤怒，很多人拒绝支付款项，据说原定为五千二百五十吉尔德，但他最后只收到一千六百吉尔德。这件事也让他的名誉一落千丈。

如果某人正好欠你的账，那么作为你的银行经理，我有责任奉劝你尽快讨回。如果你愿意用古董抵账，那最好赶紧挑几件贵重的拿，因为某人已经深陷无法解决的债务危机，从他身上你别想拿到一分现金。虽然他娶过一位有钱的妻子，能够让他在债务危机中暂时喘口气，但信任总有用完的时候，那时他将一无所有。所以，本公司这份调查报告的结论如下：

某人所剩资产：以高价抵押的一所房屋和满屋子的艺术品，但由于当前对英作战的不利局势，这些艺术品很难套现，某人现在无任何现款和证券。

负债：总数不详，保守估算远远超过三万吉尔德。

信誉度：此人信用为零。

看完后我慢慢地叠起这份文件，向洛德威克询问道："这份文件我可以保存吗？"

"我的朋友，如果你愿意可以拿走，只是不要让它落在别人手里。可怜的画家现在情况很糟糕，希望他不要被债务给逼疯。"说完用手搓了搓他那光亮的脑袋又自言自语地说："真是太糟糕了，这可怜的人啊，我想，虽然他能看到我们所看不到的某些东西，但却察觉不到每个一般人都必须注意的另一些重要的东西。"

听他说完，我直直地盯住他问："洛德威克，你刚才嘟囔的十分重要的东西是什么意思？"

　　"哦，不，其实也没什么，那些东西也不是很重要。每个人都需要活命，但是想活命就必须遵循一个道理，循规蹈矩随波逐流。"

　　我继续追问他："但是假如你的性格偏要让你与众不同脱离常规，一定要探索自己的道路，不然就活不下去呢？"

　　他看了看我又用手搓起了光亮的脑袋回答："如果那样的话，就活该倒霉了。"我觉得他欲言又止，再次追问，他却再也不肯说什么了。

22. 牧师的干涉

一个来自哈得孙河畔的年迈的葡萄牙医生和一个普普通通的怀孕的乡下女孩儿，这么平凡至极的两个人，一定不会引起阿姆斯特丹公众的关注，也不会令我遭受一笔巨额的损失，这笔巨额款项原本是想帮助我的朋友伦勃朗的。可是世界上一切的事情就是这么巧合，就是发生的这个始料未及的巧合，令我成为众多人关注和知晓的人物，似乎我和我的职业就这样一夜成名了。

上次亨德丽吉发生中毒事件，伦勃朗紧急请我到他们家为亨德丽吉诊治时，我发现亨德丽吉已经怀孕了，而没有多久，其他人也逐渐发现了这个秘密，因此麻烦也便从此开始了。我们这些伦勃朗的朋友都了解他为什么不能跟亨德丽吉结婚，甚至连一向注重脸面和尊严的约翰·西克斯阁下一家也没有对此事过于深究，不过我相信，当他们听说此事的时候，受惊程度不会比听说一个亲属破产来得少。因为约翰·西克斯家族是亚麻布织造和啤酒酿造世家，他们一直注重体面的生活，并一直希望能够进入更上等的掌权的地方官僚阶层。当他们听说这件事情时的反应大家可想而知。

　　不过一直萦绕在我脑海里中不得其解的还有一件事情，那就是我的朋友伦勃朗是如何与约翰·西克斯家族熟识的。当时伦勃朗曾经很多次邀请我同他一起拜访约翰·西克斯，我有种种顾虑，那时伦勃朗还说我是一个假绅士，说我对事情过于敏感，他说一定要让我亲眼看到，约翰·西克斯家里的生活不是我所想象的奢侈糜烂，而是最朴实无华的生活状态。不过对于伦勃朗提到的这点，我总是不断地重复对他说，对于克洛文尼尔斯堡瓦尔街的这个家族的朴实无华，充满情趣的生活态度，以及他们如果知道我的到来必定善意接待的态度，我并不会怀疑和否定，只是每个人的行事风格不同，我有我的为人处世态度，他们有他们的为人处世原则，几代人的处世态度和看待事物的角度以及规矩礼仪等实在大相径庭，为了避免尴尬，还是不见面为妙。

　　而最后发生的一切，印证了我的说法，当伦勃朗的生活发生巨变之后，约翰·西克斯居然将伦勃朗给他写的借款字据出售给一个典当行。伦勃朗同这个约翰·西克斯家族多年以来的情谊，只是让他得到了一本平凡至极的普通诗句撰写成的戏剧赠书；而约翰·西克斯家族则受益匪浅，他们得到了伦勃朗许多绘画和铜版画作品，并将这些作品世代相传，这些作品令他们整个家族世代闻名。这件事情印证了我们国家的一句古话："一定不要与强者一起吃樱桃，强者能够吃到樱桃肉，而你即便幸运也只能捡到樱桃核而已。"

　　不过对于亨德丽吉怀孕的事情，约翰·西克斯家族却并未过多指责和深究。当然他们也从来没有见过亨德丽吉，更没有在任何言语和行动中提及过亨德丽吉。但是由于他们同伦勃朗还是保持着良好的交情，这种交情的深刻程度似乎远胜于其他人的情谊。

面对这种事情，人们会表现出怎样的态度？大惊失色，不以为然？不过一旦面对这种事情表现出见怪不怪习以为常的态度，那么这个社会也将不知道变成什么样子了。不过现在的社会当中，伦勃朗的这件"丑闻"无疑将成为许多家庭或者社会公众茶余饭后的谈资。

实际像伦勃朗这种情况，在社会上层阶级中是存在的，就像之前已经去世的摩里斯公爵，他的所有儿子都是私生子，但是却与其他常人无异，甚至还接受奥伦治王室宫廷牧师的洗礼，并且在共和制国家谋得官职，获得社会地位及众多荣耀。这些在社会公众看来却那么理所应当。可是一旦这种事情发生在像伦勃朗这样一个普通画家身上的时候，那它无疑会成为众矢之的。同样这种事情也不会被牧师所忽略，因为他们需要时刻盯着我们每一个人，要求我们严格遵守道德标准。

不过我不得不说，这次所有牧师算是有些幸运的，让我来说说这是为什么。

锡兰曾有句名言"祸不单行"，在伦勃朗这件事情逐渐曝光后，我常常会想起这句话，感受到这句话的深刻内涵。伦勃朗的女儿凡·莱茵的出生，只会引起短暂的舆论风波，可是当所有事情偶然碰撞，那这一切就将成为全国皆知的轩然大波。

事情的发生要从一个小村庄说起，它是伏列斯兰的一个小村庄，那个村子里的人看起来像母牛一样，而母牛看起来反倒像个人，那里的生活一直很平静。村庄里人们的生活过于安逸和无聊，所以一旦发生一件令他们兴奋的事情，村庄的一切平静就会被彻底打破。

居住在村庄里的人们一直没有察觉到：他们一直居住的这个僻静的村庄里有一面城墙已经破损早就应该被修复。不过这种城墙修复工程同时又会导致几个坟墓的迁移。当一切照旧进行的时候，相信这些建筑者一定想不到在这里能够有惊奇的发现，在这些坟墓附近，他们觉得只会看到一些人体的骨骼和骷髅，可是当他们突然从这里发掘出一具保存完好的遗体时，他们该有多么惊讶。

挖掘到遗体的人们大声说道："这个人生前一定是一个大圣人，所以他的遗体在埋藏多年后还能够保存完好，这简直是一个大大的奇迹。"听到挖掘人的话语后，一个年轻的神学候补者提出了相反的论调，"也可能恰恰相反，也许他不是一个大圣人，倒是一个十足的大罪人，也许连地下的虫子都不愿意啃食他罪恶的身体。"看来人们宁愿相信这个逝者生前一定犯下了罪恶，也不愿相信他是一个圣贤，也许这就是人的本性。所以人们一边信誓旦旦地表示感谢神的指引，一边开始调查这位逝者生前的种种行为，试图揭开他犯下的罪恶来解释为何他的遗体会不腐朽。

据说，这位逝者已经去世三十五年了，追查这位逝者生前的事情可没有说说那么简单，因为这个人生前是一个并不起眼的鞋匠，没有什么特别之处，不过他的确非常尊敬伟大的上帝耶稣，信奉着一切博爱与慈悲，他为人善良，他常常宁愿自己挨饿受冻也要将食物和棉被分给比他更加穷困的人们。旁边村子里还有一位老农记得他，提到这个人老农表示非常尊重和敬佩，就连他生前常常去做礼拜的教堂执事也不禁感叹，在世间像逝者这样的人真的是绝无仅有，他的确对上帝耶稣非常虔诚，为人善良极了。

调查的这些内容似乎都印证了最开始说逝者是一个圣贤之人的说法是完全正确的，可是面对种种证明，之前提出相反言论的神学候补者依旧不肯承认这一切，他强调说："以上提到的那些内容只能说明这个人很善于耍诈，为人聪明，能将自己的种种劣行全部伪装好，在死后也不曾被人发现而已。"于是对这个逝者生前行为的调查仍在继续，无法停止。

在后续的调查中发现，这位逝者的妻子仍然在世，现在已经是七十多岁高龄的老妇人，已经有些老糊涂了，她每天生活的大部分时间是在小小的屋子里跟五六只猫一切度过，或者对一些喜欢她丈夫的人讲述一些他生前的善行，没有任何人说过她曾做过什么不可告人的事情，她只有一个女儿嫁给了一位木匠。所有这些事情是最平凡的人家发生的不能再普通的事情了，相信这一切一定会令那位神学候补者感到彻头彻尾的失望，可是没有想到，那位年轻的神学候补者仍然鄙夷这一切事实。

他利用老妇人迷信的想法，利用她对死后世界的恐惧，向她绘声绘色地讲述死后地狱的模样，哄骗着这位善良的老妇人让她说出一切事情，当老妇人终于能想到丈夫生前唯一的恶行时，那位年轻神学候补者简直比在沙漠中行走时发现珍贵的水源还要喜出望外。原来这位老妇人与逝者未曾真正结婚，他们两个人的结合并没有举行过神圣的婚礼，他们只是同居关系，而这种同居关系虽然是善意的，但是他们这种关系被认定是一种罪恶，当她讲出了这个事情，这一切就立刻在整个共和国传开，并且这个故事还被编成了小曲迅速传唱开来。

实际这个事情老妇人说都是她的错，她愿意将一切的罪责都推到自己身上，愿意接受这一切所带来的惩罚。她年轻的时候不懂事，她是格罗宁根人，当时她跟一个歹徒相好，后来被那个人抛弃了，那个时候她已经怀有身孕，她的父亲将她赶出了家门，她到处流浪，最后她辗转流浪到伏列斯兰的小镇。她清楚地记得那天已经很晚，她实在饿得不行了，敲了敲他的家门，看到他当时一个人还在工作，样子很和善，他请她进了屋子，然后请她吃了东西，第二天她病得起不来了，他便留她住在了他的家里，并且还请来邻居的老妇人过来照顾她。

她这一病倒，整整病了两个多月，当她身体逐渐康复时，她身体上怀孕的迹象已经非常明显。于是她一五一十将事情的经过讲给了他听，他表示愿意跟她结婚，不过他却不能这样做，因为他当时是有妻子的，只是他妻子生完孩子之后，由于孩子没几天便死亡了，他妻子受了刺激变得神志不清，而且后来成为一个狂热的宗教信仰者，最后还在一个牧师的协助下私奔了。那个时候虽然到处宣扬要严惩祸害着那个国家的牧师，他也曾经带着妻子让她参加天主教，但是事情到最后即使闹到议长那里，也没有用了。

这个事情已经过了二十多年了，她的丈夫这二十多年以来一直没有妻子的任何消息。他曾多次打听妻子的消息，希望她仍然活着，可是最后都没有得到回复。许多人觉得他的妻子可能是进了修女院，不过修女院的院长却只是表示，所有托付给她帮忙照顾的人，一旦她们进入了修女院这个神圣的地方，就与外界的一切都隔绝了，就当她们都远离尘世死去了，凡是寄给她们的信件也会被退回。此后，他离开了自己的家乡，远离那个伤心地，他搬到了伏列斯兰北部那个僻静的小镇重新开始，这个地方没有人认识她，没有人知道他以前的事情，也没有人知道他结过婚。

他为了帮助她这个可怜的人，决定了做一件可能受到严格惩罚的事情，他对外一直说他要跟她结婚，她想在娘家格罗宁根举行婚礼，于是他们要一起回到格罗宁根，他们也的确回到格罗宁根，并且待了两个星期，然后作为夫妇一同回到小镇。不久之后，孩子就出生了，镇上的老乡们还笑话这个老鞋匠，并不像他们想象的那样圣贤。不过这件事情慢慢就被大家忘记了。

这个老鞋匠无微不至地照顾着她们母子，直到他因为上了年纪及工作过于繁重而去世的那天为止，她都一直过着快乐和幸福的生活，而对于这个并不是他亲骨肉的孩子，他更是照顾有加，视为己出，远远胜过一个亲生父亲对于自己孩子的情感。他去世后，她为他办了一个体面的葬礼，然后继续守着他留下的一些充满回忆的物品一个人生活着，同时她还照料着几只猫。

我刚刚听说这个故事的时候感到很惊讶，不过经过那个犹太教信徒编造之后，这个感人的故事却成为一个令人震惊的拐骗故事，这令所有狂热的基督徒感到满足。人们让这个可怜人的遗体重新出土，上帝对于这个人的惩罚从遗体上可以明显看出，不过上千次的讲道仍然大谈特谈这个可怜人的灵魂，既无法上天堂也无法下地狱，甚至连魔鬼撒旦的地牢都进不去。

不过这种近乎疯狂的大吵大嚷反而有个优点，就是都无法长久的存在。不过正当这个事情在阿姆斯特丹被闹得沸沸扬扬的时候，约翰·加尔文的每一个虔诚的信徒都试图从《旧约全书》中找到合适的说辞时，画家伦勃朗·凡·莱茵和他的女仆同居的事情逐渐公开化，被一个名字叫作塞伯德阿·哈锡文达斯的牧师所关注，于是，这件事情成为全国人民认为极度耻辱的丑闻。

相信我不必过多叙述整个事情的细节，因为它似乎早已成为街知巷闻的事情了。

我记得，那是1654年六月二十五日，阿姆斯特丹宗教协会会员举行全体会议的日子，那天做出了以下决议："一个名字叫亨德丽吉，又名亨德丽吉·雅芙尔斯的女人，公开与一个画家名字叫伦勃朗·凡·莱茵的人同居多时，他们一直居住在伦勃朗·凡·莱茵在布利街的房子里，特此命令她必须在本传票发出之日起的八日内到宗教法庭陈述此事，需要向法庭如实讲述她这种可耻行为的缘由。"而这个消息是在一天晚上六点左右发到伦勃朗的家中的，那天伦勃朗和亨德丽吉结束了一天疲惫的工作之后，正在家中的门厅休息时，这个消息被一个西教堂的职员送到了。

虽然送信人送的消息内容并没有人看到或者了解，但是外界似乎对此信件的内容已经猜得八九不离十，于是没过多长时间，一整条街道、两整条街道、三整条街道，就这样几乎所有的人都知道了这个消息，"那个传出丑闻的画家和他的女仆要接受宗教审问了，他们真是自找的，像我们之前说过的，这种不检点的行为一定会受到严惩的"。就这样，所有人似乎并没有开口对他们两个说什么，但是却都心里暗自窃喜，准备看他们两个人的笑话。

不过不管怎样，这些热心的邻居们始终猜错了一件事情。这个被送到伦勃朗家里的文件上并没有提及过伦勃朗，那天晚上我正好去伦勃朗家做客，看到了这份盖着章的宗教协会发来的文件，上面只写了要求亨德丽吉接受审问，当时我还特别奇怪地问了问伦勃朗，开始伦勃朗自己也不知道其中缘由，后来他自己终于明白过来，他对我说，"因为我不是教徒吧？估计就因为这个才只传讯亨德丽吉，而不传讯我。好多年前具体什么时候我想不起来了，我就退出了，并且已经办理了退出教会的手续。那时我就告诉牧师，我以后都不会再付教会费了，也不会来参加礼拜了，让他们将我的名字从教会名簿中去除。当时他们并不允许我退出，除非我能拿出已经参加其他教会的证据。"

"我自己也不知道如何是好，就把这件事情跟一个与我相识多年的故交老牧师安斯洛讲述了一下，我询问他是否我可以加入他的教派，并向他解释，我不是一个经常会做礼拜的人，也许也不是一个虔诚的基督教徒。他听了我的话语后，表示门诺教派是不会过多在信仰上纠缠别人的，如果我愿意，他们很高兴让我加入他们的教派，而如果什么时候由于某种原因我想退出，他们绝对不会阻挠或者纠缠我的。"

"因此我决定加入他们的门诺教派，并且这个举动我也从来没有后悔过，安斯洛牧师的确是一个好人，我很喜欢听他讲道，他也从来不会直接批判我是一个罪恶之人，只是一次次地向我阐述，如果我能够努力做一些事情，那么我将变得更加善良。所以加入他的教派我一直都非常高兴，但是如果不是亨德丽吉的事情，我能更加高兴。"听到伦勃朗的话语，原本还在细细打量手中这个文件的亨德丽吉突然抬头，并且十分冷淡地说，"是的，我对此也并不表示怀疑，不过我该如何是好呢?"她的话音刚落，只见伦勃朗立刻将她手中的文件拿过来撕碎了。

"不用去理会它，把这件事情彻底忘掉，牧师们肯定非常讨厌我们，但是这又能怎样，他们总不能派出一个城市自卫队来把我们带走吧，你就放心吧，肯定不会有事的，我保证。"于是他边说边将手中撕碎的文件抛到空中，这一举动引起旁边人行道上玩耍的两个犹太小孩的关注，并且兴奋地喊着，"你看，你看啊，下雪喽，下雪喽。"于是马上过来争抢着"雪花"，直到撕碎的文件只剩下一点点肮脏的碎片散落到街道上。

伦勃朗曾经自信满满地说牧师们不可能派出一个城市自卫队把亨德丽吉强行带走，虽然这些伦勃朗可能猜对了，但是不久之后便看到，那些牧师们也并未像伦勃朗想象那样完全没有办法，因为他们早已经想好发泄的其他方式了，并且他们也立刻采用了这些精神折磨的方式对伦勃朗他们进行攻击。

巴黎的贵族小姐当然可以对牧师的这种行为不予理会，可是亨德丽吉并不是什么巴黎的贵族小姐，而只是一个荷兰小村庄里普普通通的农家女儿，由于出身简朴并且保留着农村的一些传统理念，她从小就知道考量道德品行的标准——受尊重。现在她竟然在阿姆斯特丹这样的大城市的宗教法庭，被公开指控"淫荡和未婚同居通奸"的罪行，这让她这个农家出身的姑娘如何受得了这种羞辱。一个星期之后，当宗教法庭又发来第二张传票时，我看到了面对此种严重考验的结果，这张传票被伦勃朗从信差手中夺走，甚至没有被拆开便被伦勃朗丢进了水沟，所以亨德丽吉也根本没有见过这第二张传票。

每当遇到类似的状况，伦勃朗都会一反常态，打破跟萨丝佳结婚以来一直保持的那种绅士风度，他会彰显出那份来自于大暴动时期老祖父的伟大战斗精神。

"你给我滚开，不许你这个该死的家伙再来骚扰我的妻子，赶紧滚出我们的视线。如果你的主子有什么话想跟我说，让他自己过来对我讲，你告诉他，我会把他们一个个都扔到安桑奈·斯鲁伊斯水闸里面。你这个可怜又胆小的愚蠢之人，赶紧离开我这里，让我能安静地画画。"伦勃朗的这些反应都很自然，任何正常的人遭遇到这种事情，都会想要毫无顾忌地宣泄一下心中的愤怒，不过伦勃朗的这番话语可能有些不中肯。因为这次宗教法庭只是告诫她的女仆，不允许他们未婚同居，但是并未提到不允许伦勃朗画画。

伦勃朗的这些举动反而令可怜的亨德丽吉苦不堪言，逼得她实在没有办法，只能听从宗教法庭的命令，去法庭接受指控，请求那些人的宽恕。亨德丽吉最后到底什么时候出庭接受指控的，我不太清楚，出庭这件事情她一直没有告诉伦勃朗。只是在一天下午，她自己偷偷从家里出去，等她再次回到家中的时候，似乎一切事情都处理完毕。当天半夜的时候，伦勃朗让泰塔斯请我到他们家去一趟。

当我到了伦勃朗家中，发现亨德丽吉神志不清，似乎发着高烧，嘴里一直念叨着什么地狱之火和魔鬼撒旦，吵嚷着说撒旦正拿着一个熊熊燃烧的火炬追赶她，然后突然又大哭起来，嘴里还一直呼唤着母亲，并且一直喊着说自己是一个好姑娘，因为伦勃朗对她太好了，他们才在一起的，就这样她一直边喊边哭。我马上在她的额头上放一个退热贴，并且让她喝了一点儿热牛奶，之后她才稍微平静下来。而第二天早晨她又恢复平常状态，昨天的事情就像从未发生过一样。

到了星期日，我又按照往常的老习惯，午餐之后来到伦勃朗家中拜访，看到亨德丽吉之后，不禁询问道："你感觉怎么样？今天上午讲道都讲了什么内容？"而亨德丽吉神色凝重，冷淡地回复道："我不了解，因为我根本没去。"这时我突然感觉到自己问话的唐突。三天之后，我终于了解她没有参加的原因，因为她目前跟伦勃朗的这种同居生活状态，是被禁止参加圣餐式的。可能这就是所谓的宗教规矩，但是对一个怀孕已经八个月的女人来说，这并不意味着是一件好事。因为在之后发生的事情上就能明显地看出这一点。

23. 倒霉的事接踵而来

本月的第一周，我的两位病人突然去世。她们被送进医院时病情并不严重，需要动的手术也并不复杂，一般情况下康复的可能性很大，但不知为什么在我为她们注射一种普通的麻醉剂后却都死去了，为使她们复生我尽了最大的努力，但却丝毫不见成效。她们都是中年妇女，健康状况比较差，因为我国大多数妇女是在十九岁时便被强迫生孩子，导致身体未能完全康复留下隐患。

这件不幸的事情很快闹得满城风雨，那些一向反对我的医疗方法的人开始幸灾乐祸。他们宣称这种事早在他们预料之中，如果让我继续行医，终将会把整个阿姆斯特丹的居民治死。政府应该封闭我所在的医院，我也必须被开除出医师公会，因为我违反了上帝的意志，这是应有的惩罚。

还没出二十四小时，我便收到了一份由市长签署的公文。公文内说此次事件在未经官方查明前，不允许再使用麻醉剂。并派出三位非常有声望的医师对死者进行解剖，然后将结果汇报给政府。这三位医师中，有一位是我的好友，另两位都属于旧派医生，他们在未检查前就已经认定我是个江湖骗子。

尸体检验完毕后，三位医师得出一致的结论，死亡的原因是两位女人都患有瓣肿大症，在这种情况下，循环系统遭到任何震荡都有可能丧命。因此即使在手术时不使用任何麻醉剂，她们也同样会死亡。所以结果认定为，此次事件与麻醉剂无任何关系。虽然这个结果让我感到一些宽慰，但不幸的是，当局决定不把这份报告公之于众，因为全城目前依然议论纷纷，说某个医生为了得到尸体进行研究，故意将患者毒死，然后将她们切成碎块去喂老鼠。

倒霉的事情不止这一件，很快第二件便接踵而至。

亨德丽吉在和我接触了一段时间后，不再像以往那样羞怯，与我说起了她对即将到来的分娩所产生的顾虑。她告诉我，在这之前她生过一个孩子，但出生不久后便死去了，她本人也差点在那次分娩过程中因剧痛而死。所以每次想起那件事，她便会不寒而栗。对于这次怀孕她做好了强行将婴儿取出的准备，只是问我，如果真的必须那么做，我肯不肯为她来做这个手术。在我对她进行检查之后，验证了她的担心。亨德丽吉的盆骨很狭窄，自然分娩比较困难，于是我决定答应她的请求。但我建议她到我那里去做手术，那边地方宽敞，手术时比较方便。但淳朴的亨德丽吉认为在自己家外的地方生下孩子是有罪的，一直犹豫。幸好伦勃朗赞成这种安排。于是在十月里的第一个星期，亨德丽吉住进了医院。

五天后，她开始阵痛，但一直延续了三天还没能顺利生下孩子。疼痛折磨得她痛苦不堪，甚至企图从窗口跳下去。第四天早上我决定对她进行剖腹产手术，这时她告诉我再也忍受不下去了，请求我给她服用立即见效的毒药。我马上给她服用了大麻精汁作为麻醉，由于她已经筋疲力尽了，药物迅速见效，直到助产妇将婴儿清洗干净抱到她身边第一次喂奶时，她还处于昏迷中。手术后亨德丽吉康复得很快，两周后便回到了布利街，看上去面色很不错，心情也相当愉快。

十月底的一天，婴儿在教堂里接受洗礼。市政厅也认为在这个时候去为难伦勃朗不是一件光彩的事，于是暗示牧师停止一切攻击和议论。就这样伦勃朗·凡·莱茵和亨德丽吉·斯脱菲尔斯的小女儿柯奈丽雅得以顺利列入户籍。但这一切却只是我倒霉的开始。

亨德丽吉对我颇为感激，对服侍她的保姆说，是我在她无法忍受考验时，救了她的命，让她免于受苦。那个保姆虽然也是个能干善良的女人，但却和她的诸多同行一样有多嘴的习惯。迅速把这件事情宣扬了出去。她对每一个邻居说："你们知道吗，约翰医师在最后的时候给她吃了一种药，便不会再感觉到疼痛了，这太奇妙了！不过怎么和我在《圣经》上看到的不一样呢？"

一星期后，塞伯德阿牧师以"分娩不念上帝咒文"为题，做了一次著名的演讲。两周后，全市人都知道了"一位装作比上帝还聪明的自由思想家兼阿明尼阿斯主义者"在医院里进行着可耻的行为。谣言迅速蔓延，快到根本无法收拾。没出一个月，塞伯德阿便带领他那个教区的数千居民前往市参议会，要求参议院立即逮捕我，并马上封停我的诊所。当局对这个前来抗议的年轻牧师说，如果他再因为这件事纠缠不休，便让法警将他踢出会议室，并把他吊在阿姆斯特丹市最高的绞刑架上。对此，我并不想对当局表示感谢，他们之所以这么做也绝非出于对我的爱护。我只是希望麻烦能够到此为止，让我能够有时间进行实验工作。可怕的是，两天后的一个午夜，几百个男女悄然有序地闯入医院，把十八个病人抬到街上，然后放火点燃了房屋，之后又像来时一样，悄然无息井然有序地消失了。

等我赶到火灾现场时，房屋已经烧得面目全非无法挽救。这个我投资建立旨在拯救人们病痛的医院，只剩下焦黑的断壁、冒烟的木梁和烧得火热的红砖。我的梦想仿佛也在这场火灾中破灭了。

我的医院是因为政府未能及时镇压的暴乱而导致烧毁的，我向市长要求得到赔偿。他们对我说，将会采取措施满足我的要求。但他们把这个议案提到日程上便用了整整七年，然后做出决议，赔偿我所要求的总数的三分之一，又过了四年他们才付给我之前答应赔偿的半数款项。我认为这完全是一种不公正的处理方式，要求他们至少付给我百分之五或百分之六的累积利息时，他们却无耻地告诉我，这已经是很慷慨的了，如果我对此还不满足，将很可能一无所得。

这就是我在伦勃朗破产的那些年里一直爱莫能助的原因。

我曾经致力于造福人类的工作，我按照自己的职业特长力图为所有不幸的人做些事情，为了让更多人摆脱生命中的那个阴影——手术造成的痛苦。而我这么做是否正确，用洛德威克的话说，不是我能够说了算的。他们无耻地摧毁了我的事业，践踏了我的梦想，在我的痛苦之上塞伯德阿·哈捷文达斯牧师又作了一次扬扬得意的讲道。而我却只能靠挂牌行医维持今后的生活。

24. 孩子们

伦勃朗的儿子小泰塔斯，将要年满十五岁，我的儿子也快成年。每当这个时候，做父亲的总会盘算一个问题，到底该让孩子从事哪一行呢。我为了这件事一直很苦恼，但比起泰塔斯给伦勃朗带来的烦恼我便不该抱怨了。小泰塔斯继承了母亲那纤细的双手和骨骼，以及脆弱的肺部，看上去很消瘦。但却长着和父亲一样的脸型，我时常想，要是能够反过来就好了。伦勃朗的体格健壮得像个公牛，但面孔却像个诚实、勤劳的木匠，而萨丝佳身上却散发着优雅的贵族气质，可怜的泰塔斯要是能继承父亲的体格、母亲的气质该有多好。

让·路易斯和我常常思考和讨论这样的问题，到底是继承优良的血统更重要，还是受到良好的教育更重要。究竟哪一个对人更有利呢？良好教育到底能够给本来出身于淳朴家庭的人多大帮助？继承了优良血统的人是否会在今后的成长过程中辜负与生俱来的优势？后来我们得出结论，任何规律都会有意外，我们试图设定的条件也会出现不同变化，所以这是个我们无力解决的课题。

在讨论过程中，让·路易斯突然迸发出一个有趣的想法，他认为教育和单纯的才能是两回事。如果一个人有才能即使不接受良好的教育也能做好事情，而一个没有才能的人只有接受了良好的教育才能顺利地完成事情。于是我问他："你说的或许对，但这和我们所谈的事情有什么关联吗？"他回答说："完全无关，现在已经是深夜两点了，一个人不可能带着疲倦的精神把任何事都说得头头是道。"于是问题还是没有解决。就泰塔斯的情况看，我觉得是个难题。这可怜的孩子从父母那儿所继承的恰恰都是些致命的弱点。他是个男孩，漂亮的外貌并不能帮助他多少，绘画的天赋他也继承了一些，但是少得可怜，很微弱，几乎看不出来。他给人的印象是个彬彬有礼的男孩，看上去很乖，并且还有一些女孩子身上才有的温柔特质。我知道这是亨德丽吉教导的，但我却一直不知道，她自己是在哪里学会的这些礼仪。小泰塔斯心地善良，却缺乏男人该具有的体力与精力。我曾经问过伦勃朗以后打算让这孩子做什么，但一切与工作无关的话题他都会敷衍地含糊回答。

"我想，他会做个画家。"

我又接着问："如果没能成为画家，他将来怎么生活？"

"嗯，我想他会有自己的办法的。"说完他便专心致志地投入到了肖像画的工作中，这幅画他画了很久，现在需要全盘审查一遍。

伦勃朗的热情全部投入到了绘画事业中，但天真善良的泰塔斯，在这个被战争闹得乌烟瘴气的世界上要怎么独立生活下去呢？他的父亲虽然长期以来都是入不敷出，但至少在这个世界上成功过。可是现在，由于伦敦合约的签订，导致物价上涨，一些在国内根深蒂固、家产丰厚的富翁们也跟着倒了霉，不得不放弃以往奢侈的生活习惯，过起了朴素的生活，一般的民众更是受到大动乱的影响，无力再做以前的老本行而改做起木材或军火的投机买卖。只有少数的一些人利用战争大发横财，正在疯狂地暴敛城市和乡村的房产。他们置备了豪华的马车，还购买了精美的战袍挂在车门上。但是这些人本是些庸俗的家伙，根本没有对家具、艺术和音乐的鉴赏能力，只会盲目地跟风，他们所购买的绘画几乎都来自号称绘画制造厂的安特卫普和巴黎。面对这种形势，性格文弱的小泰塔斯如果也像他父亲那样画一些人物肖像画，如何能够面对外来绘画的冲击，如何把画兜售给这些毫无教养、没有鉴赏能力的富商们呢？不过他还很年轻，以后的事情无法预料，或许他成年后改变主意做其他的行当，或许也是一件好事。

在这方面我儿子倒是没有让我过分地担心。他似乎没有继承我和我妻子，甚至他的祖父祖母的任何特点，却像极了我的祖父，也就是他曾祖父。对于这种生物遗传学上的奇迹，我由衷地感到高兴。我祖父身上的那种独立自主、热情充沛和勇敢的特质，如今又轮回到了这个家族的血脉上，真是一件让我无比兴奋的事情。

我的儿子从小就对我所热爱的工作毫无兴趣，虽然他对病人也很不错，但只是怀着一种温和的态度去表示同情。他身体非常健康，所以也不太可能体会到病人的痛苦而去产生怜悯。我父亲热爱军事的性格在他身上也没有得到体现。有一次他对我说，他并不喜欢打仗，他认为打仗是一件具有强大破坏力且漫无目的的蠢事，这并不符合他对趣味性的认知。如果能够选择的话，他倒是愿意用自己的头脑和双手去制造些东西。这孩子天生就有一双像钢钳般有力的双手，从小就喜欢做些风车、马车一类的东西。

不过这是在他十岁之前的爱好，当他十岁以后，他开始在机械试验和某种抽象的数学公式方面着迷。我一直觉得这种公式毫无意义，但他对我解释说，这代表风速、木头之间和石头之间的摩擦力，之后又讲了一些我永远都不能理解的机械原理和工作细节。我一直都没能发现究竟他是在哪儿学到的这些东西。最初我把他送到一个擅长教拉丁文和希腊文的著名学校学习，但他在那里一无所获，上课时不是打瞌睡就是在笔记本里画升降机设计图。要知道当时的希腊文是被社会公认的高雅课程，是成为文人雅士和进入上流社会所必需的部分。但每当我向他说明这个重要性时，他都对我摆出一副痛苦不堪的表情，甚至有一次还说我是在吹牛。他辩解说，如果我的意思是在某一所教授希腊文的大学里消磨五年的时间，像那些游手好闲、自以为时髦的家伙一样去酗酒、追求女孩，那么做不做文人雅士就没有任何意义。他觉得到圣安桑奈城门外的母牛磨粉厂去和厂主交流十分钟，比漫无目的地把枯燥的希腊文书籍乱翻四年要有用得多。

我试图谈论古诗的优美以引起他的兴趣，但他冷静地望着我说："但是，亲爱的父亲，你有没有听过磨粉厂里开足马力转动的机器声？还有什么声音能比这更优美动听吗？"这时我才意识到，我根本不可能用自己的意愿去强迫他做任何事了。我们希望孩子能通过受教育而有所收获，但究竟他们能收获多少，这完全取决于他自身性格中某种神秘的基因。而这种基因的实质，恐怕我永远都无法搞清楚。但我确信，如果一个孩子对某种学科有明确的兴趣，那么纵然有种种阻碍，他也会突破阻力去学习。相反，如果他没有这种明确的爱好和愿望，就算我们想尽办法去诱导和灌输，那门学科也不会成为他无法割舍的一部分。在我儿子就这个问题教育了我二十年之后，我才逐渐看清楚它的本质。但我很高兴，因为早在这之前我就怀疑过此种教育方式的原理，现在我的儿子向我证实了这一点，他从未给我增添过任何麻烦，我也不应该给他带来烦恼，只是因为我是他的父亲，或多或少会有一定成分作为他的对头而存在。

有时我和伦勃朗会在周末带着孩子们一起外出散步，每当这时小泰塔斯总是满脸的不高兴，他一心想着要赶紧回家去给他的绘画着色或者看看书，半小时后就开始抱怨说他疲倦了，一小时后则会坐在地上大哭，看来他孱弱的身体的确是很容易疲乏。而我家的那个野小子总是精力充沛，一心一意地在边上摆弄着他一星期前搭建起来的机械装置，并将它放在刮着大风的阿姆斯特丹河水中进行试验。他还常常说，风车是个好东西，不但可以抽水、磨粉，还可以碾米、榨油。他还坚信，风车还会创造出只有上帝才知道的奇迹。

这时泰塔斯总是一脸哀怨地望着他说："我讨厌风车。它很难看，发出的声音更让人讨厌。"然而他得到的回答总是："哼！难看？它们是很有用的东西，有用的东西绝不会难看。"伦勃朗也时常能听到他们这类幼稚的对话，但他似乎从未注意过，也不关心他们谈些什么。只是偶尔评论说："他们还都很小，将来都会摒弃现在这种看法的。"但我对此深表怀疑，我不知道是否真的有人摒弃过他出生时便已深深印入脑海的思维方式。

25. 市政大厅的那幅画绘画

1665 年的秋天，北欧不稳定的局势日渐明朗，似乎注定将要爆发更大的危机。

当国王查理的军队将但泽拿下，我们国家的一支舰队被派往这个城市，当这个城市被掌控之后，立刻又将它交还给波兰国王。

这样的形势似乎并不十分明显，因为这件事情发生之后，好多人仍然觉得我国跟瑞典保持着友好关系，德·威特阁下竭尽全力想促成斯堪的那维亚半岛这两大强国瑞典和丹麦的联盟关系。而尼德兰联邦共和国则成了"居中协调人"，协调这两个国家的关系，防止他们之间发生战争，维持两个国家的和平状态。但是这个计划最终却失败了。对于这两次发生的事情，似乎都是因为阿姆斯特丹，州长是一个"党派立场很明确的人"，他坚信这些所谓的高尚人士组成的政府，当然这些所谓的高尚人士就是他的亲属以及亲属的亲朋好友，是我们国家各个城市的富有之人。

但是不可否认的是，他的确是一个拥有卓越才能的人，有的时候他可以自我牺牲，将自己派系的利益搁置一边，而相比之下，那些在新建大楼里高高在上的各位市长，则一味地信奉着一切都属于他们所有，自己的利益一定高于国家的利益。

在这种特殊的状况之下，似乎我们也只能说阿姆斯特丹采取的行动和策略比较明智，无论这种行动和策略的制定是否存在侥幸。

我的老朋友拜克尔去世之后，市政等一切事物便由凡·比宁根家族其中一个成员接管。可以说在我们国家刚刚取得独立之后的半个世纪，的确给许多青年人提供了展示自我才华的机会，像约翰·德·威特担任国家元首职位时才刚刚二十八岁，而康拉德·凡·比宁根获得权力时也才年仅三十三岁，才华甚至超过了我们从历史书上看到的古希腊的很多独裁者。他所隶属的家族体系，不但对波罗的海的粮食买卖颇为热衷，而且对东印度群岛的香料生意也相当推崇。而他本人仪表堂堂，在职的二十多年时间，对自己的工作恪尽职守，除了拥有谦和的态度还具有非常卓越的领导才能。他个人擅长演说，虽然在我们国家演说才华一直没有得到重视。因为我们国家多数人喜欢超乎寻常的演说而不喜欢措辞优美及犀利的演说。

但是这位市长似乎对讲道并不热衷，他是一个追求精神思想自由的人，听许多人说他喜欢辛尼加和马卡斯·奥里拉斯的格言，而不喜欢加尔文和诺克斯的格言。因为他是一个富豪，因此对于其喜好的评论也都是暗地里进行，从未公开指责过，而最近由于市长被家人辱骂说过于疯狂，许多曾经背地里指责他宗教信仰的人才逐渐公开谈论此事。

这位市长将他个人的全部精力和时间用到实现他梦寐以求的计划，令波罗的海变成为荷兰的利益所左右的区域，俨然将它变成另一个须德海。而一直住在海牙的州长，是市长的朋友，他虽然比较赞同来自阿姆斯特丹的计划，但是仍然希望能够慎重进行这项计划，因为他与海军的关系相比凡·比宁根更加紧密，同时他也了解即使在具有相当优势地位的情形之下仍然有些东西是不可预知的，再好的舰队装备力量也有难以依靠的时刻。

因为还有一种强大的力量是永远无法预知的，它就是来自大自然的力量，比如突如其来的大风暴或者大雾，这一切将会扭转整个战局，甚至会将唾手可得的胜利转化为乌有。更何况强大且装备齐全的一条六七千吨的战舰的制造至少需要十四个月的时间，但是一旦战舰被炮火击中，可能不用花费一分钟的时间便将石沉大海。所以，即使这位州长与阿姆斯特丹市长想法一致，都要想办法压制住瑞典君主的野心，使波罗的海粮食产区能够继续对荷兰开放，能够自由贸易，但是他也绝对不愿意去冒丢掉整个海军的风险。

州长向他的朋友阿姆斯特丹市长询问："英国将会采取怎样的行动呢？如果英国利用了这次我们国家船只都不在北方的时机，向荷兰海岸登陆进攻，那将会变成什么样的局面呢？"听到他朋友的顾虑，阿姆斯特丹长官回答说："目前共和国与英国都处于相对和平共处的局势，甚至跟那个国家签署了停战协议，因此我们不必过多担心这方面的问题。"州长迫不及待地说着，"但是两个国家之间的协议又算得上什么？一切随时都可能发生改变，当一个国家认为进攻另一个国家是对自己极为有利的时候，你觉得一纸协议能够真的阻挡住他们吗？"接下来他列举了许多鲜活的例子，试图来印证曾经有许多国家、共和国等都最终选择了对自己有利的形势而将一切签署的神圣协议当作废纸。

在这次战争发生过程中，我的一些在船上工作的同行都很支持我提出的一些建议，积极地跟我合作付诸实施，这些都是令我感到欣慰的地方。

而我也亲自参加了一场松德海峡的战役，当时在兰格尔指挥下的瑞典人打了败仗，虽然我们也很遗憾地失去了著名的韦特·德·韦斯指挥官，他是一个非常有领导才能的指挥官，雷厉风行，战无不胜，甚至有人称他为"海上野人"。我也有幸获得进入哥本哈根参观的机会，我觉得这里很像我国城市阿姆斯特丹，不过同时也感受到这里的人们比我们国家的人民生活得更加开心，也不会像我们国家的人民那样喜欢采取暴力行为，令我对这个城市颇感兴趣。

当我回到阿姆斯特丹时，我发现近八年以来，我们一直在修建新的市政厅。威斯恃伐里亚和约签署之后，我们的独立刚刚被承认，雅柯·凡·堪宾便被指名要求绘制新的市中心建筑的图纸，他们认为老市政厅的建筑过于简陋，整个楼房又太小，与我们整个城市的宏伟格调不相符。因此在 1653 年七月的一个星期六的晚上，当老市政厅大楼被付之一炬时，似乎没有人为之感到惋惜和留恋。

而就在当时，伦勃朗的朋友西克斯市长的一个堂兄弟，抢救出市立银行的账簿，这个举动至今仍被许多存户所感恩。堤坝上面老市政厅废墟后面的区域，八年以来一直都被高高的围墙所围住，令我们无法看到里面的样子。我们只是听说了许多发生在围墙之内的奇闻逸事，而当时的围墙俨然成为非常好的广告招牌，用来展示我们国家公立学校制度的严谨性，因为距离地面一英尺的高处，上面写满了各种污秽之词，这些足以说明连我国最年幼的儿童都会拼写，而且拼写得非常正确。

相信除我之外的每一个市民都很了解，到底有多少棵挪威松树已经被埋在地下用来加固这座楼房。这是一个相当可观的数字，也是一片相当可观的松树林，那些被埋在地下的松树有一万二千棵到一万四千棵。而且每一个市民也都了解，因为这些都被人们一次又一次认真计算过，这些楼房底层的宽度、楼房的高度，以及包括三个不同的牢房在内的房间、各种烟囱、防火所用的蓄水池的数量。

但是最令我们充满兴趣的则是这里所有奢华大厅的装饰计划，因为这里将成为市长的官邸，以及高级法院的处所，也将是各位警察局长、税务长官、参议院等这些长官处理公务的地方，相信他们一定会为这个地方好好装饰一番，那么必然会要求画许多绘画，而伦勃朗是最适合的人选。于是，我拜托了一些对执政当局有一定影响力的人士为伦勃朗美言，他们表示同意。

不过当我拜托他们之后又再次遇到他们的时候，他们却总是各种搪塞说："我们上次遇到第一市长阁下的时候，已经向他推荐了伦勃朗。"或者说："市政厅的一间客厅，就是准备让伦勃朗负责创作装饰的，客厅的屋顶还没有建造完毕，所以目前还没有办法判断光线效果，需要等到整个屋顶建造完毕才能做出最后的决定。"但是据我所知，像鲍尔、弗林克、约翰·里文斯以及其他几个画家都已经开始忙于为这座市政厅大楼的装饰进行创作，而约翰·布朗科斯特也开始着手为审判庭的天花板装饰拟定新的创作计划。普通的百姓对于市政厅选择怎样的画家来进行装饰创作并没有太大兴趣，这对于他们来说无关紧要，只要市政当局觉得哪位画家是适合的人选，那么普通百姓又何必在乎那么多，其实市政当局他们当然了解需要什么样的画家，需要什么样的绘画作品来装饰。

后来大家都听说了，市政厅装饰所需要的所有雕塑品实际上已经邀请一个安特卫普人阿伊特·癸林来创作，这时候你也能同时听到来自许多人的询问，"难道我们国家本土就没有一个真正好的艺术家能够跟外国艺术家媲美吗?"可是每一个自认为拥有最高雅眼光的人都觉得比利时画家确实比我们国家的画家优秀，认为他们创作的题材高雅，甚至连裸体的处理都不庸俗，况且正赶上癸林是那个时期公认的最有才华的雕塑家之一，因此许多人的这种疑问并未得到应有的重视，何况大多数人愿意对统治者阿谀奉承。

　　弗林克和鲍尔这两个人曾经是伦勃朗的学生，当他们还在跟随伦勃朗时，我就认识他们两个人了。因此这个时候，我找到了他们两个人向他们讲明了目前伦勃朗的情况，希望他们能够帮助一下伦勃朗，而这两个人也一直很尊敬他们的老师，也希望自己能够为他做一些事情，但是他们两个人顾虑的是，如果此时他们向执政当局的人推荐伦勃朗，或者替伦勃朗说一些话，那么会让当局认为他们是对当局制订的计划进行干涉，很可能会给他们两个人招来大麻烦。鲍尔很坦诚地对我讲："即使是现在，我们两个也随时有可能被某个佛兰德斯人取而代之，因为那些人学习鲁本斯的绘画手法，比我们优秀许多，况且鲁本斯在这里是名人，是英雄，就像约丹斯一样，而我们的老师伦勃朗呢? 他太追求自我的创作，经常不是色彩太过浓重，便是光线感不强过于暗淡，或者其他方面，总之并不是令大众喜欢的创作，并不讨好大众。我和弗林克还有其他以前跟伦勃朗老师学习过绘画的人，实际上几乎都已经被迫不得不改变了我们原本绘画创作的手法和技巧，变成略带一些佛兰德斯或者鲁本斯风格，以便迎合大众的审美和要求。请您谅解我的这种做法，不过我们的改变也都是为了生存，为了能有人继续邀请我们绘画。如果我们一直保持原来的创作手法而不改变的话，相信现在我们几乎要被饿死了，如果您不相信我的话，可以向任何一个画商询问一下，看他们是否有机会卖出伦勃朗的绘画。当然也常常有意大利人购买伦勃朗的绘画，可能因为意大利那里的阳光三栏吧，那里的人们比较能接受晦暗的色彩。但是其他国家的人可不同，许多人不太愿意接触他。所以这种情形之下，如果我们跟执政当局推荐伦勃朗，或者哪怕是提到伦勃朗的名字，当局的人都有可能直接将我们赶出来叫我们少管闲事，只管赶快做好自己手头的工作，而我们的工作就是创作的作品倾向于法兰德斯风格。"我也明白他们两个人讲的这些话的意思，虽然也明白他们说的很多是对的，但是伦勃朗是我的朋友，我一定要竭尽所能帮助他，因此后来我又去了海牙，并对德·威特阁下说起了这件事情。

德·威特阁下说："我对这种事情并不太懂，是一个外行，而且如果别人知道我竟然向一个完全独立的城市的内部事务提出建设性意见，那一定会招来很多事端。例如，如果有人告诉当局那些人我喜欢黄色的窗帘，那么我相信当局的那些人立刻便会安排将每个窗帘都弄成绿色。因此我是无论如何都不适合去说些什么的，不过既然是伦勃朗的事情，我还是很愿意写一封信请你代为转交给我的舅父。我的舅父是一个风趣高雅但很理智的人，而且是在本国很有威望的一个人。"实际德·威特阁下的这种说法实在是很谦虚，因为任何人都知道，在阿姆斯特丹想办成一件事情，如果事先得到了这位著名的波尔斯布鲁克村贵族的认可，那么一切都会顺利很多。这个称号也是在他晚年的时候才获得的，因为那个时候他正好购买了波尔斯布鲁克村的地皮。

其实我也没太明白他这样做的用意，因为当柯奈里斯·德·格拉伊夫还是一个平民的时候，便已经非常有名，称得上是阿姆斯特丹的无冕国王，他同时还是共和国里最具影响力的人物之一。他并不是德·威特阁下真正的舅父，而是德·威特阁下的前妻温达拉·拜克尔的舅父。不过这并没有什么关系，即便两个人并不存在亲属关系，也不会影响他们两个人真诚地交流和互相的喜爱。他们两个人可谓惺惺相惜，都拥有超乎常人的才华和智慧，而为人处事方面也同样谦和清廉，并且他们也都不贪恋权势和地位，因此他们两者之间不会有因为政策问题而发生不愉快的风险。

德·威特阁下这位舅父是否也跟他的外甥女婿一样喜欢集结党派，或者是否背地里也倾向于奥伦治王室，我们谁都不知晓。因为他从来都不会吐露他的心声，没有人能够了解他内心的真实想法，也许他在哲学方面拥有很深的造诣，因而他才能成为一位杰出的政治家。而他要做的事情就是不断地监视着阿姆斯特丹这座城市，令它能够继续保持昌盛繁荣，因此，他总是希望能与在海牙举行会议的总议会所代表的共和国政府保持良好的关系。而他的外甥女婿也由于姻亲关系成为总议会中最具威望的人，这的确是良好的配合关系，舅父是外甥女婿的顾问，而外甥女婿又向舅父汇报他所知道的一切事情，这种默契的合作关系产生了巨大的效应，同时也建立了卓越的功绩。他们两个人在世的时期，整个国家都保持着国富民强的局势。所以这两位的合作时代，也可以称为是我们共和国最黄金最繁荣的时代。

不过关于艺术方面的事情，我发现他几乎也是无能为力的。我在他的住所，也就是在希伦渠畔那里找到了他，这是他自从不再做布商成为富商的时候搬进的新住宅。他对我来访的接待就像其他所有做大事的人一样非常热情，对于每件事情的处理他似乎都有足够的时间，并且都能够得心应手。他请我进入住宅之后，安排我坐下，便马上跟我聊起了我所遇到的那次损失，他充满同情地表示："那简直是暴行，绝对是彻彻底底的暴行，绝对不可以原谅。不过冷静想想，也没有其他办法。每次暴徒的行为总会出现不同的受难者，可是令人感到不幸的是，这一次的暴行却直接让我非常关心的一个人承受了。我觉得你一定会得到所有的补偿，你一定会得到之前遭受损失所失去的一切的补偿。不过令人非常遗憾的是，我们国家的政府机关处理这件事情实在太过缓慢。如果我们是生活在君主制度的国家，那么处理这种事情的时间也就是目前所用时间的四分之一，会很快得以解决。国王如果签了字，那么一切便不是问题，肯定会顺利解决。然而如果国王由于某种原因不愿意签字，那我相信这事情恐怕永远无法解决，你将拿不到一分钱的赔偿，即使你的家人饿死在救济院，国王也不会痛心。不过目前在我们国家的政府制度之下，你至少可以相信，在你离开人世之前你多少会得到一些补偿，也许你的儿子能领到剩余部分的补偿。我不理解为什么政府处理事情总会这么缓慢，不过国库就好像我童年时期用来抓黄鳝的那种小圆篓，设计得相当巧妙，似乎一切都装得进去，但是要想拿出来，那就是做白日梦。不过不管怎样，我都愿意为你做些什么，今天有什么可以帮助你的？"

我告诉了他我今天拜访他的意图，他听到我的来意之后，无奈地挥了挥手做出了一个绝望的表情，然后说："还是要求我做些其他事情吧，其他事情可能还容易办到一些，例如，可以对皇帝宣战，或者让东印度公司给出一份去年的真实的预算报告，或者你让我派遣你到可汗的宫廷当一个大使，再或者我安排让阿姆斯特尔河重新改道进入北海而不是须得海。但是千万不要拜托我为伦勃朗这件事情游说，这可是让我拿名誉和地位去冒险啊。"听了他的一番说辞，我不知道如何是好，顿时呆住了。他可是波尔斯布鲁克村大贵族，正像大家所知道的那样，没有他的许可，就连老天都不敢在阿姆斯特丹下雨，而他竟然这样向我这个微不足道的一个医生说出这些，他居然不能安排邀请最优秀的画家伦勃朗为市政厅作画，这到底是怎么了，这到底是为什么呢？我将心中的疑问向他毕恭毕敬地提出，我想知道，到底是什么样的原因或者政治顾虑能够令他不能去做这一切。

听到我的疑问，他忽然吼叫道："政治算什么，只要是关乎政治方面，我绝对有能力将任何人随意安排到任何职位上，当然，我的这些能力也仅仅局限在政治方面。但是今天我们谈的并不是政治方面的事情，而是关乎宗教方面的事情，这是我一直回避不愿意触碰的事情。"我回答："可是阁下，你可以要求伦勃朗创作的画作不侵犯到教徒，不会令他们不满意，而且他最擅长画肖像画，我相信新的市政厅一定需要很多这样的作品来装点。"他听到我说的这些话，马上注视着我，面部流露出的一种表情，就跟我对别人说出愚蠢的话语时，别人看我的表情一样，然后对我说："亲爱的医生，难道你还不明白其中的深层次原因吗？你可能会觉得我们可以在市政厅想做什么就做什么，但是其实我们并不是可以随意而为的，我们只能在某种程度或者某种限制内做一些事情，而且也必须小心谨慎。我们那儿的窗户上还有几块破碎的玻璃需要更换，但是更换它们也不是一件容易的事情。那些牧师们仍然主宰着社会大众，而这些社会大众常常被我们这样的哲学家所忽视。可是大众的力量是不容忽视的，尤其是在我们这个没有宫廷存在，因此缺少很多人身保护的城市之中。我们之中有些人明白这一点的重要性，因而可以很好地运用这一点，也确实取得了很好的成效。我记得有一个叫伐尔基奈尔的人，他的父亲在东印度公司那里赚了很多钱，他可以说是我遇到的所有人中最缺少趣味的人，脾气很糟糕，令人厌恶，但是他却颇有智慧，拥有强大野心，他期望有一天可以坐上凡·比宁根的位子，只要那个可怜人在某次航海中遭遇不幸。他在市参议院里面没有任何朋友，而他却需要一个能够支持他的党派，这个时候，他采取了一个最有效的行动，几乎在一夜之间他就成了一个看似虔诚的教徒，可是我们都看在眼里，他并不善良，也绝没有虔诚的基督教徒的气质，相反他还令人厌恶，但是每个星期日你都可以看到他假装虔诚地坐在新教堂之中。"

"而那些'卑贱的人'却把这个虚伪的人看作自己人加以敬仰。你想想，如果这个时候，我推荐一个公然跟自己女仆同居的人来为新市政厅画画，你猜他会说些什么，或者他根本不必说些什么，只要他稍微一个暗示，那些牧师们便会一拥而上，做出各种兴风作浪之事，最后很有可能会造成流血事件。而现在我还没有想过他是否能够知道是你向我提出的这个建议，想想你只不过是一个医生，竟然能够试图将神给予人们的痛苦修行落空，那么你就会成为一个破坏圣灵的人。你说我还能够提出凡·莱茵这个名字吗，如果我提出建议让他画一幅画，那么我相信，整个城市瞬间将变为战场。"

"所以亲爱的医生，你还是要求我做一些别的事情吧，我相信无论你提出其他什么要求，我都能够马上答应。可是请别再求我这个事情，我年事已高，相信也命不久矣，请让我在晚年能够安安静静地离开这个世间。我用我的大部分时间来阅读各类历史书籍，当这个世界被理智控制五年后，人们便将会让它连续五百年听从他们愚蠢、自负、偏见的指挥。所以你看，每当我谈论这样的话题，便总有说不完的话语，相信人类只有一个敌人存在，那便是自己的愚蠢。但是人们却又离不开甚至喜爱这个敌人，就好像一个男人娶了人尽皆知的泼妇，令他们好似生活在地狱一般，虽然他们看似可怜，但是同时你也会发现，他们爱这样的泼妇，喜欢顺从于这样的泼妇。"

"其实我宁愿答应你让我发布命令放火烧毁正在新建的市政厅，只要我这么做能够令你满意，但是请一定不要再向我建议要求伦勃朗来画画，这件事情我是无论如何都不会答应的，因为我不会这么做，而且我确实也做不到。"我听明白了他话中的意思，礼貌地感谢他的盛情招待，便告辞回去了。

新建的市政厅大楼终于竣工，并举行了许多仪式来庆祝，你可以看到老教堂在举行各式礼拜，新教堂则各种祷告，与市政府有着各层关系的人士都要参加庆祝游行的队伍，你可以听到来自附近堤坝上欢乐的歌声、乐声，因为那里正进行着各种精彩的表演，你还可以看到那里充满了与此种欢快氛围相适应的表现，爱国人士的庆祝以及各种醉酒的状态。而我则一个人在家里闷生生地待了一天，直到晚上我去了伦勃朗的住处，帮他擦了擦几块铜版，因为他往往二十多个小时都一头扎进创作之中，其他的事情根本无暇顾及。

在本章即将叙述完毕的时候，我还想讲述一下这之后过了几年所发生的事情。

那是 1660 年二月，一直为新建市政厅的回廊创作装饰作品的果瓦尔特·弗林克去世了，实际他去世之前已经病了好久，大家都了解他已经没有精力和能力完成接下来的工作了。

而与此同时，我的老朋友和同事丢尔普医生担任了阿姆斯特丹市出纳官的职位，当时他在我们城里很受敬仰和尊重，他获得了众多的荣誉远远超过了我。不过虽然这样，我们两个人仍然保持着良好的关系，仍然是非常真诚的朋友，并且我非常了解他，他也一直很喜欢和欣赏伦勃朗的才华，伦勃朗曾经在二十多年前为他画过肖像画，当时他们两个都很年轻，都初出茅庐刚刚开始自己的事业。但从那时开始他却再也没有跟伦勃朗见过面。

丢尔普最近又准备画一幅新的肖像画，但是他这次请的并不是伦勃朗而是另一个国外的画家。即便如此，为了伦勃朗我还是决定尝试一次，这个时候的新建市政厅已经不再是新鲜事件了，并且不再是公众的焦点，可能只有出访我们这里的外国来宾及因公事来到这里的政府官员才会关注，因为这些人会被直接从船上接到堤坝上面，让他们一睹这个"世界奇观"，并且还会向客人讲解，告知他们那个在入口看守的大力士高攀的大圆球之内，就可以容纳至少三个人围坐一个中等大小的餐桌一同用餐。目前看来新建市政厅和它内部装饰工作已经淡出了牧师们及普通大众的视线，因此这位伟大的朋友丢尔普答应我帮这个忙，可以让伦勃朗来继续完成他学生未完成的工作。

要继续完成的工作是画一幅表达伟大的巴退维亚的英雄喀劳狄·西维里斯的历史画，这位英雄曾使我们国家摆脱罗马人的统治达到数年之久。这个事件发生在很久以前，而且没有人能够清楚地了解这个事件发生的时间和地点，但是每个知书达理的孩子都可以清晰地说出："罗马人入侵我们国家是在纪元前一百年，而在纪元前五十年，伟大的喀劳狄·西维里斯使我国摆脱了罗马人的统治和侵略。"

邀请伦勃朗完成这样一幅作品并未让伦勃朗感到高兴，他没有展现出过多的热情，甚至低于我的预估。不过这个邀请类似于他所说的"饭后送的芥末"，因为出现变故才邀请他继续接手工作肯定不会令他高兴。不过，当他动手开始创作时，那种抑制不住的热情便展现出来，他觉得既然展现的是一次密谋反叛，那整个事件的发生必然是在黑暗的夜间进行的，罗马人此时应该正在就寝。于是他决定挑选一大幅画布，这是他创作时所采用的最大的一幅画布，他将这位起义的英雄画成一次盛宴的灵魂人物，这位英雄正在向参加宴会的朋友们解释他即将发起的起义的全盘计划。他将整个画面都沉浸在几盏油灯的光线之中，这种手法甚至使他不眠不休。他花费了很多时间和精力，为了处理好这个事情，最后呈现出一个令人恐惧但充满神秘感的氛围。这个英雄人物只有一只眼睛，他占据了整个画面的主要部分，他手中的宝剑正闪耀出杀气的光芒，令我觉得很震撼，我也希望这个作品能产生巨大的感召力，期待它能够被挂在显著位置的时刻的来临。

伦勃朗创作这幅作品获得的酬劳只有一千银币，但是我却坚信，他的这幅画作能够引起巨大的效应，能够引起社会广泛的关注，从而可以让他重新回到大众的视野，重新能够恢复他在大众心目中的显著地位。而如果考虑到现实情况，更重要的还是他可以令画商重新关注他、喜爱他。

可是这一切都被市长等人的否定而摧毁了。他们很无礼地否定了这幅作品，有的人说，这幅作品中英雄喀劳狄·西维里斯看来太像汉尼拔，因为这位迦太基英雄也在战斗中伤到了眼睛，剩下一只眼睛，可能这种指责有一定道理，但是从这幅作品的艺术价值上来说，他们的否定简直毫无道理可言。有的人说，这幅画作的色彩太过昏暗，还有的人说，整个作品的光线全画得不对，没有人看见过能投放出这种阴暗光线的灯。

就这样，这幅伟大的作品没有机会被展示在大回廊，而直接被送到顶楼不见天日了，听那些政府人士讲，这幅画作画幅太大，普通房间没有地方可以挂起来，因此等以后再另行处理。可能这幅画太过优秀，普通人不懂得欣赏。不过直到今天，我还是不知道这幅画的下落，听说这幅画被裁剪成四块，卖给了一个废物回收商贩。

大概在一年前，我接待过一个病人，这个人曾经在前往瑞典的航行中给凡·比宁根阁下做过秘书，他跟我讲起，他曾经在斯德哥尔摩看到过一幅画作，与我墙上挂着的一个草图很相似，他提到的这幅草图就是伦勃朗画的英雄喀劳狄·西维里斯的一小幅钢笔草稿，这是几年前伦勃朗因为失望而扔到壁炉里，而被我从壁炉中捡起的草稿，幸亏那个时候是夏天，壁炉并没有使用。我很兴奋地询问是否真的确认是那幅作品，他说确实是，我继续追问他，他看到的那幅画的大小，他说："大概有您这个房间一侧墙壁的一半这么大。"然后我请他向我细细描述他看到的那幅画的内容，听过他的描述之后我才知道，那是伦勃朗那幅作品其中的一部分。也有可能那幅画就是一个临摹作品，要么就是那个年轻人看错了，因为我曾经给斯德哥尔摩写过信，并且在之后还会见过从瑞典首都回国的每一个人，但是最终也没有获得那幅画作的任何线索。

弗林克去世之后，市政厅大回廊中留下的空位，被一个我已经想不起来名字的有才能的画家取代。而伦勃朗只能将他之前画画得到的那些报酬让给这个年轻画家，因为市长那些政府官员觉得一个并未实际完成好工作的人不应该获得报酬，这样对谁都不公平。

26. 破产通知书

我曾经为观察我国波罗的海舰队而做过几次旅行，都是在不同的时期进行的，但没有哪一次旅行给我留下过清晰的记忆，或许是辽阔的大海容易让人健忘吧。那几次旅行在我的记忆里只是一个模糊的轮廓，我只记得狭窄船舱里不舒适的铺位，划向旗舰的小船上潮湿的船板，还有和一位服役多年但性格顽固的医生的争吵，以及船长们举行的愉快宴会。在我看来这些船长终生似乎只有一个愿望，那就是邀请海军的首长来到船上，在甲板上召开一次大会战。当然还包括德国北部和丹麦海岸线边那些长帆船，以及那些本不该死亡但却得不到救治的伤病员，他们过早地失去生命并不是因为病情有多么严重，而只是缺少最基本的医疗护理。

在这些模糊的记忆里，我偶然会想起一些短暂的时光，却都是在岸上度过的那几个星期里发生的事情。有一天，我正在为州长准备报告书而忙碌着，突然想出去散散步，而我一散步总会不知不觉地跑到伦勃朗家去。今天，房子看上去和往常一样平静，但在我进去以后发现似乎有点不对劲。大门里面的桌子上放着两顶不属于主人的帽子，楼上传来争吵声。我走进卧室发现亨德丽吉在哄柯丽雅睡觉。看到我后她让我先到后边的小花园里等她。一会儿工夫，她从楼上下来对我说："累坏我了，总算熬过了这可怕的一天。如果你不介意，我可以和你一起坐一会儿吗？"其实我们都很喜欢亨德丽吉，一直都把她当伦勃朗的妻子看待，但她在与自己认为的上层人士交往时仍然消除不了羞怯之意。

我挪了挪身子让她坐下问："出了什么事吗？"

她叹了口气说："唉，还是那些讨债的人，食品店的、卖面包的、卖肉的。这些人刚走又来了一批画商和放高利贷的。我连他们的名字都不知道，但是这次闹得挺凶。"

就在这时，伦勃朗也来到了门廊里。"我刚把那两个人打发走，不知道今天还会来多少讨账的人。"

亨德丽吉有点紧张地说："或许不会再有人来了吧？"

伦勃朗摇了摇头："不，只要有第一批人来，之后就会源源不断。家里还有烧酒吗？给我来点酒，今天我得工作一整夜，把他们打扰的时间弥补回来。"

亨德丽吉很快拿来了烧酒，伦勃朗喝了一杯后说："这些人疯了，我才刚刚开始画两幅新画，他们便跑来要账，很显而易见的是，我根本还没拿到钱不是吗？"

他刚说完，便又响起了敲门声。亨德丽吉站起身准备去开门，被伦勃朗制止了。

"别去开门，他们敲一会儿就会走的。"

亨德丽吉犹豫地说："可明天一早他们还会再来的。"

"随他们便，至少我能安静地工作一整晚。"

我用眼神制止了亨德丽吉的犹豫，随意地问道："你最近在做些什么？"

"大部分时间在画油画，这些天我正在做一幅铜版画，金匠约翰·鲁特马的肖像，是他家人之前和我预定的。其余都是画些《圣经》上的题材。近来订画的人很少，而且大多不愿先付钱。去年我为一个西班牙人画了一幅他女儿的肖像，他预付了七十五吉尔德，完成后他觉得画得不像，要求退款，现在还约着律师向我索要定金呢。战争让肖像画市场很萎靡，我年岁也大了，不愿意让人在画架前指手画脚。知道吗？他们想让我画一个手里拿着死鹦鹉的小姑娘威米叶，但就算是要在肖像画上画出死鹦鹉，那也需要由我决定该把它放在哪里。所以我现在画《圣经》题材的绘画，因为模特不会和我顶嘴。我想怎么进行位置变换都随我高兴，我把约瑟夫安排在这儿、把波提乏安排在那儿，至少他们不会对我说：'哦，先生，我想转个身，把脸朝向另一边。'我画雅各为儿童祝福时，也没人对我说，床上的被单该是什么颜色。"

门外的敲门声停了下来，看来他们绝望了。伦勃朗向大门的方向望了一眼后又倒了一杯酒。我打算缓和一下气氛说道："今天天气不错。"

可没想到这句话却让他出奇地愤怒。"天气不错？哦，上帝啊，天气真是太好了！是的，到处都是阳光，应该让你过一天我这种该死的日子。"

我不解地问："怎么？出了什么事吗？"

"全是那些事。"

"你是指那些讨债的旧事？"

"那不算是旧事了，是个传说了。这回是泰塔斯的事。"

"哦，那孩子最近身体不是还不错吗？"

"身体比以前好一些了，不过这回是关于他继承遗产的问题。"

这时我才明白他愤怒的原因，也就是德威克给我的那份报告中出现的那个问题。看来我长久以来所担心的事情终于发生了。原来泰塔斯的舅舅和姨母们要求算一算那笔遗产，而伦勃朗并没有将这件事放在心上，他将寄来的信件搁置在抽屉里，甚至没有做任何回复。于是他们坚持要求公开检查伦勃朗的账目，看看他们外甥的那笔并不存在的财产是否被动用了。而可怜的伦勃朗似乎根本不知道有记账这种事情的存在。在这之后他们依法起诉了伦勃朗，要求孤儿事务院拍卖布利街那所房子及里面的所有财产，让泰塔斯得到他母亲的那份合法遗产。在这件事发生时，我刚好不在城里，如果那时候我在的话，我想伦勃朗可能会和我商量，而我至少可以带他找一位能对他做出有利指导的律师。但是伦勃朗在惊慌失措的状态下，请求当时偶然进入他画室的一位画商帮忙找个律师。不巧的是那个人是个名誉很不好的画商，他当时来访的目的是希望卖给伦勃朗一幅伪造的米开朗琪罗的作品。更可悲的是他将事情应承下来，告诉伦勃朗说："没问题，我帮你找一位出色的律师，他在这一行可是顶级的。"于是伦勃朗在他的"帮助"下找了一位滑头的律师，这位律师在问清楚情况后，觉得事态已经不可挽回，但为了拿到诉讼费，他建议伦勃朗将布利街的房屋正式移交给泰塔斯，作为"孩子继承母亲遗产的一部分"。这种移交的目的，在于告知其他债主伦勃朗已经没有钱还债了，另一方面也抚慰了泰塔斯远在奥德林堡的舅舅们。这种做法在任何一个稍有常识的和生活经验的人眼里都是明显不过的陷阱，我不清楚那位律师是如何说服伦勃朗采用这种下策的，或许他们在谈论这件事时伦勃朗已经被这种他无力解决的事情闹得心烦意乱，只能含糊而痛苦地回答着"是"或"不"，以我对他的了解，或许当时他还会询问"这件事要纠缠多久？我什么时候能重新开始工作？"伦勃朗不了解的事情很多，他肯定不清楚这种移交成为正式状态时，移交契约必须交由孤儿事务院加以证明，而那个机构是以严格认真著名的。

孤儿事务院没有对移交提出任何疑问，他们并不清楚，那所房屋实际上已经不属于负债累累的伦勃朗，完全没想到一个人会将不属于自己的房产要求登记为孤儿财产。看来这次他们真的错了，我想伦勃朗也肯定没有告诉他们那所房屋早已被高价抵押了出去。移交办妥后的第二天清晨，所有债主都知道了这个消息，或许愤怒都不足以表达他们知道消息后的心情。在前厅摆放着的那两顶帽子，便是两位愤怒的债主脱下的。他们大骂伦勃朗是骗子，强烈要求他于二十四小时内撤销那张移交契约，并威胁说，如果不答应要求，并马上给他们立一张字据的话，将立即去破产管理法院控告他。

伦勃朗失魂落魄地听他们说完，请求他们等一会儿，他要去和亨德丽吉商量一下该怎么办。但当他路过画室时，发现一幅长久以来想要修改的油画，正处于阳光的照射下，于是便突发灵感，坐下来拿起画笔进行修改。我不清楚伦勃朗当时在想些什么，只知道他完全忘记了那两位愤怒的债主还依然在等待着回复，直到大门发出砰的一声巨响，他才想起上楼的目的。最初，伦勃朗对自己的失礼行为颇感难堪，但当在傍晚我看到他时，他已将之前的情绪抛之脑后了。

"我想他们该满足了吧？他们打扰了我一整天，现在也该让我清静一下了。"然而就在这时，又响起了敲门声，从声音上判断来人应该属于官方。

于是我建议说："最好还是去开门。"

亨德丽吉望着伦勃朗说："我去开门吧？"

伦勃朗点点头答应了。稍后，亨德丽吉带着一位身穿黄褐色长外衣的人出现在我们面前，看上去像是案件承办人的助手。

"我可以同伦勃朗·凡·莱茵先生说句话吗？"

伦勃朗粗鲁地回答："什么事？"

那人不急不缓地递过一个黄色信封说："没什么，就是把这个交给你。"

"这是什么？"

穿黄褐色外衣的人面无表情地说："破产通知书。"

"哦！来得这么快？不过我想你们也没什么办法。"

"是的，先生，我的确没什么别的办法，只是这凑巧是我的差事。"

"那么或许你想来杯酒？"

"这我倒是不反对。"

亨德丽吉又拿来一只杯子。伦勃朗把它斟满递了过去。

那人接过杯子一饮而尽，然后用手擦了擦嘴，深深鞠了个躬："祝你健康。"说完向我们道了晚安，便转身离去了。

在大门发出砰的一声后，四周一片寂静，谁也没有再说话，直到教堂的钟声响起，才打破这份难以言表的沉寂。

伦勃朗问："几点了？最近似乎天黑得很早。"

我数着钟声回答说："十点了。"

"我该回画室了，看来要过一段艰难的日子了。画画让我走进了困境，现在我仍然需要用画画来走出困境，幸好我还年轻。"

遗憾的是伦勃朗没能走出困境，从那天起直到他逝世，他一直都是个"债务未清的破产者"。

27. 离开布利街

第二天，我们这些伦勃朗的好朋友聚在伦勃朗的家里，一起商量想着对策，其实我们大家也都明白，我们为了拯救这条正在沉没的大船的种种努力也许都将白费，不过我们还是努力想着对策，看如何将这条注定要沉没的大船的乘客顺利转移到另一条船上，并且尽量降低给别人带来的麻烦。

伦勃朗一家人已经无法继续在这个房子里居住，也已经无法过正常人的生活了，因为房子内的一切物品他们都不可以触碰，破产管理法庭的人员可能随时都会过来登记备案他们房子里的全部家具物品及一切绘画作品，他们甚至无法继续睡在自己的床上。看到伦勃朗一家的处境，我提出让他们搬到我的家里，我腾出我的房间让亨德丽吉和柯奈丽雅住进来，而泰塔斯可以和我的儿子一起住，朋友们都觉得我的建议不错。

当那个案件负责人的助手将黄色大信封交给伦勃朗手中之后，伦勃朗并没有深刻了解到事情的严重性，而只是一味地在家里来来回回徘徊不停，一会儿拿起他收藏已久的绘画作品细细端详一番，好像在同这些收藏品做最后的道别，我们这些朋友也只能当他是一个小孩子一样照顾他。而此时我们并没有过多关注他的儿子泰塔斯，令大家没有想到的是，泰塔斯竟然像个大人一般很成熟地处理眼前的事情，他派人分别找到食品商、菜商等，向他们简单讲解了事情的原因，并且与他们达成共识，这样令他父亲的债务延缓了几天时间。

后来有个人好像是弗兰新说："卡尔弗街有个叫作'基塞斯克隆旅馆'的地方，听说很不错，是一个名叫斯库尔曼的人经营的产业，住的地方很宽敞，房租又不贵，那里之前应该是一个孤儿院，如果伦勃朗家里的这些东西需要卖掉的话，也可以考虑在那里拍卖，而且伦勃朗也可以居住在那里。"我打断了他的话语："但是如果他亲眼看到拍卖这些东西的时候，会不会觉得很难过很痛心呢？"似乎弗兰新并没有我这样感情用事，他轻松地说着："当然会，不过我们不能因为顾虑伦勃朗的感受而不去做这些事情，眼下最重要的事情是考虑照顾他的家人，相信如果那些竞拍的商人知道伦勃朗在一旁，应该能够顾忌一些，不会出价过低，你们觉得怎么样？"其他几个朋友听到弗兰新的解释，都表示赞同，我也觉得他说的确实很有道理，为了表明我非常赞同他的提议，我决定亲自向伦勃朗说明我们这些朋友为他和他的家人做出的打算。

我看到伦勃朗一个人在画室里擦着他的调色板，他看到我说："我觉得这些东西很快就不再属于我了，甚至我可能都不可以触碰他们，但是我也不能让这些东西白白被糟蹋了，这些东西都一直跟随着我，就像我最忠诚的仆人一样。"听了他的话，我很肯定地说，没有人会阻止他收拾整理这些他用过的工具，即使最严苛的公证人也无法阻止他这样做，随后，我将我们这些朋友为他做的打算告诉了他。他一边继续仔细地擦着他的调色板，一边听着我的话，点了点头。

随后他问道："那我们要在什么时候离开这里呢？"我回答："也没有那么着急了，大概一个星期或者十天左右吧。"他继续追问："为什么不马上离开，今天就离开这里呢？我想您也明白，如果当我知道我将失去目前我所拥有的这一切，我是无论如何也无法继续在这里待下去的。"我回答："那好吧，我跟亨德丽吉商量一下，看看她怎样想。"我找到了亨德丽吉，她正在女儿柯奈丽雅的房间里收拾着衣物。

她非常沉稳而冷静地对我说，"其实这对于我来说实在算不上什么大事，我一向过着很穷困的日子，其实我也不怕您笑话我，过这种富人的生活我反而会有些不安和不习惯，不过您也知道，这会让伦勃朗非常难受，这些东西都是他所珍爱的物品，希望他不会因为失去这些东西而想不开。"听了她的顾虑，我对她说，伦勃朗不会想不开的，他也很坚强的，他甚至比其他人更能经受住打击，然后我又回到我们朋友身旁汇报一下最终结果。其他朋友得知了结果后才放心地回去，这时，只剩下我和诗人基里迈斯·德·德克尔决定还是继续留在伦勃朗家里看看是否还需要帮忙。

我让泰塔斯去奥得·斯堪斯街的木匠铺那里请木匠过来帮忙，并从那里租来一辆大车，这样可以将亨德丽吉、泰塔斯的行李和物品以及柯奈丽雅的摇篮一同拉到我的家里。我请基里迈斯·德·德克尔将她们安全地送到新的住所。我上楼帮伦勃朗将一些新衣服、鞋子、床上用品等装进一个小旅行皮箱。把这些物品都整理完毕后，他又回到他的画室，自己小声地说道："我想这个画室里的东西我一个都不能拿走吧？"我对他回答说，恐怕确实一个都不能拿走。

听到我的回答之后，他拿起了身边的一根医用的大针，这个是我以前做小手术时使用的工具，用的时间长了就变得很钝了，而伦勃朗当时正找不到合适的用于雕刻作品的钢针，于是我就将这根大针送给了他。这时只听到伦勃朗问我："这个钢针是你之前送给我的，对吗？"我回答："不是，我只是当时借给你用一段时间而已。"他马上追问："这么说来，这个钢针仍然是属于你的东西了？"于是我回答："是的，没错。"他继续追问："那您能将这个钢针再借我使用一段时间吗？"我回答："当然可以，没有问题。"

然后我又看到伦勃朗在房间角落的一张小桌上剩余的一些旧颜料和旧画笔处寻找了一会，最后翻出一个旧旧的木塞子。他指着这个旧木塞说："我只想将这个木塞从那些债主手里拿走。"于是，他将刚才手里拿着的那根钢针塞到了木塞里，这样可以避免钢针针头被压弯。"我还想把这个铜板也带走，我想他们也不会发现的，即使被他们发现了，他们也不会就因为这两样东西把我送进监牢。不过只要有这两样东西，我相信我总算能有些事情来做，可以帮助我度过接下来的几个星期。"于是他一边说，一边将这两样东西放进了自己的口袋。

我拿着他的小皮箱刚走到楼下，就听见房子外面有敲门声，于是我打开了门，看到披着黑色短斗篷的两个人站在台阶上。我礼貌地询问他们有什么事情，他们回答说："我们是破产管理法院的职工，我们是过来负责清点物品，列出财产清单的。"我感到很惊讶，对他们说，"你们这也太快了吧？"他们回答："是很快，不过因为有一些债主们非常担心，他们觉得如果我们来晚了，也许这个房子里的有些财产就会不见了。"

我突然发现伦勃朗正站在我的身后，想到他刚才可能听到对方说的话，这让我心里感觉很不安。这个时候只见伦勃朗一边说着，一边慢慢从自己的口袋里拿出那一个小铜版，递给了两个人之中年龄比较大的那个人。"你说的没错，我呢，正准备把这个东西偷偷拿走，你最好赶紧把它收好。"

可是令我没有想到，颇感意外的是，那个年长的人边摇着头边毕恭毕敬地回答说："先生，我们明白您的想法，非常能够理解您的心情，您也不是我们所遇到的遭受此种不幸的唯一一个，我相信您不是第一个也绝对不会是最后一个。但请您不要太难过了，因为您是一个名人，又有才华，相信过不了几年，您又可以风风光光坐着马车回到这里的。"

说完此番话之后，他向伦勃朗鞠了一躬，并且拿出来一张纸和一支笔，开始了他登记财产的工作，嘴里说着，"我觉得您会谅解我的，前面客厅挂着的一幅绘画的作者是?""那是阿德里安·布劳威画的——"我紧紧地抓住了伦勃朗的手，然后将他推到了门口，我们在门口默默地站了一会儿，然后拿起伦勃朗的小皮箱转身离开了。从此以后，伦勃朗再也没有走进过这座房子。

两年之后，听说那个房子被卖给了一个鞋商，而鞋商将房子分成了两套，一套房子自己住，另一套房子出租给一个肉商。这两户人家似乎一直居住在那里，不过我也不能肯定，自从上次离开那里之后，我已经十多年没有再次去过安桑奈·布利街。

我总觉得如果一个人生活在某个地方，一旦习惯了那里的幸福生活，之后由于某种原因不得不离开那里，或者在那里失去了幸福生活，那么那个地方留下的一定是痛苦的回忆。同样，我也觉得一个人可以追忆逝者，但是不应该为逝者过多浪费宝贵时间，因为你身边活着的家人和朋友们更加需要你。

28. 拍卖

1657 年的大部分时间，我是在随同舰队往返于北海和波罗的海各地中度过的。我的儿子在这期间成了我诚实可靠的通讯员，虽然他来信的时间变幻无常没有任何规律性，书信格式看上去像是建筑师为砌砖匠所写的说明书，但我依然能从他那儿知道我所关心的一切事情，所以在这么一份看上去像是报告书的信中，我能得知自己家人和朋友的很多信息。

亨德丽吉仍然住在霍特渠畔。最初我曾担心，她和我忠实的女仆苒蒂之间可能会发生一些不愉快。因为仆人们都很难和那些曾和自己属于同一阶级的人保持良好关系，她们普遍都对这些人有意无意间流露出的骄傲过敏。不过首先我觉得亨德丽吉是一个淳朴善良的人，她身上遭遇到的不幸，能够得到很多人的同情，不至于认为她仅仅是靠着一张结婚证便平步青云地当上了凡·莱茵夫人。其次，苒蒂也是一个善良的人，她很喜欢可爱的柯奈丽雅，据我所知她们一直和睦地相处在那所房子里，从未发生过任何摩擦。至于那两个男孩，因为爱好的截然不同，也保持着友好的关系。泰塔斯喜欢抱着他的颜料盒，而我儿子则老是在摆弄他的风车进行计算。大多数情况下他们只是在吃饭时有交集，偶尔也会到迪埃麦米尔或奥德凯克去散步，其余时间互不干涉，很少惹长辈生气。

而伦勃朗也终于离开了那家旅馆，在他的家具和艺术珍品拍卖前接受了我的建议，搬去了我的书房工作。伦勃朗又开始画画了，只要他的手握在画笔上，所有的烦恼都像风吹落叶般一扫而空。他不再借酒消愁，头脑清晰得一如往昔。但是有时也会抱怨，他总在惦记财产拍卖的事情。每周都会让泰塔斯或我儿子去破产管理法院打听何时开始拍卖。但每次都得到同样的回复："还没有开始，需要再等待几个星期，要等到战争产生的影响消散，才能卖出一个好价钱。"于是，这段时间他只能在困境中苦苦等待，因为他一直指望着拍卖能让他摆脱困境。如果能卖出足够的钱，他便可以偿还债务，不再受法院追究。但如果拍卖不理想，他仍将是一个破产者，而他所画的每一幅作品和蚀刻都将归债主所有。

终于，在1657年秋天，监督官派托马斯·雅各松·哈林夫主持了拍卖会。伦勃朗则又回到基塞斯隆旅馆等待消息。最初的几次零星交易表明，战争的阴影还未消退，公众的经济能力还没能恢复。于是一周后哈林夫向监督官建议，将物品留至下一年再进行出售，那时或许能卖到目前价格的两至三倍。监督官同意了这个提议，伦勃朗的那些价格不菲的绘画、素描和蚀刻又回到了储藏室里。伦勃朗对事件的估计过于乐观了，他坚信自己的收藏品很贵重，而且是交给自己的朋友哈林夫处理，卖出的价格肯定会远远超出他的负债。只要债主们不再纠缠他，能够让他安心地工作，亨德丽吉和两个孩子以及他本人的情况会在不久后得到好转。在这期间债主们需要等待，不要再没日没夜地来打扰他，他不想再和这些人无休止地纠缠下去了。然而这时，债主们举行了几次非正式会议，企图使用各种诡计将自己列入优先选购的名单内，他们不停地去骚扰伦勃朗，这让他愤怒到了极点，吩咐苒蒂不再给任何人开门，除非能确定来访者是私人朋友，而不是那些催命的讨债人。1658 年的春天伦勃朗就是在这种情况下度过的，同时北欧的战事也即将结束，我已经完成了任务，返回了阿姆斯特丹。

我回到家时，看到的是这样一个温馨的画面：伦勃朗专心致志地画画，亨德丽吉照应柯奈丽雅，并且还帮忙做些杂物。我儿子在设计一种载客帆船，看上去和斯特文所发明的截然不同，因为它能逆风行驶。泰塔斯画着一些小幅绘画，可惜的是并没有什么独到之处。我让两个男孩搬到了顶楼，我则住在他们原来的房间里，不知为什么，这个变动让他们感到很高兴。第二天午饭后，我和伦勃朗开始聊天。他向我诉苦说，这一年漫长的等待让他很无奈。在他第一次向我倾诉时我发现他患上了一些疾病。头疼，两臂上时常感觉有百万只小蚂蚁在上下爬动，手仿佛被冻坏了一样会不时地抖动。只要静坐十分钟，两脚便会失去知觉。后背和前胸也出现疼痛感，他感觉自己也要死于萨丝佳所患的那种疾病，最让他觉得痛苦的是，他认为自己的骨头也有些问题。他总感觉骨头在熔化，如果这样下去，总有一天他会因为没有骨头而瘫软在街头。我不知道他的这个念头是从哪里得来的，这种妄想的症状是谁告诉他的。我猜，只有那些集市上的江湖庸医会用这种病症来恐吓病人，并向相信的人兜售他们的药方。不久后我看出，可怜的伦勃朗这些病症都是因为长期久坐，过于孤独，以及饮食无常不讲究营养所造成的，而身体上的不适让他在精神上也产生了一种对病症和债务的忧虑感。作为一名经验丰富的医

生，我深知，就算我对他说"这一切都没什么，快乐起来吧，我的朋友，你只是想得太多了，在灿烂的阳光和新鲜的空气下游玩几天你就会康复的"，也起不到什么作用了。想要医好他的病，就需要从他的病根处下手。然而这需要等待他的财产拍卖后，让他自己确认已经摆脱了一切责任和麻烦。其次就是需要等待他完成一项伟大的作品，他需要公众对他的认可，他需要感受到自身的存在感。

这个时期关于伦勃朗的事情，我也爱莫能助。我希望伦勃朗那忧伤的心情不致使他产生自杀的想法。我十分小心地看守着他，每逢他外出散步，我都亲自陪同，或派我的儿子跟着他。起初我曾建议，等让·路易斯下次再去海上探险时，让伦勃朗一同去，但不久我便放弃了这个念头。因为伦勃朗仍然和往常一样厌恶船上的生活，他向我抱怨说，他宁可待在监狱里受尽折磨，也不愿意去听那位当代最出色的法国人的演讲，但如果让他去航海，他宁愿去给那位法国人当听众。而另一方面，让·路易斯和我说，在他得到那个划船的奴隶传授的航海秘密后，才完全懂得了生活的真实意义，于是我想，对于航海有着截然相反态度的两个人，也不太可能凑合到一起了。至于我个人，在这个时期总是每周日到瓦特格拉夫斯米尔和阿姆斯特尔河散步，或是在须德海上旅行。但我和伦勃朗一样都在等待，亨德丽吉也在等待，我们一直等到1658年秋天，离伦勃朗被宣布破产整整两年之后，最后一个箱子，最后一幅绘画，最后一部蚀刻印刷机和最后几把椅子终于拍卖完成，所有的一切都由它的新主人带走了。来自荷兰、法国、意大利和德国蚀刻家的铜版画，都是伦勃朗二十年来花费无数心血和财力收集的，这批珍贵的收藏品，在1658年被拍卖。破产管理法院的会计们为此忙得不可开交，几周后，我们也该开始对比账目了。伦勃朗告诉我，他当时购买这些艺术珍品的花费，至少在三万吉尔德至三万五千吉尔德。但法院职员们预估会卖出一万三千吉尔德左右，他们声称，这至少可以让一些催债最紧的债主们不再去麻烦他，可是当这些珍品被廉价卖出后，伦勃朗只得到了不足五千吉尔德，还不到当时购买价的七分之一。只有房子的卖出价让人得到些许安慰，购房的是一名鞋商叫作里文·西蒙斯，他出了一万一千吉尔德。泰塔斯的亲戚们为他年轻的外甥从这笔款项中争取到了七千吉尔德，并且有了一位正式的监护人，一位叫作约翰·维尔乌特的老好人，是个公务员。

泰塔斯得到了他亲戚认为应该得到的财产，也有了一位正常的监护人。这孩子之后一直很孝顺父亲，这让我感到，虽然在他母亲的亲属眼里，他父亲是一个败家子和没用的画匠，但在他看来，则是任何孩子都从未拥有过的最慈祥的父亲。

29. 亨德丽吉的建议

之后我发现即使做出了令人揪心的自我牺牲也没有任何意义，情况并未出现任何好转，甚至可以说事态越发严重。

伦勃朗的那些债主们就好像猛虎饿狼一般每天在我的房子外面转来转去，只要看到伦勃朗创作出新的作品，立刻会争抢将其占为己有。每天看到这种情形让我实在很着急，马上去拜访了我认识的在破产管理法庭工作的两个人，跟他们谈了一下伦勃朗目前的状况，我发觉他们实际上也很同情伦勃朗，但是他们却也很无奈，并没有想到更好的解决办法。

虽然在我们的国家目前已经丢弃古老的信仰，摒弃了所有古老的旧约，但是这并不代表现在社会完全没有信仰，取而代之的则是一种新的神灵的信仰，可以称之为"崇拜资产"。因此你已经不会再看到往日在祈祷日时大家纷纷谨遵"仁爱之心"的教导，取而代之的是他们面对新的神灵祈祷时，似乎听到的是"学会发财"。这种摒弃旧有信仰神灵接受全新信仰神灵的变化到底如何，我并不想加以评论，也不知道该如何评论。但是我只想说，这种变化的的确确地发生在我们的社会中，发生在我们的生活之中，任何没有察觉到新神灵存在的人，相信都要受到惩治。

而伦勃朗似乎就是其中的一个遭受新的神灵惩治的人，他一心一意生活在自己的精神世界里，只专注于他的艺术创作，并为之疯狂，沉浸于此他并没有发现世间的一些变化，没有关注到外界社会形形色色的男女信徒已经不分昼夜奔向新的神灵面前，接受新的信仰和教导，因此他遭受到了来自新的神灵的惩治。

伦勃朗就这样被驱逐出来，似乎永远也无法回到他以前在上流社会阶层心中的形象和地位了，不过对于我们这些无论发生什么都一样喜爱伦勃朗的朋友们来说，并不在乎他是否被排挤驱逐，也并不在乎他的失败，目前我们所急需解决的事情是如何让伦勃朗的晚年生活更加幸福快乐一些，正当我们这些朋友一筹莫展不知如何是好的时候，善良的亨德丽吉为我们指明了一条前进的道路。

亨德丽吉的身体状况已经不太好，在遭受到生活的逆境之后，身体更加每况愈下，而伦勃朗似乎并未察觉到这一点。他似乎觉得自己是一个衰老孱弱的病人，可能随时离开人世，总不断地嘱咐亨德丽吉，说如果他去世了她应该如何照顾他们的两个孩子泰塔斯和柯奈丽雅。可是作为医生的我深知，虽然亨德丽吉从不说出她的病情，只是不想让伦勃朗担心，但是她之后的日子也只能坚持三四年，而伦勃朗的日子远比亨德丽吉要多得多。我相信关于这一点亨德丽吉自己也了解。

对于亨德丽吉，我觉得她真的是一个非常善良且勇敢的女性，这样的身体状况，她依然无怨无悔地坚持亲自照顾这一家子，不用我家莘蒂帮她处理这些事情，自己带着孩子柯奈丽雅，还要给伦勃朗和泰塔斯做饭，细心地给这一家人缝缝补补，并且将每一笔家庭收入都记录得清清楚楚。我真的很佩服她，居然能从那些如豺狼虎豹般的债主的眼皮底下保留住这些少得可怜的生活费。

后来有一天晚上亨德丽吉过来问我，是否可以跟我单独聊聊，因为她想出一个主意，想跟我商量一下，我跟她表示没有问题。她对我说："我想，我们不能再指望对钱款问题丝毫不开窍的伦勃朗来继续管理家里的钱财了，他只活在他的精神世界里，他心里只有他热爱的工作，我相信即使他身上仅剩下最后一件衬衫或者裤子，只要遇到他想要的画作，他也一定会拿仅剩下的东西去换取。实际原来我生活在那幢大房子的时候，我内心并没有感觉到幸福和快乐，相反，总觉得心里不踏实，我总觉得那幢房子太过华丽，似乎我不配在那里居住，我还会担心自己不小心打破什么东西，而伦勃朗还会不断地买回各种各样的东西，家里连坐的地方都快没有了，我真不知道他还要继续买回什么东西。现在您让我们搬到您家里来住，我真的发自内心地感激，并且真的感觉前所未有的轻松舒畅。只是真的给您添麻烦了。"

"不过我了解伦勃朗，当法院的事情一旦解决好，他马上又会出去买各种东西，也许这些东西他并不真正需要，也未必有任何意义，但是这并不影响伦勃朗不断地购买，似乎这些东西能够弥补他内心的某种缺憾一样，从某种方面来说，我觉得他的确是一个很奇怪的人，甚至在某些方面可以说是非常懦弱的。"

"所以我个人觉得，在短期内不做任何改变，让他仍然保持目前的状况反而会更好些。不过伦勃朗一定要开始重新创作，因为他确实离不开艺术创作，相信如果让他失去这一切，他将无法活下去。因此我想，如果我和泰塔斯共同开一家小型画店，我们付工钱给伦勃朗，雇用他来为我们的小画店画画。不过我不懂得绘画，泰塔斯还太稚嫩，可能到时候要麻烦你或者弗兰新和其他朋友帮忙了，您觉得我的主意可以吗？我希望您能帮我们斟酌一下，还得麻烦您看看是否可以帮忙请教一下律师，帮我们询问一下这么操作是否可以，如果这么操作没有问题，那我们就能单独找个住所搬出去了，因为实在打扰您太长时间了。"听到亨德丽吉的这些想法，我内心十分感动，觉得她不仅善良温和，对伦勃朗十分忠诚，而且也非常聪明善解人意，我觉得她的想法很好，因此激动地握住她的手表示他们可以在我家里一直居住，不必太过担心。

第二天正好是星期日，我约好伦勃朗一起到奥弗屠姆渠畔去散散步，趁着好天气，好心情，我将早上提前准备好的一些话向伦勃朗说了一下，因为我了解伦勃朗，他并不愿意我们多谈论他的经济状况，但是为了让伦勃朗重新振作起来，经济状况能够好转，这些话我非说不可。当伦勃朗听到我提到这个话题，他立刻做出一贯的做法，从口袋中拿出一本写生小册子，并且四处张望，好似在寻找创作的题材想绘制一幅蜡笔画。看到他这个样子，我马上对他说："不用这么着急，写生的时间很多，你可以下次再创作，现在你需要做的是听一下我的想法，我并不是要像老师一样教导你，我只是想谈谈我们的想法，看看是否能让你重新振作起来，开始重新工作。"我的话音刚落，伦勃朗疑惑地问道："是不是我们一家在你家里住的时间太长了，太打扰你了？"

"你应该知道我不是这个意思，我们是朋友，你在我的家里住多久都是没有问题的。可是你现在是一家之主，是一个大人，你的儿子泰塔斯也长大成人了，所以你做事情别再那么孩子气了，这些年你的生活过得也够辛苦了，你受过这么多打击变得神经敏感我也不会怪你。我们都很了解你目前在经济方面的困境。""这不能称之为困境吧！"他说着。我回答道："这种用词方面的细节不必太多考虑，我们现在聊的是经济方面的事情，细枝末节的事情不必太过追求，如果你是一个非常善于理财的人，也许你早就成了西印度公司的会计而不会是——""而不会是怎样？"他打断了我的话语。我接着说道："而不会是画了只能被将来社会所认可和欣赏的画作。"他又打断我说："是在我去世后三百年之后才会得到社会的认可和欣赏。"我急切地说："也许比这时间要早一些，但是你的朋友们想做的事情是让你重新回到自己的轨道，重新振作起来，能够马上开展新的工作。"伦勃朗很无奈地表示："可是现在这种情况，即使我工作了又能怎样呢？只要我完成一件作品，赫茨比克、德·科斯特、奥尼斯，或者那些自认为高尚无比的某个人就会立刻带着法庭下达的指令来到我这里将画作抢走，而法院根本不会按照画作的实际价值评估价格，而只会给我微乎其微的几个吉尔德，如果这些下去，我相信再过二十年，我还是背负着债务无法还清。"

听到伦勃朗的顾虑，我马上对他说："你的顾虑正是我们考虑想解决的问题，或者说是亨德丽吉已经考虑到想要解决的问题，因为她想了一个好主意，我们都愿意帮助你的，不过不要着急，我们还是一点点从头开始说起。我并不是责怪你，不过我觉得你选择律师方面有欠考虑。"他马上说："但是我觉得他应该是一个好人。"我说："也许他是一个好人，但是并不能代表他是一个十分精明的律师，当初你是怎么请到他做你的律师的？"他回答："我记得我们是在一次我画画的时候相遇的，那时我好像在画南教堂，他看到我的画停下来跟我聊了聊，并向我自我介绍了一番，原来他出生在哈捷斯武德，还认识我父亲的一个年迈的姑姑，最后还将他自己的住所告诉我了。"我不禁说出口："好巧妙的自我推荐方法，那大概是什么时候的事情呢？"他回答："那时正是我跟基尔蒂的哥哥发生纠纷的时候。"我听到伦勃朗的话语觉得挺奇怪，因为这种事情令我很惊讶，我问他是什么时候跟基尔蒂的哥哥发生纠纷的。

"您还记得我们家之前的那个保姆吗？就是直到萨丝佳去世时一直在我们家的那个？"伦勃朗询问我，我立刻回答："当然，我怎么可能忘记她。"他继续说着："是啊，我想你了解她，她的确很糟糕，但是我又觉得她十分可怜，后来我只能将她送到果达镇的一个疯人院里，并且还承担了她的所有生活费。但是不管怎样，总算将她赶走，将事情处理完毕了。那段时间我工作很忙，而那个保姆有一个哥哥彼埃特，我给了他一大笔钱，让他将她带回了果达镇。"

"在一切事情发生之前的那段时期，我还有很好的信用，因此钱款对我来说还不成问题。而这一切发生的前夕，大概是两年前，我想向那个男人将那笔钱追讨回来一些，可是被那个人拒绝，不过我想我也没有任何义务继续付款了，因此我找了那个律师请他帮忙，他调查出来，那个人当时在阿姆斯特丹工作，他是一个船上的木工，并且即将去印度。那个律师担心他会逃走，所以叫人将他关押在债务人监狱。不过也许这正是我做过的一件非常愚蠢的事情，因为当时我实在很憎恨那个可恶的保姆，所以想将这种怨气发泄到她哥哥身上。当然我也不觉得那件事情我做得很得意。后来还是弗兰新帮我请了一位专业律师，我想您也认识他，他就是阿诺特·艾布姆，是他帮我将案子妥善解决的。"

我问："那么现在不管怎样，这些都算是全部解决了，对吗？"他回答："是的，一切全部解决了。"我又追问："你肯定再也不会有麻烦了？不用再继续打官司了是吗？"他肯定的回答："是的，没有了，不过我想剩下的也就是这个一直没解决的案件了。"听到回答后我说："哦，明白了。"我继续跟他谈论亨德丽吉想出的主意，问他觉得她的主意怎样，伦勃朗先沉默了一会儿，从草地上捡起来了几个石子儿扔向了水渠，然后说道："太令人惊讶了，这个被别人认为不配参加圣餐仪式的女人。"我回答："嗯，不过这个是另外一码事。"伦勃朗说："对，的确是另外一码事，不过我当然同意她的想法，我们一起回去告诉她我的决定，明天我将可以重新开始我的工作了。"

30. 合伙经商

然而第二天、第三天，直到之后的几个星期，伦勃朗一直没有开始工作。因为当天晚上弗兰新来访，并提出了一个新计划，听上去和亨德丽吉的计划一样出色。他对我们说："我在昨天离开后，突然想到了一点，我们应该站在伦勃朗债主的角度想问题，他们到底想要什么？当然是钱。只要能让他们拿到钱，就不会再来麻烦你，至于如何拿到，他们并不会关心。伦勃朗可以在没有干扰的情况下继续画画，这是他一直渴求的，但完成一幅肖像画需要的时间很长，战争又刚刚结束，很多人因此而破产，剩余的那些人也受到影响而不肯轻易花钱，所以现在做肖像画买卖不是一个恰当的时机。就我自己来说，我已经两年没有卖出过一幅画了，不过，我售出了很多幅蚀刻铜版画。二十年前的畅销货是山慈姑，现在则是铜版画。它畅销的原因倒不是人们喜欢这东西，很多人甚至连看都不看，他们只是听人说起，某个人花几个铜版买了一幅铜版画，第二天便卖出了几百吉尔德，所以他们也希望碰碰运气。虽然现在人们不再喜欢伦勃朗的肖像画，但市面上却有很多人要买他的铜版画，这些人根本不懂画的内涵和意义，却都趋之若鹜地花高价收购，所以我现在很想知道，那些版子都到哪里去了？"

伦勃朗回答道："我也不知道，都卖了，大部分是卖给了本地的画商。"

"那么，你还记得都卖给了哪些画商吗？"

亨德丽吉接口说："泰塔斯那儿有一张名单。"

弗兰新高兴地说："非常好，版子对这些画商没有什么价值，他们虽然也可以托别人印制，但那绝对比不上画家本人印制的速度。我们现在应该尽可能地追回那些版子，适当时可以付些钱。从前你从他们手里买古画时被勒索了那么多次，他们也赚了不少，或许我们能和他们达成协议，多少支付些版税便可以将版子讨回。关于印刷机，我听说有个人已经不再做印刷的买卖了，我们可以从他手里拿到那部不错的机器。"

伦勃朗问："你说的不会是彼埃特·德·霍夫吧？"

"哦，不是，我没有听说过这个人。我说的那位先生在铜版画刚兴起时买了一部印刷机，原指望能捞一笔，后来他发现要学会印出那些精美的铜版画需要十年的功夫，便放弃了，所以我们现在花六十吉尔德应该能从他手里买到那部印刷机。作为对这项事业的投资，我愿意花钱将它买下来。明天你就可以去找一个合适的地方，把其中一间房子布置成画室。亨德丽吉可以去买些床铺和被单，以及锅和盆，而泰塔斯和我去各家画店找找，看能不能将那些旧版子追回来。"

我抬起头问："那么，我呢？我能做点什么？"

"你做的事情已经够多了，只要去问问文布姆，他什么时候有时间，我好带着三个孩子去看看他，签订一份正式合同。如果你能买点啤酒，那将是最美好的事情。"

　　我认为此时此景必须要有美酒助兴，但啤酒是远远不够的，于是，我亲自到地下室，将珍藏多年的教皇美酒拿出了一瓶。在从狭窄的楼梯向下走时，我又碰到了头，这是二十年来常常发生的事，我停下脚步揉了揉被碰疼的地方，诅咒了几句。站在黑暗里我回想起刚才发生的一切，突然想起，这怎么和厄斯奇勒斯笔下惊悚的桥段如此相像，而不是可爱的翁德尔所描绘的那般呢。

　　当代最伟大的画家在一位病妇和一个十六七岁孩子的共同努力之下，幸免走入济贫院，而那个病妇，除了美丽的容貌和善良心肠之外，一无所有。那个孩子如果一旦失去自然之神的庇护也将瞬间殒命。世事就是如此变幻无常，谁也不知道下一秒会是什么样子。

　　我们喝着那瓶酒快乐地谈论着未来，时间飞快地过去了几个小时，我转头看向伦勃朗时，发现他和亨德丽吉脸上流露出开心的笑容，这是两年以来，我第一次见到他们浮现出快乐的神情。

31. 找到新住所

　　当伦勃朗要做任何一件与儿子泰塔斯相关的事情的时候，都会遭到破产管理法庭以及孤儿事务所等来自各方面的刁难。因此目前我们首先要解决的事情便是要取得泰塔斯监护人的许可。

　　后来没过多长时间，维尔乌特便发现自己确实抽不出多余的时间来处理这些事情，他平时太忙了，于是他告诉我，他请劳伊斯·克雷伊尔代替他来处理。我和劳伊斯·克雷伊尔之前并不相识，也未曾碰过面，但是他给我递来一封表示愿意接见我们的简短而谦和的信函，约好的时间是下个星期五上午十一点钟。我和阿布拉汉姆·弗兰新都觉得现在这个社会环境，我们根本不相信委员会能处理好这样的事情，因此我们一致通过，由我们两个人将这些事情处理妥当之后，再告知其他的朋友，并请他们能够尽其所能帮助和支持这个新家庭。

　　就在我们约好的时间，我们被接到克雷伊尔斯的事务所，看到他时，我们发现他的确非常忙碌，并没有过多的时间跟我们谈话。可是令我们都感到十分欣慰的是他这个人很谦和坦诚，是一个非常容易相处的人，并且他做事情雷厉风行，似乎处理什么都得心应手，就好像在解答数学题目一样。

此时只听到他对我们说道："二位先生，我觉得你们应该能够了解我的情况，也希望能明白我所处的位置，请相信我，我一定会在法庭上尽我最大的努力来保护这个孩子的一切权益。更何况我个人还非常喜欢这个年轻人，不过令人感到遗憾的是，这个年轻人的身体状况不是很好，听说他母亲身体就十分不好，他可能更多遗传了母亲的基因。不过说真的，在现在这个世道，很少能看到像凡·莱茵他们两父子这样令人欣慰的亲情了。"

"而对于这个年轻人的父亲，我了解得并不多，平时休闲的时候我也会买一些铜版画，当然我并不是为了追求时尚，当初我最早收藏这些铜版画的时候，现在那些为了追时尚而购买铜版画的人还在靠给新市区挖沟赚钱，虽然我并没有过多的时间来研究这门艺术，不过我必须承认他的父亲老凡·莱茵是一个艺术天才，虽然有些时候我觉得他的画作在鲜明色彩方面似乎欠缺了一点，但是在看到他得意之作的时候，相信没有人能够胜过他。"

"现在我们回到要处理的这些日常事务，虽然我并不想说一些难听的话语，但是当我接到这个案子的时候，我最初的想法是如果现在是这个年轻人的父亲去世而不是母亲的话，对他来说应该更有好处。不过现实就是现实，现在是他的母亲去世，我们就只能就这件事情跟他的父亲沟通。当然我只是就事论事，我其实也了解这个年轻人多么孝顺他的父亲。我想你们也想了解我对于你们计划的态度，只要能更好保证这个年轻人的权益，我个人是十分赞同你们的想法和计划的。不过我对于你们提到的最后一点很难赞同，我觉得老凡·莱茵年纪太大了，相信即使再年轻个二十岁左右也很难改变他在经济方面的一贯做法了。我希望你们能看看我负责清理的那笔糊涂账，简直混乱极了。"

"我听说，当时破产管理法庭的评估人员到他们家时，房间里面非常干净整洁，可是他们在画作和镜子后面许多地方发现了各种账单，什么旧账单、新账单、付过款的账单和未付款的账单等，大概清理出三桶的账单。更令人称奇的是，他们清理的时候不仅仅看到了各种账单，更发现了跟账单一样多的各种票据、支票和付款通知书等材料，这些都是给伦勃朗的，但是他居然没有拿着去兑换现金，而且更令人意想不到的是他们还发现了许多小袋子以及十几个信封，里面都装着一些钱，估计这就是伦勃朗随手放置的一些东西，后来可能自己都忘记了这些东西的存在。我还曾经想依据这些单据能够追讨回来一些钱款，可是发现好多当事人都已经过世多年，或者搬离原来的住处找不到踪迹了。"

"我粗略地统计了一下，这种损失的款项差不多几千吉尔德。如果这要是其他任何人处理的事情，我们都会把这个称作为'过失'，我一定会将这些提交给法院等待处理，可是因为他是老凡·莱茵，并不是一个普通百姓，他永远生活在属于自己的精神世界里，而不了解现实社会生活的残酷。就像我曾询问过他是否还有其他可以继承财产的亲戚，他告诉我他有一个姑姑，那个姑姑有个叫彼埃特·凡·麦迪姆布里克的孙子，他曾听他的哥哥说，如果这个姑姑的孙子去世的话他可能能够继承几千吉尔德。"

"根据伦勃朗提供的这些信息，我调查了一下大致的情况，确实这些事情属实，他应该能从这位亲属那里继承到一些钱款，可是后来我查到，他这个被称为父亲的姐姐的儿子的儿子的亲属，一直在船上做事情，某一天随船去了东印度群岛，后来报告称他所在的那条船只离开特克塞三天之后便在葡萄牙海岸附近沉没了，伦勃朗的这个叫彼埃特·凡·麦迪姆布里克的亲属就这样一直没有任何音信，大概有四十五年左右了，可是依照莱登市的法律规定，一个人至少要在其第一次失踪五十年以后，才能够正式宣布其'死亡'，这样看来，需要等到1665年伦勃朗才能继承他这位亲属的遗产，而且即便是继承遗产，全部计算下来也不会超过八百吉尔德。所以这么说来，我想你们二位也应该明白继承这位亲属遗产的希望有多么渺茫了，可是伦勃朗却一直紧紧抓住'我姑姑的孙子的遗产'这根救命稻草，似乎这能解决所有问题，似乎这是百分百可以得到的一样。"

"对于二位能够为自己的朋友所做的一切我都会大力支持的，因为我本人对伦勃朗的才华也非常欣赏，请相信我一定会使用各种可以使用的方法来切实保护泰塔斯的权益的，因此无论你们想要做些什么，请一定要订立合同，至于其他的事情，我会尽力提供帮助的，你会发现我是站在你们这边的。"听到克雷伊尔斯诚恳的话语，我们向他表示了真诚的感谢，并向他询问关于合同有什么好的建议。

"我也没有其他更好的建议了，不过最好先拟定一份协作合同，我给你们推荐一个公证人，他叫里斯廷，是我的一个朋友，他为人很可靠，不过如果你们有更好的人选，也可以提出来。"我们对他说，我们并没有更加适合的人选，并且觉得目前最重要的事情是先为我们的朋友伦勃朗找到一个住处，一个既可以让他画画和工作又可以让他居住的地方。等我们安排好伦勃朗之后，马上再来克雷伊尔斯这里，请他帮忙拟定一些我们需要的文件，随后我们便告辞，离开了克雷伊尔斯的办公室。

有一天，有一个年轻人来到我这里，他叫琼奈斯·林格尔巴赫，他对我说是一个朋友介绍他过来的，他右手有一个小伤口，不小心弄脏感染了，想问我是否能帮他做一个不那么疼痛的手术。然后他又跟我说了很多事情，说什么他的父亲是梅茵河畔法兰克福的一个德国人，而他自己是一个画家，曾经在意大利工作，他还希望能够到巴黎，因为他听很多人说在巴黎画家的生活比在荷兰好很多。直到我给他做了一个小小的手术，他满口喊疼，实际上也并没有那么疼痛，把他的手包扎完毕，将他的手臂吊起时他才停止了他的东拉西扯。

那天之后过了大概三天，他回来找我换药，在他换完药要离开时，我询问他是否知道什么地方有出租房屋的，他马上回答说："这个我当然知道了。我的父亲就是大卫·林格尔巴赫，很多人知道他，您也许也听说过他，他是鲁辛渠畔迷宫的业主，二十多年前他也曾经经营过鲁伊尔斯渠畔的'柑橘园'，他可以称为第一个在阿姆斯特丹修建迷宫的人。不过后来他也不得不拆除一些房子腾出一些空地来。不过现在我们家对面还有三幢房屋，其中大概还有一幢或者至少有半幢没有人居住。"

听到他的回答，我迫不及待地问道："那房子租金很高吗?"他说："晚上我要去父亲那里跟他一起吃晚饭，我也顺便问一下，我明天告诉你具体情况。"第二天他又来到了我这里，并且带来了好消息，他兴奋地说："我问过了，那幢房子只有左侧的一半出租，里面一共有五间房和一个厨房，其中有一间拥有朝北方向大窗户的大房间，之前我自己也想占用那个房间把它作为画室来使用。其他四个房间都比较小，一年的租金我确认过了，是一百五十吉尔德，不过您要是想租，可以稍微便宜一些的。房东也住在那个房子里，他叫凡·里斯特，我跟他谈过关于租房的事情，他不是普通的俗人，看起来很正派，我觉得您应该跟他见个面，因为目前在这个城市里能租到的房子实在少之又少。"

于是当天下午临近黄昏的时候，我约伦勃朗一起去鲁辛渠畔看房子，当时亨德丽吉身体疲惫，所以留在家里没有一同前往。

不过当我们走到圣安桑奈水闸旁边时，我们正好遇到了伦勃朗的儿子泰塔斯和我的儿子，因此也让他们跟我们一道去看房子。我们到了那儿，见到了房东凡·里斯特，也一同看了房子，当时就决定签订房屋租赁合同，租金是每年一百二十五吉尔德。就这样，一个星期后，伦勃朗一家顺利地搬进了鲁辛渠畔的新居。

我们这些伦勃朗的老朋友都为他搬入新居送来了东西，我给伦勃朗送了一个黄铜大吊灯，这个吊灯一直挂在被他两年来用作画室的我的那个房子里，他非常喜欢，所以我特意拿来送给他，凡·登·伊克霍特和罗夫曼为他准备了厨房用具，弗兰新和丢撒特、苏索夫三个人分别送给他四张床、一些家居用品和桌椅等。我们还特意租来一辆大车将伦勃朗的绘画作品和之前追回的那些铜版都装运好，让亨德丽吉抱着女儿柯奈丽雅坐在上面，将他们一起送到新居。

当我们到达新居时，本以为会看到伦勃朗在门口迎接我们的身影，可是我们不仅没有在门口看到他，还发现屋子里仍然处在一片混乱之中，屋子里到处随意摆放着床铺、脸盆和桌椅等物品，这些锅碗瓢盆和床上用品的随意堆放与整个屋子极不协调。

当亨德丽吉看到新居，在屋里四处打量的时候，她推开后面那个最大房间的门时，看到伦勃朗正在房间正中央的地板上坐着，并且用着看起来极不舒服的姿势聚精会神地创作，而那幅画正靠在一个家用的瓷器大桶上。此时只看到伦勃朗头也不抬地说："你们都到了啊，请原谅我，我看到这间屋子的光线这么好，实在忍不住赶紧开始工作了。""好的，亲爱的，你还是只专心画画就好。"亨德丽吉一边说着，一边回到我们这边开始准备整理房间。

32. 伦勃朗为我堂兄画肖像

我从海牙回到阿姆斯特丹时，听说亨德丽吉病得很厉害。当时泰塔斯正忙着将那间小小的前厅布置成一家画店，伦勃朗在为市政厅预定的一幅绘画做草图。后来那幅画没能得到当局的认可，被丢到了市参议员顶楼的角落里。他们终于开始了正常的忙碌，并为这个良好的开端而兴奋，亨德丽吉脸上露出了久违的微笑，泰塔斯也开始憧憬着做一位著名的画家。

看到我回来，他们都很高兴，向我询问着莱登堡那位年轻的斯宾诺莎的情况和莱登教授们的意见。他们邀请我留下吃午饭，对我说，这幢房子很不错，虽然债主们还是会时常来讨债，但这里毕竟离市中心很远，那些人来得也不算太频繁，一般只有真正关心他的朋友，才肯走这么远的路程来看他。我的那位法国朋友也数次来看望伦勃朗，不过他最近的健康状况很不理想，每次都是由水手陪同他一起前来，他虚弱的身体在走上台阶时都需要水手的搀扶。但他还是要求他们答应，不在信里告诉我他的病情。

弗兰新也来过，他刚从哈雷姆回来，在那他看到了弗兰斯·哈尔斯。当弗兰新告诉哈尔斯说，他是伦勃朗的朋友时，哈尔斯笑得很得意,并说:"请代我问候他,并告诉他,我们现在可以称兄道弟了。"他还告诉弗兰新,他认为伦勃朗是个幸运的人,破产时他的债主里至少还有几位高贵的人。而他本人的财产是在一位面包师的投诉下被变卖一空的。他曾为那位面包师画过肖像,描绘他吹着牛角向众人宣布新鲜面包出炉时的情景。司法长官在他破产后所能找到的全部家当,就只有三条褥垫、一张桌子和一个五斗橱,而他听说伦勃朗居然还有一所像所罗门国王宫殿般的大房子,里面放满了好东西。据说哈尔斯已经有二十年不曾动过画笔,但现在居然又开始画画了。他说他最近有一个惊人的发现,但他已经八十岁了,无法再利用这个发现去创造什么奇迹了,所以想要把这些告诉伦勃朗。

"贫穷对于一名画家来说,是一件好事。因为一旦你穷困潦倒,便无法再购买那些贵重的原料,只能使用两缸或三缸的颜料,那时,你便不会再使用红、黄、绿等原色来进行绘画,而学会使用暗示的手法来表现各种颜色。一旦你开始这么做,并能做到足够好时,那么便能描绘出彩虹的各种颜色,而人们也会慢慢读懂你的作品。"老头将这些话反复地唠叨了很久,我听上去觉得前言不搭后语,或许他年岁太大,已经开始糊涂了,毕竟在济贫院住了那么久,难免不如以前聪明了。

哦,对了,我差点忘记告诉你,克雷伊尔斯捎信来说,曾经侵吞泰塔斯财产拍卖款的凡·赫茨比克,有望于年底接受判决。相信凡·赫茨比克会退还他非法所得的几千吉尔德,这将对伦勃朗一家省吃俭用的经济情况有所缓解。

就这样,谈话一直持续到夜晚,我才起身回家,在路上我险些被几个醉鬼推到河沟里。虽然这样,我仍然感觉到很愉快,因为在我离开前,亨德丽吉的双脸涨得通红,兴奋地睁大双眼,把我拉到里屋悄声说："他整天都在工作，一切都很好。"的确，至少在这个时期，曾经紧紧缠绕在他身边的厄运开始逐渐消散了，债主们不再纠缠他，而我也终于为他找到了一个委托任务，恰好是他最热爱的绘画。

除了我儿子之外，在阿姆斯特丹我只有一个亲属，算是堂兄弟，祖母曾无数次向我解释过我们之间的关系，但我对那人不感兴趣，总是心不在焉地听她诉说。但祖母依然不厌其烦地告诉我："他的母亲的堂姐的祖父，是你父亲的叔父的侄子的伯父。"我们彼此之间保持着一种表面上的亲热，每逢过年，相互之间会走访祝贺："你好，堂兄，祝你新年快乐。"但也仅此而已，除了一层稍远的血缘关系，我们并无丝毫共同之处。我的这位姓凡·隆恩的堂弟是一名布商，经营着一间小规模的布店，因为他没结婚的缘故，闲暇时间总比大多数同行多些，所以曾数度被选为布商行业公会的经理委员会委员。他的布店开在罗金街上，他本人也住在那里，和他住在一起的有一名老仆人和三只很胖很懒的大猫。

一次偶然相遇时，他告诉我，今年他又荣幸地担当了这个职位，于是我向他表示了祝贺，并询问，他和他的同行们是否打算找人画一幅群体肖像。其实我当时这么问，也只是想找个话题而已，但当他告诉我说没有，现在还没考虑过这件事时，我自己也不知道为什么不自觉地将双手搭在他的肩上脱口而出："我可以为你们找一位出色的画家，他收费也不高，你们准备什么时候请他画？"我的这位亲戚是个古板保守的人，我突然做出的举动让他觉得有些不适。他慌忙地四下张望了一下，然后简短地问道："堂兄，你说的是谁呢？"

我回答他说："一位叫伦勃朗的画家。"

"可是，我从未听说过这个人啊？"

"没关系，兄弟，我很愿意带你去见见他，然后你自己决定是否需要他来为你们画。明天上午十点我再来看你。再见。"

我用尽了一切能想到的说辞，去说服这位枯燥乏味的人和他那些同样古板的同行，伦勃朗绝对是他们最需要和最适合的画家。终于在我不懈的努力下，他们签订了一份绘画合同，而且价格很合理。

我很想看看伦勃朗会怎样去处理这幅画，他已经很久没有画过这类肖像画了，这段时期，他经受了太多的坎坷，一切都不再像当年了。二十年前，无论他需要画多大的场景，需要什么样的颜料，都办得到，而且从未去考虑过付他报酬的客户的意见。但现在，他必须精打细算，不浪费泰塔斯为他赊来的每一种颜料和昂贵的赭石，伦勃朗需要钱，他迫切地需要，所以，他还必须照顾订件人的情绪，仔细地斟酌每一位人物的位置，务必让画上的每一个人都显得醒目。

我不是一个优秀的绘画鉴赏家，但我深深地感到，伦勃朗从未像这次一样如此接近他的理想。我想起了弗兰新从哈雷姆带回的那个不够连贯的口讯，那是我从莱登回来的当晚，亨德丽吉转告我的，那其实是那位老画家最后的遗嘱。他叮嘱这位年轻的画家，绘画的精髓在于"暗示色彩"和"暗喻事物"，你并不需要用具体的色彩来表现它们。画上的一切都是暗示性的东西，但却能让观众确实地感觉到，那些诚实而平凡的画商们真实的影像，就仿佛观众正在参加他们的一次会议，观众能感觉得到画中人被他的同行授予这种崇高职位时的自豪感，同时，观众也明白，这种深受羡慕的职位之所以降临在他们身上，完全是因为大家承认他们的廉洁无私和商业道德。

这是我这辈子看到的最优秀的绘画作品，我坚信任何画家都难以办到，用如此朴素的材料去达到如此辉煌的效果。

这幅画完成的第二天，我便迫不及待地赶往罗金街那所挂着鹈鹕鸟招牌的府第，那块招牌向人表明，这就是基拉德·凡·隆恩父子的绸布店。当时这位光荣的经理委员会委员正在喝着一碗扁豆汤，看到我的到来，他相当惊讶，因为他不习惯于这种不拘礼节的提前拜访。

我并没有过多地在意他的表情，直接问道："你好，我的兄弟，你看过那幅绘画了吗？"

他回答："看过了，堂兄。不过我们所有人对它都没有特别的印象，但是钱我们还是会支付给那个人的。"

听他说完我立即转身离开，他在后面喊道："堂兄，你不坐一会儿，在我家吃顿饭吗？"

回到家后，我和儿子谈论起了他要建造的一种新型锯木厂，那种能一次处理三棵树的锯木厂。他曾去拜访过我的一个邻居，霍特渠畔残留的唯一的木材商，那人对他的设计很感兴趣，希望他继续研究，可以先制出一个模型，那时只要和木工公会商量好，他就很可能请他在萨安德克街为他修造一所这样的工厂。

这孩子对我怀有一种深切的敬爱，彼此间的一些微小情绪都能相互感觉得到。他看出了我的情绪不对，问道："出了什么事吗？爸爸，是伦勃朗叔叔又遇到了什么麻烦吗？"我告诉他没有，但他看得出我是在撒谎。

他自言自语地说："真糟糕，伦勃朗叔叔是个好人，我很喜欢他，只是他并不聪明，在大家都需要工厂的时候，谁还会继续画画呢？"

对于他说的话我不知该怎么回答，但我坚信，一定会有一种回答的方式，只是这个方式我一时想不出。

33.　亨德丽吉的离世

　　我接下来要叙述的是从 1661 年到 1668 年这段时间发生的事情，这段时间的确发生了太多事情，并且对我和我的朋友来说，都是令人烦恼的事情。

　　先是伦勃朗的妻子亨德丽吉一直疾病缠身，应该是从她生下柯奈丽雅之后大概一年多，她的身体就一直没有完全恢复，而且还有一次因为得了感冒没有好好休息，到最后竟然也发展成肺病，这使我不得不担心，因为感觉命运似乎如此残酷，竟然制造出如此的巧合，因为之前萨丝佳就是因为得了肺病最后撒手人寰的，而事到如今又轮到亨德丽吉，我心里替伦勃朗着急。

　　而伦勃朗对于亨德丽吉的病症与萨丝佳的相似仍然没有察觉到，也许伦勃朗对于这些事情真的反应迟钝。他看到亨德丽吉每天身体虚弱，无精打采，就一直以为是她没有胃口，不好好吃东西导致的。当她不想陪伦勃朗外出散步时，伦勃朗会婉转而打趣地念叨几句，不过到最后似乎他也未曾发现有什么不妥，只是会说："我觉得她的身体会慢慢恢复的，等到了春天，我会让她换一个环境，这样对她的身体有好处。"就这样一直等到春天来了，可是亨德丽吉的身体状况却每况愈下，等到夏天来了，她仍然没有恢复健康。秋天的一天，亨德丽吉拜托我，让我帮忙将那位曾经帮助过她和泰塔斯的公证人请到她家，然后又嘱咐我，请我一定不能让伦勃朗知道，要悄悄请他过来，因为她不想让伦勃朗知道她病情的严重，不想让他担心。她想趁着自己还能够稍微行走几步的时候把一切都办理妥当，并且到临终之前都不想让伦勃朗替她伤心难过。

伦勃朗会在八月七日那天带着儿子泰塔斯去探望老朋友约里斯·德·考列利，约里斯·德·考列利原本是居住在海牙的，之前一直疾病缠身卧床好几个月，现在身体状况好转，能够外出到阿姆斯特丹，在这里他要处理一些自己的事情。因此，我决定在八月七日那天，带着公证人里斯廷到伦勃朗的家里，帮助亨德丽吉拟定遗嘱。

亨德丽吉能够留下的东西很少，但是她还是竭尽全力将所有的一切留给了她的女儿柯奈丽雅，并且在遗嘱中写道，如果柯奈丽雅不幸去世，那么她的一切就将留给伦勃朗前妻的儿子泰塔斯。她在遗嘱中着重说明，只有伦勃朗才能做柯奈丽雅的监护人，并且她还特意叮嘱一定在遗嘱中加这么一段文字说明，如果泰塔斯继承了她的遗产，那么她的遗产每年得到的红利要交给伦勃朗，直至伦勃朗去世为止。因为她不会写字，所以她在遗嘱的最后只画了一个十字，他们也想让我签字作证，这个时候克利斯蒂克·丢萨特带着自己创作的一幅小画来找伦勃朗，公证人看到他后，觉得让他做遗嘱证人似乎比我合适，因为如果日后亨德丽吉离开人世，伦勃朗和泰塔斯到时候可能会觉得其中许多内容是我建议的或者提示的。而另一个遗嘱证人则是由伦勃朗他们的住所隔壁的一个邻居做的，并且得到了答谢的报酬——一个吉尔德。在这一切法律手续都办好之后，亨德丽吉已经疲惫到不行，因此只好躺在床上休息。

亨德丽吉曾经有那么一段时间，身体状况似乎好转了一点儿，但是在十月份的时候，一次她从自己家的窗户向外望去，正好看到一个喝得醉醺醺的流浪汉要刺杀一个女子的情景，这种情景使她受到了惊吓，令她瘫倒在床上就再也没有起来。

就这样过去了一年多的时间，这段时间亨德丽吉仍然竭尽所能地为家里忙活着，她一心一意地照顾着两个孩子和伦勃朗，虽然泰塔斯不是她亲生的，但是她仍然视为己出，跟对待自己的女儿没有任何差别。而她对伦勃朗的爱也未曾减少过，就在这种身体状况下，她没有任何埋怨，更加珍惜自己与他们相处的时间，并且决定不想让任何人为她操心，以免受到她的牵连，她一直努力掩饰自己的病情和痛苦，希望不到最后一刻，不让他们看出自己病情的危急。

有一天早上起来，伦勃朗突然发现她一个人昏倒在地上，看起来她好像是要下床打开窗户通风，可能希望自己能够多呼吸一些外面的新鲜空气，让自己不会觉得胸闷，让自己能够放松一下。于是伦勃朗赶紧让泰塔斯跑去找我到他们家，结果当我急急忙忙赶到他们家里时，可怜的亨德丽吉已经去世了。

当天下午我们便坐下来聊聊，想规划一下亨德丽吉葬礼的事情。伦勃朗希望亨德丽吉也能够埋葬在老教堂那里，就是希望能够跟萨丝佳合葬。可是由于伦勃朗一家人在萨丝佳去世后已经搬迁到另一个市区，那时候法律有规定，所有逝者必须要埋葬在距离本人最后居所最近的教堂，如果逝者的家属有其他想法，那么必须要支付给殡仪馆主人一些额外的费用，这也就意味着在送葬到选择好的墓地这个过程中，整个行程经过一个教堂，就需要多支付一些额外费用。这样计算下来，所需的费用过于庞大。

第二天也就是 1662 年十月二十七日的一大早，伦勃朗就将埋葬着萨丝佳的那块儿墓地卖了，卖给了一个好像叫彼埃特·凡·根宁的人，然后他用这些卖墓地得来的钱，从南教堂那里购买了一块安葬亨德丽吉的墓地。

我想上帝会很高兴迎接这样一位女子到天堂的，可是她就这样离开了人世，离开了这里所有的一切，即使在天堂想必她也非常孤单，因为那里没有她爱的丈夫和孩子们。

34. 在遗忘的世界里继续画画

伦勃朗似乎并未对亨德丽吉的去世感到十分悲痛，这让很多人觉得他是个铁石心肠的人。但一些从未见过伦勃朗的明白人说，这其实并不是他心肠有多么硬，只是人的肉体和精神一样，都会有一个饱和点，一旦他所承受的痛苦到了一定程度，便没有什么能够再让他感到痛楚了。最近十年，伦勃朗遭受了命运接连不断的打击，遍体鳞伤的他的确不会再为任何事而喜怒于色了。

在遭到布商经理委员会的冷遇之后，他清楚地知道，恢复自己艺术生涯的希望已经成了泡影。有一次我尝试安慰他，给他讲了一个我从古希腊作家那里读到的事。有一群雅典人在运动场上赛跑，当观众发现有一个人跑在最后，并落后于前面的运动员数米之远，他们纷纷取笑和嘲讽这个人，但后来他们发现，这个人并不是远远落在后面的失败者，而是早已超越了前面所有人的胜利者，虽然从某些人的角度看上去他远远落在了最后，但事实上他才是真正的获胜者。伦勃朗木讷地听完后，心不在焉地"哦"了一声，便又回到了他的画架旁。

这段时间以来，伦勃朗一直没日没夜地埋头工作，我本该为他感到自豪，但每当我站在医生的角度去审视他时，却怎么也高兴不起来。他很少外出，每天就只是在画架旁工作，唯一的室外活动仅限于去见几位仅剩的朋友。他对朋友很诚恳，但总是让人觉得他心不在焉，聊天时朋友会问他几句话，但他总是在事后才发觉那句话是对他说的，于是尴尬地微笑一下后，迟疑地说声"是啊，对"或者"我想也不一定"，接着便又陷入沉思中，我不知道他是否在用沉思来麻醉痛苦的灵魂。

　　英国人有句谚语说，风筝逆风则起，顺风则落。我认为这很有道理，但是如果风力过大，风筝的线就会断掉，那时风筝便会一头栽倒在地，摔个稀烂。伦勃朗出身于一个体质强健的家族，他的父亲，祖父和曾祖父都经历了大暴动时期，能从那个年代熬过来的都是经过千锤百炼的，他们都是百折不挠的人。但是如果受到过于猛烈的打击，即便是再硬的钢铁也会断裂。有很多个深夜，我看到伦勃朗将他那矮胖的身躯凑在微弱的蜡烛光下工作，便不禁感到一阵心酸，他的健康已经亮起了红灯，再这样下去迟早会垮掉的。我试图说服他每天至少做一次短时间的散步，但他说："不行，我有很多事情没做，太忙了。"我又劝他多出去看看朋友，和他们聊一聊天，这样身体和精力都能得到缓解，对绘画和铜版画事业也是有好处的。但他依然对我摇摇头："我实在很难办到，真的是太忙了。"很多次规劝对他都没有任何作用，于是我便在每个阳光灿烂、天气晴朗的时候，穿过市区去找他。每次前来开门的都是泰塔斯，我对小家伙说："泰塔斯，快去告诉你父亲，我在这里等他一起去散步。"遗憾的是每次都不到一分钟，泰塔斯便回到门口对我说："父亲让我告诉您，很对不起，他正在忙着呢。他问您是否愿意进来坐坐，顺便看看他正在画的那幅画。"我进去后，发现他正在忙着绘制草图，准备再画一幅描绘哈曼垮台的作品，这个主题在最近这些日子一直是他忙碌的主因，他至少已经完成了三幅表现这个主题的大幅绘画。

这一时期他很少对我谈起他的作品，但我看到他所画的东西都带有一种浓浓的阴郁感。曾经描绘眉开眼笑的豪侠，以及打扮成快乐皇后一般漂亮的萨丝佳和亨德丽吉的作品，已经不复存在，从他的作品中永远消失了。在如今这间贫寒的小屋里，已经没有任何能让他作为快乐背景的东西。他很少读书，而且认为描绘文学作品里那些不实际的东西是一种丢脸和浪费时间的做法，所以他在选择题材的时候，受到了相当大的限制。现在他都是凭借童年时代的记忆去作画，而那些记忆也仅限于他小时候从母亲那里听来的《圣经》故事。然而他笔下所呈现出的基督，却不是那个大众心中站在圣山上，顶着烈日预告佳音的英俊先知。在他的画里，基督是一位忧心忡忡的受难者，正在和门徒们进行最后的告别。伦勃朗现在作品中体现出的问题，都与他从布利街搬出后的际遇有关，长期以来压抑在心头的郁闷，与不停缠绕于身边的厄运，让他心力交瘁，他只能在画中抒发出心中的苦闷、碌碌无为的焦虑，以及试图反抗的情绪。

我常常坐在他的画室里，连续几小时看他画画。每当这时，我都不禁回想起他多年前画的一幅画。那时他还很年轻，在一幅画里描绘了萨姆松威胁他岳父的情景。伦勃朗的岳父是一个坚强、刚毅的人，因为受到了不公正的打击而奋起反抗命运，他公然嘲弄上帝，并向他挥舞拳头，用一种大无畏的精神向命运嘶吼："来吧，让你看看我威风的样子！"伦勃朗在那个时期选择这种题材，也正是在向世人和命运显示自己的威风。现在，在鲁辛渠畔一所简陋的屋子里，伦勃朗正在用色彩创造着奇迹，几百年之后，人们将久久地矗立于这个奇迹面前，由衷地感叹："能够超越这种造诣的，恐怕只有神灵而已。"但愿这些作品能够流传百世，让人们记住它的作者。但我不知道这能否成为现实，因为在这个时期伦勃朗一幅画都没能卖出去。在他去世一年后，那些伟大的作品都流向了何处，我一无所知。

　　几个月前我在莱登的一家当铺里看到了伦勃朗这一时期的作品，一幅描绘祷告香客的绘画，被挂在一个不起眼的角落里，和他做邻居的则是一把廉价的小提琴和一条海员的旧裤子。其他作品命运如何，我不得而知。但我一直在想，是否会有一位明智的画商专门租赁一间屋子，将伦勃朗在鲁辛渠畔居住时的作品收藏起来呢？或许不会？毕竟伦勃朗在那时指望拿这些画去换半个吉尔德都办不到。但或许会呢？可是我们要指望一个什么样的人才能有这种艺术的远见呢？

35. 新收的学生

1664 年年底的时候，伦勃朗实在很难再支付鲁辛渠畔那座房子的租金了，所以他必须要找一个租金更低廉一些的住所。泰塔斯在不远的邻街找到了一处住所，于是全家不得不又一次打包收拾行囊，搬到劳莱尔渠畔。在新的住所他们只有三个房间，并且房间狭小，光线昏暗。

在这时泰塔斯突然想到可以让他父亲为一些书籍画插图，这样也许比画画能多赚一些钱。于是他拜访了一个出版商人，那个人也许听说过伦勃朗为麦纳塞的论途尼布甲尼撒的书所做的插图并不怎么样，因此不愿意多听泰塔斯的想法，并且对他说："不过如果你父亲能够进行钢板雕刻，我就能给他一份工作。"泰塔斯听到后，立刻对出版商人说："我的父亲是本市最优秀的钢板雕刻家之一，难道您不知道吗？请给他一次工作机会吧！"因为泰塔斯实在太想为父亲找工作机会，不想放过任何一个可能的事情。出版商人听到他的回答后表示没有问题。

而伦勃朗是否愿意按照阿布拉哈姆·凡·登·特姆普尔六年前为约翰·安东尼德斯·凡·德·林登画的肖像画再复制一个钢

板肖像画呢？伦勃朗表示他愿意这么做。可是由于他是一个腐蚀铜版画家，并非像泰塔斯所说的是一个雕刻家，因此这次创作同十年前的那次失败经历一样，于是伦勃朗不得不又一次面临债主上门讨债的危机。

那时，虽然我自己的生活也是捉襟见肘，但是由于伦勃朗是我的好朋友，我非常愿意尽我所能来帮助他，而他却一再拒绝我的帮助，每次当我对他说让我来帮忙负担一下他们家的家庭支出时，他总是回绝说：“你自己的生活已经够困难了，好多事情需要你去解决，我呢，身体还算是健康强壮，还有力气能够养活自己和孩子，放心吧。”

之后有一天，有一个年轻人找到伦勃朗家里，向伦勃朗进行自我介绍，并且对他说想让伦勃朗收他做学生，伦勃朗听到后非常高兴，这个年轻人名字叫阿尔特·德·格尔德，当时应该有二十岁左右，他出生在多德勒喜特城，曾经还做过萨母耳·凡·胡格斯特拉廷的学生，他的那位老师在荷兰和英国发生战争之后便搬到英国居住，而且据说发展得相当不错，已经成为一个有钱人。因为凡·胡格斯特拉廷也曾经跟着伦勃朗学习过一段时间，所以伦勃朗非常高兴，同时也因为后来他发现格尔德是一个才学和品行都不错的可造之才，并不是所有学生都具备他这种素质。

可是那段时间，由于我国再次处于对英作战的准备阶段，我和伦勃朗不能经常见面，我的大部分时间停留在海牙，这样方便随时接受州长的命令，他即将展开一次生平最危险的冒险，后来的种种迹象证明那次的确是他这一生最荣耀的冒险投资。

36. 伦勃朗继续画画

八月下旬，我回到了阿姆斯特丹。州长阁下给我寄来一封信，他将整个远征过程中仅仅牺牲五十人的战绩归功于我的恪尽职守，对此他表示了感谢，并说了很多恭维的话。但我认为，这件事的成功不完全是因为我作为医生的技术和医疗队组织的得力，多半应归功于英国人的惊慌失措，他们只是略作抵抗便仓皇溃败了。回来的路上我先是到了泰克塞尔，然后雇小船划到了恩克华津，其余路程都是步行。好几个月的军舰生活，让我很乐意稍微活动一下筋骨。从 Y 形海口的薄暮中徒步归来，我又一次踏上了祖国的土地，环视过去四年来因战争而修建的宏伟石头房屋和宫殿般的住宅，我感到无比自豪。

回到家时，我发现这里被勤劳的女仆茜蒂管理得井井有条、干干净净，她告诉我，我儿子多半是出去求婚了。我这才恍然大悟，原来儿子已经长大了，而我也变老了。仿佛就在几天前，我还望着裹在褓褓里的粉红色身体，暗自想着："天啊！这小东西会长成一个人吗？"而如今，我随时都有可能当爷爷了。在我还未从惊讶的沉思中缓过神时，茜蒂交给我一封盖着大图章的信封，并告诉我说，这是今早才送来的。我认出这是阿姆斯特丹的纹章。信里说，市长及各位相关人士通知我，因为那次"残暴的叛乱"导致我的产业毁于一旦，市财政所同意拨出三千吉尔德来补偿我，我随时可以与两位能证明我身份的人前去领取。

虽然漫长的步行让我感到筋疲力尽，但我还是没来得及戴上帽子，便冲出了家门，以最快的速度奔向伦勃朗位于劳莱尔渠畔那所住宅。伦勃朗此时已回工作室休息，泰塔斯和柯奈丽雅在前室整理挂在横木上的铜版画，以便它们能在明天被晾干。看到我来他们很高兴，立即把我让进画室里。泰塔斯朝屋里兴奋地喊道："快瞧瞧是谁来了！"伦勃朗躺在一张狭窄的床上回答说："请把那支蜡烛端走，亮光很刺眼。"当他看出是我时，立即想要下床招待。这时我看到久未见面的伦勃朗，他双眼充满了血丝，曾经健壮的身体消瘦了很多，呼吸似乎也极为困难。我连忙按住他让他躺着不要动，然后在屋里唯一的一把椅子上坐下说："老朋友，我给你和孩子带来一个好消息。我拿到了一部分赔偿金，现在我该帮你做点什么呢？"其实这并不是一个良好话题的开端，但我当时过于兴奋，脑海里没有过多地去思考便脱口而出了。伦勃朗有气无力地回答说："已经帮不上什么忙了，一切都太迟了。"我这才注意到，在分别的这三个月里，他有了多么可怕的变化。我收敛了一下心神斟词酌句地向他解释说，不久之后我会拿到一笔钱，希望他能和我一起分享幸福。但我悲伤地发现，任何事情都不能再让伦勃朗提起精神了。我们四人在那间小屋子里坐了很久，最后，伦勃朗总算说了一个希望。

"如果不致让你很为难，我希望能迁回鲁辛渠畔那所房子里住，那里光线很好，这儿太暗了，如果我再在这个黑暗的地窖里工作几个月，我怕自己会变成瞎子。如果你不介意，我现在想睡了，我每晚躺在床上，但多半时间睡不着，明天还要早起，我准备开始画那幅《浪子》。"泰塔斯在一边告诉我说，他认为有人想买那幅画。

伦勃朗伸出沾满颜料的双手，微微颤抖地对我说："老朋友，请不要责怪我不知好歹，我很清楚你的好意，但是我感到很疲倦，而且长久以来我都没有见过一个朋友了，这让我不太健谈了。"说完他拉起毯子蒙住头，把脸转向了墙壁。

泰塔斯与柯奈丽雅又和我谈了一会。他对我说："其实事情没有父亲想象的那样糟糕，我即将拿到我的钱，就是那一部分拍卖房款。克雷伊尔斯为这些钱上诉到了最高法院，但是法官的裁决对我们有利，前几个月法院责令凡·赫茨比克付我现金，如果他拖延不还会被判刑。您知道的，那笔钱是法院拍卖父亲的房子所得价的一半，将近五千吉尔德。"

我高兴地握住泰塔斯的手说："我的孩子，那你准备拿这笔钱做点什么？"

他有些羞怯地望了望我："我想，我想用这笔钱结婚。"

"哦！那么告诉我，谁是那位幸运的姑娘？"

泰塔斯脸上流露出一丝幸福的神情："玛格达林娜·凡·卢。她和母亲一起住在辛格尔街。我明天可以带她去看您。"

我再次向他表达了祝贺，转身看向瞌睡得已经脸色发青的柯奈丽雅："那么我可爱的小姑娘，你也会很快离开我们去结婚吗？"

她懂事地摇摇头说："不，约翰伯伯，我永远不会离开你们，我要永远待在这里，陪着爸爸。"

可爱又可怜的小姑娘对我宣布了她的诺言，那份神情属于从小与其他孩子隔离才有的特质。

和他们道了晚安后，我转身看了看已经"沉睡"在角落里的伦勃朗，心中有一种说不出的感觉。

37. 泰塔斯

　　虽然伦勃朗的经济状况有个很大转变，已经逐渐好转起来，泰塔斯也已经拿到了属于他的五千吉尔德，并从生活中懂得了勤俭持家的道理，更何况他还要养活自己的妻子。对于泰塔斯的妻子，我还是倾向于说得越少越好，甚至不想谈论起这个人。她年龄跟泰塔斯同岁，并且他们两个人都是在结婚前不久刚刚过了自己的二十七岁生日。她之前继承父亲的几千吉尔德，而当她母亲去世后，她还能再得到几千吉尔德。

　　她虽然没有美貌与智慧，更无个人魅力可言，只是她居然一直相信如果当初她不跟泰塔斯结婚，而是再努力一些，她的婚姻能更加幸福美满。伦勃朗曾经为儿子泰塔斯和她画了一幅巨大的肖像画，可是她就是不喜欢，因为她觉得那幅画将她画得苍老难看，所以她一直用各种方式报复着她的公公。

　　对于这个女人说的做的一些事情，泰塔斯却从未表示过什么，泰塔斯真心爱着这个女人吗？作为我一个外人来说，我是绝没有看出来的，也许他就是用这种让她说什么是什么的沉默来代表他对她的钟爱？不过我觉得泰塔斯是会同任何一个愿意跟他调情的女人结婚的男人，他似乎跟所有会因肺病而死去的人一样，拥有着强烈的肉欲，但是作为一个服侍父亲的孝顺儿子，他要承担着养家的重任，可能一直也压抑着自己这方面的欲望。现在他终于长大结婚成家，必然的事情也一定会发生，这种必然究竟指的是什么呢？相信即使不是学医的人也都明白。

那年我一直忙碌于我自己的工作，因为我一直想寻找一个更加有效的方式，在病人必须采取手术治疗的时候，能够对他们进行人工麻醉，减少他们的痛苦。但是许多正规医院不予采纳我的想法，于是如果我想在这方面做出一些成绩，就必须自己设立一个医院，所以这一年我几乎都忙于建立新医院的工作当中。

我记得那是 1668 年九月初的一个夜晚，伦勃朗的管家列别萨·威廉，突然深夜来到我家里，身上还拿着一封柯奈丽雅写的短信函。她请我马上到他们的家里，因为她的哥哥突发疾病，情况非常危急，请我立刻动身。

当我赶到他们家的时候，她哥哥已经由于失血过多而陷入昏迷状态，他得的是一种内出血的疾病，看到他的情形，我已经知道他已经无法救治了，快到早上的时候他稍微好些，可是到了下午他便去世了。

当时伦勃朗也在屋子里，他坐在屋子的一个角落，最后是由柯奈丽雅和列别萨将他搀扶走，回到鲁辛渠畔，这之后他就病了两个星期，最后也未能参加儿子的葬礼。

柯奈丽雅为了能使伦勃朗高兴，对他说玛格达林娜怀孕了，可是当伦勃朗听到这个消息时没有一丝喜悦之情，反而摇着头说："这是又给我增加一个生死离别的人而已。"伦勃朗已经到了失去勇气和精力的时候，他自己很清楚自己的状态。

38. 创世纪

　　几个月后，不知为什么，伦勃朗的身体似乎有了起色。他又开始尝试画画，但每次在画架前坐个四十分钟左右便会感觉腰酸背痛。他也曾尝试做些铜版画，但是视力的减退让他无法再应付紧张的工作。最后，他每天只能在画室里待上两小时，便不得不躺回到那张小床上。他很少脱衣服，常常穿着那件沾满颜料的工作服和衣而卧，就像一名已陷入绝境却又不肯脱下铠甲的士兵。

　　第二年的三月，他的第一个孙子出世，是一个可爱的小姑娘，根据父亲的名字取名为泰蒂雅。伦勃朗听从众人的劝告去参加了洗礼，但他孱弱的身体使他在简短的仪式上几乎无法站稳，签名时双手抖个不停，弗兰斯·凡·拜列特不得不上前扶着他。

　　每隔一天我都会去看望他，给他讲些最近发生的事情，并说些对病人有利的笑话来让他开心，但他很少回应，只是彬彬有礼地表示感谢。曾经有那么一两次，他向我问起了萨丝佳，偶尔也提到亨德丽吉，仿佛她们还活在人世。

　　伦勃朗常对我说："亨德丽吉是个善良的姑娘，对我和泰塔斯都很好，如果不是她，我真不知道会怎么办。"

为了缓解他不安的情绪，我曾问他需不需要我念点书给他听，他拒绝了，说自己有很多事情要考虑。

1669年十月里的一个晚上，我正坐在他的床边，他突然请我把家里的《圣经》找出来。柯奈丽雅从房间里拿出《圣经》放在了桌子上。

伦勃朗用虚弱的声音对我说："你能否把雅各的故事念给我听？就是雅各和天使摔跤的那个故事，你知道在哪里吗？"我并不知道在哪里，但柯奈丽雅记得这个故事，她帮我逐页找寻，终于找到了那个故事。

"对，就是这一段，雅各和天使格斗，请念给我听吧，别的不用念。"

我拿起《圣经》端坐了一下身子后开始读："只剩下雅各一个人了，这时有个人前来找他摔跤，直到黎明也没分出胜负。那人见自己无法战胜他，便摸了一下雅各的大腿窝，雅各便扭伤了。"

那人说："天要亮了，我也要离开了。"

雅各回答说："如果你不给我祝福，我就不让你离开。"

那人问："你叫什么名字？"

"我叫雅各。"

那人接着说："你以后将不再叫雅各，要叫以色列，因为你在与神和人的较力中得到了胜利。"

当我念到这里时，伦勃朗的身子抖动了一下，我立即停下来注视着他。他慢慢地抬起右手，将它举到眼前呆呆地凝望着，仿佛第一次见一个稀奇的东西一般。然后嘴唇抽动了一下，用非常微弱的声音说道："那人说，你的名字不再叫雅各，要叫伦勃朗。"

　　说完这句话后，他又将那沾满油墨的苍老双手重新放回胸口继续叨念："因为你在与神和人的较力中取得了胜利，最后的胜利，独自一人，但得到了最后的胜利。"说完便缓缓地闭上了疲惫的双眼。

　　柯奈丽雅以询问的目光望着我说："谢天谢地，他现在睡着了。"

　　我走到伦勃朗跟前，握住他的手腕停留了片刻后，回答说："或许我们该感谢上帝，他永远地睡着了。"